贵州绿色发展战略高端智库、贵州省人文社科示范基地绿色发展与反贫困研究中心、贵州省社会科学"学术先锋号"绿色发展与反贫困研究基地研究成果

新时代
乡村振兴战略的贵州实践研究

赵普　王超　郭靖　万程成　任亚运　等著

中国社会科学出版社

图书在版编目（CIP）数据

新时代乡村振兴战略的贵州实践研究/赵普等著.—北京：中国社会科学出版社，2021.6
ISBN 978-7-5203-8597-8

Ⅰ.①新… Ⅱ.①赵… Ⅲ.①农村—社会主义建设—研究—贵州 Ⅳ.①F327.73

中国版本图书馆CIP数据核字（2021）第113609号

出 版 人	赵剑英
责任编辑	刘晓红
责任校对	周晓东
责任印制	戴　宽
出　　版	中国社会科学出版社
社　　址	北京鼓楼西大街甲158号
邮　　编	100720
网　　址	http：//www.csspw.cn
发 行 部	010-84083685
门 市 部	010-84029450
经　　销	新华书店及其他书店
印　　刷	北京君升印刷有限公司
装　　订	廊坊市广阳区广增装订厂
版　　次	2021年6月第1版
印　　次	2021年6月第1次印刷
开　　本	710×1000　1/16
印　　张	16
插　　页	2
字　　数	239千字
定　　价	88.00元

凡购买中国社会科学出版社图书，如有质量问题请与本社营销中心联系调换
电话：010-84083683
版权所有　侵权必究

前　言

2017年10月党的十九大报告指出："经过长期努力，中国特色社会主义进入了新时代，这是我国发展新的历史方位。"新时代的到来，对党和国家事业发展提出了新要求。为了更好地解决"三农"问题，党的十九大报告中正式提出了"实施乡村振兴战略"，为新时代我国社会主义农村发展指明了新的方向。近年来，贵州省全力实施大扶贫、大数据、大生态三大战略行动，结合全面打赢脱贫攻坚战的硬任务，贵州省农村地区在经济、政治、文化、社会和生态文明建设等方面取得了新的成就，走出了一条展现乡村振兴战略贵州实践的特色之路。

为了系统了解新时代乡村振兴战略贵州实践的系统路径，本书进行了深入的剖析。首先，系统构建了新时代乡村振兴战略的理论分析框架，分析了我国实施乡村振兴战略有关政治、经济、社会和技术四个方面的宏观发展环境，并对贵州实践模式、成就和"短板"进行了阐释。其次，对新时代乡村振兴战略的贵州实践进行了实证探索。一方面，通过问卷调查法采集一手资料数据，共发放问卷900份，经过数据质量分析，得到有效问卷数据记录891条，对新时代乡村振兴战略的贵州实践进行了感知量化测评，了解村民对乡村振兴发展的总体认识情况。另一方面，通过案例分析，系统梳理贵州省9个地市州和贵安新区乡村振兴发展的现实成绩，紧密围绕乡村振兴发展的20字方针，从"面"到"点"，从地市州和国家级新区层面总体做法到对应典型村寨案例经验模式，进行专题案例研究。最后，以系统工程分析思想，总结了新时代乡村振兴战略贵州实践的系统路径，包括聚焦"三场革命"推动乡村振兴战略行稳致远、对标"八要素"推进乡村振兴战略全面发展、用活"五步工作法"确保乡村振兴战略落地见效三个方面。

上述研究工作有以下两方面意义：一方面，理论意义层面。本书探索新时代乡村振兴战略贵州实践的理论体系，并通过跨多学科分析乡村振兴的逻辑机理，做好贵州实践的理论分析框架、现状测评方式、典型案例剖析，系统实施路径和保障服务措施的阐释分析，用贵州实践进一步夯实乡村振兴战略的理论基础，丰富乡村振兴战略的理论体系。另一方面，实践意义层面。通过新时代乡村振兴战略的贵州实践案例研究，为总结贵州农村地区在探索乡村振兴过程中的成功路径，进一步促进贵州省科学合理设计乡村振兴相关政策制度，提供了一个学术研究成果的参考。

展望未来，新时代乡村振兴战略的贵州实践，用"三场革命"从根本上保障农村振兴发展的主攻方向，用农村产业革命的"八要素"全面推进乡村"产业兴旺、生态宜居、乡风文明、治理有效、生活富裕"五个方面的发展，用"五步工作法"激励农村干部责任担当，在乡村振兴发展事业中寻找到存在价值。总之，贵州省坚持以习近平新时代中国特色社会主义思想为指导，坚定不移贯彻落实习近平总书记对贵州工作重要指示精神，贵州人民牢记嘱托、感恩奋进、奋力拼搏，在乡村振兴战略中走出一条后发赶超的特色之路。

赵　普
2020 年 7 月

目　　录

第一章　绪论 ·· 1

　第一节　研究背景 ·· 1
　第二节　问题提出 ·· 7
　第三节　研究意义 ·· 8
　第四节　研究内容 ·· 8
　第五节　研究思路 ·· 9
　第六节　研究方法 ··· 10
　第七节　本章小结 ··· 11

第二章　文献研究及相关理论基础 ·· 12

　第一节　基本概念 ··· 12
　第二节　基本原理 ··· 18
　第三节　理论基础 ··· 21
　第四节　研究现状 ··· 27
　第五节　本章小结 ··· 33

第三章　新时代乡村振兴战略的理论分析框架 ····································· 34

　第一节　主体的系统分析 ·· 34
　第二节　必要性和可行性 ·· 37
　第三节　内外部影响机制 ·· 39
　第四节　理论分析的框架 ·· 42
　第五节　本章小结 ··· 45

第四章　新时代乡村振兴战略分析与贵州现状 …… 47

第一节　战略分析 …… 47
第二节　贵州现状 …… 50
第三节　本章小结 …… 57

第五章　新时代贵州乡村振兴发展的感知调查 …… 58

第一节　数据来源 …… 58
第二节　评估得分 …… 58
第三节　研究分类 …… 69
第四节　本章小结 …… 78

第六章　新时代贵州乡村振兴发展的案例分析 …… 80

第一节　贵阳市乡村振兴发展的实践与启示 …… 80
第二节　遵义市乡村振兴发展的实践与启示 …… 91
第三节　安顺市乡村振兴发展的实践与启示 …… 102
第四节　铜仁市乡村振兴发展的实践与启示 …… 114
第五节　毕节市乡村振兴发展的实践与启示 …… 126
第六节　六盘水市乡村振兴发展的实践与启示 …… 136
第七节　黔东南州乡村振兴发展的实践与启示 …… 148
第八节　黔西南州乡村振兴发展的实践与启示 …… 160
第九节　黔南州乡村振兴发展的实践与启示 …… 170
第十节　贵安新区乡村振兴发展的实践与启示 …… 180
第十一节　本章小结 …… 202

第七章　新时代乡村振兴战略贵州实践的系统路径 …… 204

第一节　聚焦"三场革命"推动乡村振兴战略行稳致远 …… 204
第二节　对标"八要素"推进乡村振兴战略全面发展 …… 207
第三节　用活"五步工作法"确保乡村振兴战略
　　　　落地见效 …… 213

第四节　本章小结 ·· 216

附录：调查问卷 ·· 217

参考文献 ·· 220

后　记 ·· 245

第一章

绪 论

第一节 研究背景

一 中国特色社会主义进入新时代

1. 新时代的提出与依据

2017年10月,中国共产党第十九次全国代表大会顺利召开。在这历史性时刻,党的十九大报告提出了中国发展进入了新的历史方位:中国特色社会主义进入了新时代。新时代的到来,是改革开放至今所取得的巨大成就,是党和国家事业发展的科学判断(新华网,2017),其依据主要包括:

一是理论依据。马克思认为:"意识要从物质生活的矛盾中,从社会生产力与生产关系之间的现存冲突来解释。我们对于一个时代的变革的判断,不能仅仅从它的意识出发。"历史唯物主义认为:一个时代的变革通常随着社会主要矛盾变化。党的第十一届六中全会指明:"人民日益增长的物质文化需要同落后的社会生产之间的矛盾成为我国社会的主要矛盾。"这一主要矛盾贯穿我国经济社会发展全局。此间,在邓小平理论、"三个代表"、科学发展观、习近平新时代中国特色社会主义思想的正确指导下,中国特色社会主义的社会生产力水平得到了明显提高,"两个一百年"奋斗目标指日可待。特别是2020

年全面打赢脱贫攻坚战收官之年，中国将全面实现小康社会，正如习近平总书记指出："中华民族千百年来存在的绝对贫困问题，将在我们这一代人的手里历史性地得到解决！"中国人民的经济生活、政治生活、文化生活都有了极大丰富，但发展不平衡、不充分的问题也逐渐显现出来，人民对各方面需求有了更高的要求。在这样的历史背景下，党的十九大报告表明："中国特色社会主义进入新时代，我国社会主要矛盾已经转化为人民日益增长的美好生活需要和不平衡不充分的发展之间的矛盾。"社会矛盾发生变化这一重大判断，也决定了时代重心工作的变化。

二是现实依据。经济基础决定上层建筑，改革开放40多年来，我国经济实现了高速发展，2019年国内生产总值达到99万亿元，位居全球第二。经济的快速发展也极大地促进了政治、文化、法治、环保等相关事业的建设。经济发展模式逐渐从"量"向"质"转变。在新时代，中国不断优化经济结构，推动制造业向高端水平迈进，推行供给侧改革，优化供给结构，提高供给质量，深化经济体制改革，加强知识产权保护力度和推行要素市场化。中国经济已向高质量发展阶段转变，更加注重发展质量而非发展速度。中国经济发展进入了新的历史时期，为中国特色社会主义进入新时代提供了经济基础和现实依据。

三是历史依据。中国特色社会主义这一主题贯穿着中国发展史。1982年，中国共产党第十二次全国代表大会上，邓小平指出："将马克思主义与中国具体国情相结合起来，要从实际出发，建设中国特色社会主义，这是历史实践中不断总结经验而来。"党的十三大、十四大和十五大进一步完善了社会主义初级阶段的中国特色社会主义理论，系统阐明了中国特色社会主义理论体系，指明了社会主义初级阶段的基本路线，要以经济建设为中心，坚持四项基本原则，坚持改革开放，并且对经济发展提出"三步走"战略，并坚持党的基本路线100年不动摇。进入21世纪，顺应时代变化，党的十六大、十七大和十八大则进一步对中国特色社会主义提出了新的要求，即深化改革开放，全面建设小康社会，加快社会主义现代化建设。中国特色社会主义理论体系在历史的实践中不断完善。

2. 新时代的奋斗目标和战略安排

党的十九大进一步明确了总目标："总任务是实现社会主义现代化和中华民族伟大复兴,在全面建成小康社会的基础上,分两步走,在本世纪中叶建成富强民主文明和谐美丽的社会主义现代化强国。"战略安排主要包括:一是经济建设。新时代要求中国建立起现代化经济体系,在体制上要通过改革,完善社会主义市场经济体制,加快建立起完整的知识产权保护制度和要素市场化配置。同时,要注意防范系统性金融风险。体制的保障是中国实现经济长期健康稳定发展的前提条件。二是政治建设。完善社会主义民主制度是顺应新时代的要求。首先,要坚持中国共产党领导,这是历史和人民的选择。其次,要坚持人民当家做主,强化民主的政治参与,健全社会主义民主制度。最后,要进一步完善广泛的统一战线,为社会主义建设添砖加瓦。三是文化建设。文化是一个国家、一个民族的灵魂,丰富的文化生活是人民日益增长的精神文明需要。增加文化自信,建设社会主义文化强国,是一个国家综合国力的体现,也是顺应新时代的要求。四是生态建设。人与自然是命运共同体,人类不能为了眼前既得利益而忽略了生态环境的可持续发展。强化生态文明保护,强化地方性生态环境保护立法,从制度上建立起完善的法律保护体系。坚持绿色发展,合理政策引导,推行生态文明试验区建设,推广清洁能源使用,鼓励新能源产业发展,对高污染行业进行限制。强化监督,加强执法队伍建设,对破坏环境的违法行为"零容忍"。

3. 新时代的世界意义

中国特色社会主义进入了新时代,这是中国人民长期艰苦奋斗的成果,为中华民族伟大复兴指明了方向。这意味着中国综合国力不断提升,国际影响力逐步提高,并日益走向世界舞台的中央。一是中国经济发展为世界经济稳定健康发展提供了不竭的动力。2019年中国对世界经济增长贡献率达30%左右,中国的快速发展为世界提供了潜力无穷的消费市场,为其他国家带来了前所未有的发展机遇。二是中国逐渐成为经济全球化的主要推动者。经济全球化是一把"双刃剑",

近年来不断出现一些反全球化的浪潮，要客观看待经济全球化的利大于弊，是世界经济发展趋势，中国坚持对外开放的基本国策，倡导开放型世界经济，各国平等交流，互惠互利。三是推动全球治理变革，共建人类命运共同体。中国不断适应经济全球化和新时代发展的要求，构建"一带一路"全球合作格局，提出"共商、共建、共享"的全球治理体系，寻求互惠共赢。积极推动国际秩序更加合理公正，倡导人类命运共同体，跨越种族、国家和文化的限制，推动各国共同发展。

二　新时代中国实施乡村振兴战略

1. 乡村振兴战略的提出

党的十九大报告指出："农业、农村、农民问题是关系国计民生的根本性问题，必须始终把解决好'三农'问题作为全党工作的重中之重，实施乡村振兴战略。"乡村振兴上升为国家发展战略，既强调了乡村在国家现代化建设中的重要地位，也意味着乡村发展将成为今后一段时期内国家发展建设的重点。

乡村振兴战略的提出不仅是顺应新时代的要求，而且是顺应我国社会主要矛盾发生变化的需要。乡村发展不充分，城乡发展不均衡已经成为我国经济社会发展所面临的重大挑战。"三农"问题已经成为当前经济社会发展亟须解决的问题。改革开放40多年来，农村居民人均可支配收入从1978年的134元增长到2019年的16021元，城镇居民人均可支配收入从1978年的343元增长到2019年的42359元，城乡居民人均收入相对差距扩大明显。当前，部分农村"空心化"日益凸显，劳动力不断流失，向城市聚集，留守儿童、留守妇女和留守老人等农村问题突出，基础设施落后，教育、医疗、文化等公共服务与城市的差距不断拉大。一些人认为，只要城镇化搞好了，农民都进城了，"三农"问题也就解决了。但现实状况是我国有相当部分比例人口生活在乡村，即便未来城镇化率达到80%，我国乡村人口仍然有3亿左右。倘若城乡差距不断扩大，城市愈加繁荣，而乡村愈加萧条，这既没有做到经济社会的全面发展，也背离了更好地推动人的全面发展的要求。这些客观问题的存在，就要求我们必须重视乡村发展问题，在未来的工作中必须推进乡村振兴繁荣。因此，乡村振兴战略的实施，就是要使农业农村优先发展，从根本上解决"三农"问题、城乡发展差距问题和乡村发展滞后问题，这是推进中国最终实现共同富裕的必由之路。

2. 乡村振兴战略的原则

实施乡村振兴战略，坚持农业农村优先发展，坚持农民主体地位，坚持乡村全面振兴，坚持城乡融合发展，坚持人与自然和谐共生，坚持因地制宜、循序渐进。在乡村振兴战略实施的过程中，要深入贯彻落实习近平新时代中国特色社会主义思想，依据乡村振兴战略基本原则，推进乡村现代化建设，实现乡村全面振兴，包括：一是坚持以人为本。农民是乡村振兴的主体，坚持农业农村优先发展，调动农民主动参与乡村振兴的积极性，激发农民乡村建设的内生动力，使农民创收、增收。实现乡村全面发展，一切依靠农民，一切为了农民，切实提高农民的幸福感。二是促进城乡融合发展，缩小城乡差距。目前，我国城乡二元结构问题还比较突出，以乡村战略实施为契机，积极探索城乡融合发展体制机制，促进资源要素在城乡间自由合理流动。三是坚持可持续发展。乡村振兴过程中不能以牺牲环境为代价换取短期经济利益，要注重生态保护，加强环境保护监督，实现乡村绿色、低碳、可持续发展。四是加强思想建设。进一步强化党对农村工作的领导，在乡村振兴过程中要不断巩固党在农村的执政基础，完善农村基层组织建设，切实保障乡村振兴工作的顺利开展。

3. 乡村振兴战略的意义

乡村兴则国家兴，乡村振兴战略是我国实现全面建成小康和社会主义现代化奋斗目标的必然选择，具有重要的时代意义和深远的历史意义，包括：一是乡村振兴战略的实施为实现社会主义现代化强国奠定了基础。我国现在面临即将要全面建成小康社会，同时又要全面开启社会主义现代化的征程的挑战。因此，乡村振兴战略具有重大现实意义。乡村的基础较差，底子较薄，但是农业农村现代化是乡村振兴不可缺少的重要部分，要以乡村振兴战略为"跳板"，发展农业农村现代化，推动乡村快速发展，为全面实现社会主义现代化奠定坚实的基础。二是乡村振兴战略的实施是解决城乡发展不平衡问题的关键举措。农村改革进入"深水区","三农"问题日益凸显,广大农村地区发展较为滞后,借力乡村振兴战略,稳步推进乡村建设,提高农村生产力,缩小城乡差距,补齐"短板",实现城乡协同发展,这对实现全面发展具有重大意义。三是乡村振兴战略的实施将有利于传播中华民族优秀传统文化。农耕文化深深扎根于中华文明几千年的历史中,一批优秀传统文化根植于乡村,通过乡村振兴战略一方面更好地保护和传承中华优秀传统文化,另一方面发掘优秀文化潜力,助力乡村发展。四是乡村振兴的实施能够进一步保障国家粮食安全。"仓廪实,天下安。"中国有14亿多人口,把中国人的饭碗牢牢地抓在自己手里。粮食安全事关国家安全,关系到社会稳定,是重中之重,支持农业发展,提高农业现代化水平,严格守护18亿亩耕地的"红线",确保粮食供给稳定。

三 中国乡村振兴战略的贵州实践

中共贵州省委、贵州省人民政府紧紧围绕国家战略指导,出台了关于乡村振兴战略的实施意见,指出:决战脱贫攻坚、决胜同步小康、开启农业农村现代化新征程的整体布局,以"四在农家·美丽乡村"建设为主抓手,远谋近施,分阶段推进,包括:一是通过实施"四在农家·美丽乡村"行动,进一步推动农村建设。不断加大投资,支持农村基础设施建设、改造工程,如危房改造、道路改造和自来水普及等。引导农民创业就业,发展特色农产品、强化农村教育,进一步完善农村社区服务和医疗保障系统。二是提出通过一场深刻的产业革命来振兴农村经济。举全省之力推进乡村振兴战略,以乡村振兴为依托,深耕"八要素",加强农业企业的竞争力,强化职业农民队伍的创新力,使绿色优质的农产品走出贵州,让贵州农民富起来。三是持续推进农村"三变"改革。"三变"是指"资源变资产、资金变股金、农民变股东"。发源于贵州省六盘水市的"三变"改革已经成为乡村振兴的重要推动方式。通过农村资产股份化,激活农村各种生产要素,盘活农村经济活力,使农民切身参与乡村建设。

贵州省乡村振兴战略的实践已取得一定成绩。2018年,贵州省农村地区减少贫困人口148.14万人，贫困发生率从7.75%下降至4.29%，农村常住居民人均可支配收入9716元，增长了9.6%。在贵州省"十三五"规划和"十四五"规划重要换挡期，迫切需要对贵州省实施乡村振兴战略进行系统性、深入性的分析研判，提出有突破、能落地的目标任务和对策措施，对进一步巩固贵州乡村振兴的当前成果，推动贵州乡村振兴战略向更深领域突破，向更高水平发展具有重要意义。乡村振兴战略的贵州实践是贵州省诠释坚持党的领导，推动农村在新时代中跨越式发展的重要方式。乡村振兴战略是贵州省把握新时代的历史方位，打破上千年传统种养殖习惯，以超常规、革命性手段来破解利益屏障、化解困难矛盾的一个重大战略安排，也是贵州省农业农村发展历史上的又一重大契机，指明了贵州省下一步农业农村发展方向，更为中国乡村振兴发展提供了"贵州实践经验"。

第二节　问题提出

2020年是全面建成小康社会收官之年，立足于"三农"工作，深入推进乡村振兴战略，打赢脱贫攻坚战，是新时代的重要任务。乡村振兴是一个长期过程，守住乡村脱贫攻坚成果，使乡村产业兴旺变得可持续，探索新时代乡村振兴战略的贵州实践之路。因此，研究拟解决的主要问题包括：一是贵州省如何推进乡村振兴战略？目前取得哪些成绩？二是贵州省各地市州在推进乡村振兴战略过程中的现状是什么？取得了哪些主要成绩？三是各地市州与乡村振兴发展相关的典型案例有哪些？具体发展路径有什么特色？有什么启示？四是如何有效推进乡村振兴战略的贵州实践，系统路径包括哪些？保障措施又有什么？这一系列的问题都紧密围绕"新时代乡村振兴战略的贵州实践"探索而展开，当问题逐一被解释清楚，贵州实践路径也被总结凝练了出来。

第三节 研究意义

一 理论意义

探索新时代乡村振兴战略贵州实践的理论体系，并通过跨多学科分析乡村振兴的逻辑机理，做好贵州实践的理论分析框架、现状测评方式、典型案例剖析，系统实施路径和保障服务措施的阐释分析，用贵州实践进一步夯实乡村振兴战略的理论基础，丰富乡村振兴战略的理论体系。

二 实践意义

通过新时代乡村振兴战略的贵州实践案例研究，为总结贵州农村地区在探索乡村振兴过程中的成功路径，进一步促进贵州省科学合理设计乡村振兴相关政策制度，提供了一个学术研究成果的参考。

第四节 研究内容

一 乡村振兴战略理论分析框架的构建

系统梳理乡村振兴战略的核心概念和科学内涵，全面阐释乡村振兴战略的理论基础，深入剖析乡村振兴战略的内外部影响机制，通过文献梳理乡村发展主要观点和理论体系，摸清楚乡村振兴战略从外延到核心的理论体系脉络，从目标定位、机制模式、资源配置、协同路径、政策保障等维度探索新时代乡村振兴战略的理论分析框架，为后期研究打下坚实的理论基础。

二 乡村振兴战略贵州实践的综合测度

通过系统构建乡村振兴战略的定性与定量评价模型，构建评价指标体系的科学内涵，评价乡村振兴战略的贵州实践现状。主要任务是通过完善或创新现有乡村振兴的评价模型，对乡村振兴的影响因素进行分析，总结推动乡村振兴的"抓手"与"落脚点"，为客观认识乡村发展提供解读样板及其对贵州的借鉴启示。同时,从宏观战略分析到微观测评探索,从质性研究到量化探索,分析乡村振兴战略的综合效益。

三 乡村振兴战略贵州实践的实证研究

基于乡村振兴战略的贵州实践,探索贵州省九个地市州和贵安新区在推动乡村振兴发展过程中的典型做法和取得的成绩,挖掘一些具有代表性的乡村振兴发展案例,总结贵州实践的典型模式,如贵阳市乌当区偏坡村的"政府主导"模式、遵义市汇川区大坎村的"民企抱团"模式、安顺市平坝区塘约村的"塘约经验"模式、铜仁市江口县云舍村的"党建振兴"模式、毕节市普底乡永兴村的"村社一体"模式、六盘水市普古乡舍烹村的"三变改革"模式、黔东南州黎平县中平村的"自主意识"模式、黔西南州安龙县坝盘村的"古村保护"模式、黔南州荔波县水甫村的"协同推进"模式和贵安新区马场镇平寨村的"三方联合"模式。从"面"到"点"全面梳理乡村振兴战略的贵州实践典型案例。

四 新时代乡村振兴战略贵州实践路径

新时代贵州聚焦"三场革命"推动乡村振兴战略行稳致远的实践路径,用农村产业革命"八要素"推进乡村振兴战略全面发展,包括抓产业选择激发农产品的价值、抓培训农民发挥农民主体作用、抓技术服务推动产业结构变革、抓资金筹措引领资金流向农业、抓组织方式创新生产经营方式、抓产销对接促进农产品的销售、抓利益联结激活农村资源要素、抓基层党建唤醒乡村内生动力。并且,用活"五步工作法"确保乡村振兴战略落地见效,包括抓好顶层设计绘制政策设计"一张图"、抓好工作部署制定贯彻落实"一道令"、抓好干部培训善用干部农民"一群人"、抓好督促检查,挥动督导检查"一把剑"、抓好追责问责,行使绩效考核"一根棒"。

第五节 研究思路

以党的十九大精神和习近平新时代中国特色社会主义思想为指

导,以前瞻问题为导向,基于经济学、社会学、管理学、公共政策等多学科理论视角,系统梳理乡村振兴的内在机理与理论模式,构建研究理论分析框架与测度工具,为系统总结贵州实践路径理顺思路。研究设计分为四大板块:一是乡村振兴战略的理论体系研究,包括研究背景、理论基础、分析框架等内容。二是乡村振兴战略贵州实践的综合测度,包括现状测度、现实评价、取得成绩等内容。三是乡村振兴战略贵州实践的案例研究,包括地市州经验做法、典型乡村案例、启示借鉴等内容。四是乡村振兴战略贵州实践的系统路径,包括聚焦"三场革命"、用农村产业革命"八要素"系统推进,用活"五步工作法"促成乡村振兴战略落地见效等内容。

第六节　研究方法

本课题除使用传统的文献资料法和理论阐释法外,重点使用以下三种方法:

一　问卷调查法

依据设计好的测评指标体系,通过对贵州省相关农村居民发放调查问卷,采集一手资料数据,对新时代乡村振兴战略的贵州实践现状进行量化测评,摸清贵州实践的现状。

二　案例分析法

系统梳理贵州省9个地市州和贵安新区乡村振兴目前的做法,紧密围绕乡村振兴发展的20字方针,从"面"到"点",从地市州和国家级新区层面总体做法到对应典型村寨案例做法,进行专题案例研究,总结出贵州实践的特色。

三　系统工程法

以系统工程分析思想,把涉及乡村振兴战略的关键要素与结构关系剖析出来,并通过研究找准对应路径设计和政策创新的关键要素与结构关系,力求构成解决问题的关键系统进而采用的科学分析方法。系统工程法在总结乡村振兴战略贵州实践的系统路径层面,起到了积极的指导作用。

第七节 本章小结

1978年，中国农村地区吹响了改革开放的号角。40多年后的今天，新时代中国特色社会主义现代化建设离不开农村。在2020年即将实现全面建成小康社会的今天，乡村振兴战略的贵州实践，为中国乡村振兴战略发展，提供了一个有价值的案例参考。因此，本章对新时代乡村振兴战略的贵州实践研究进行了科学设计，明确了研究的方向，对研究背景、问题提出、研究目的、研究内容、研究思路、研究方法进行了阐释说明，把拟解决的关键问题进行了精准定位，为研究工作的开展厘清了思路，夯实了研究工作的基础。

第二章

文献研究及相关理论基础

第一节　基本概念

一　新时代

2017年10月18日，党的十九大报告指出，我国发展处在了新的历史方位，并正式提出了中国特色社会主义进入了新时代，这不仅是中国人民长期艰苦奋斗的结果，也宣告了中华民族的伟大飞跃，更是顺应时代潮流的必然选择。新时代的"新"蕴含着丰富的内涵，其中的基本内涵包括：一是新的历史方位，新时代新要求，中国人民要牢记使命，不忘初心，为了实现伟大梦想，毫不动摇坚持伟大斗争，伟大工程，伟大事业，是实现全体人民共同富裕的目标奋力前行的时代。二是新的理论成果，新理论蕴含新思想，归根结底新时代中国特色社会主义思想源于马克思主义，发展于马克思主义理论基础之上，是从实际出发与中国基本国情相结合的又一次历史性飞跃。三是社会主要矛盾历史性新变化，我国社会主要矛盾已经转变，发展也需要更高质量、更全面的新要求，对于社会主要矛盾历史性新的变化这一重大政治论断，在新的历史方位下进一步阐述了我国经济社会发展的阶段性的特点。四是新的奋斗目标，到21世纪中叶以建成富强、民主、文明、和谐、美丽的社会主义现代化强国为总目标，分阶段实施，首先要在2020年全面建成小康社会的基础上，进一步奋斗15年，基本实现社会主义现代化，然后再通过15年的努力，最终全面实现社会主义现代化。

二 乡村

乡村是指乡村地区人类各种形式的居住场所（村落或乡村聚落）。对乡村概念的界定比较宽泛。《辞源》中对乡村的定义为：主要从事农业生产，相对于城市人口相对分散的地方。以美国地理学家R. D. 罗德菲尔德为代表的外国学者认为："乡村是人口稀少、比较隔绝、以农业生产为主要经济基础、人们生活基本相似。"（张振鹏，2013）关于乡村与农村概念的辨析，大多数学者认为两者都是相对于城市的概念，从而不区分两者的差异（黄细嘉、宋丽娟等，2009）。但是也有部分学者认为两者有所区别，比如，秦志华指出乡村与农村在范围上有所不同，乡村的范围要更大，是一种管理区域的概念。乡村发展与建设应该是全面的，要把握乡村振兴战略实施机遇，努力缩小城乡差距，推进农村农业现代化，推动乡村经济、社会、文化、生态文明全面发展，建设美丽乡村。

三 乡村经济

乡村经济是指农村地区人们创造、转化、实现价值，满足物质文化生活需要的活动。乡村经济结构主要包括乡村产业结构、乡村技术结构、乡村就业结构、乡村所有制结构、乡村经济组织结构及地区布局结构等。我国乡村经济有以下几个关注焦点，包括：一是乡村经济所遇到的问题，因各种条件限制，乡村资源粗放利用，产业发展落后，因此乡村产业结构调整是乡村经济长期可持续发展的根本落脚点（李德明、程久苗，2005）。我国农业仍然是以种植业为主的传统产业，存在产业结构不合理、乡村经济效益较低、农民收入水平不高等问题，都需要我们加快促进乡村产业结构调整（郑铁，2006）。二是乡村经济的可持续发展，乡村经济的可持续发展是指既要促进经济长期稳步增长，又要保护环境，合理利用资源的经济形式。要促进乡村经济多元化发展，形成乡村经济多样化的格局，避免"先污染、后治理"模式，加快生态文明建设，从而促使乡村经济、社会可持续发展。三是人力资本与乡村经济发展的关系，乡村人力资本质量已经成为制约乡村经济发展的重要原因，要通过乡村产业经济发展，多方面加速乡村资本积累，加大对乡村人力资本投资，提高乡村劳动力综合素质，完善乡村人才引进机制，从而促进乡村经济长期稳定发展（国光虎、李滨，2019）。

四 乡村产业

乡村产业又常称作农村产业，是农村物质生产的集合体。农村产业结构主要指农村各产业部门的构成及其相互关系，主要包括：农业中的种植业结构、林业结构、畜牧业结构，农村工业中的农产品加工工业结构、机械加工工业结构、农村能源结构，第三产业中的运输业结构、商业结构等。乡村振兴中农村产业发展有以下几个关注焦点，包括：一是乡村产业概念的界定即是"姓"农、立农、兴农的产业。传统种养业和手工业是乡村产业的源头，现代乡村产业包括了现代种养业、乡土特色产业、农产品加工流通业、休闲旅游业等。现阶段，我国乡村产业发展仍具有很大潜力，其中的产业价值有待进一步挖掘。二是乡村产业振兴的目标任务，利用5—10年时间，进一步促进农村第一、第二、第三产业融合发展，实现乡村振兴阶段性成果。坚持绿色创新发展，完善乡村产业体系建设，为乡村产业发展提供体制保障，优化乡村产业结构，促进农民增收创收。三是乡村产业的发展是扶贫攻坚与乡村振兴的重要结合点，乡村振兴要有一个可持续的产业作为依托，产业的选择要因地制宜，依靠乡村本身的地理条件、资源环境、特色产品，结合市场需求，发展符合市场需要的特色产业，这个产业需要有足够的市场竞争力，具有可持续性。

五 乡村治理

乡村治理概念可以追溯到20世纪90年代中国农村问题研究中心的政治学者，是一个乡村政治学的新概念，自提出以来，学术界开始对乡村治理进行深入的研究，取得了相当丰富的研究成果（张艳娥，2010）。一是对于乡村治理概念的界定，对于乡村治理目前学术界尚未有明确的概念界定，贺雪峰认为乡村治理是指对乡村进行管理，或者是如何自我管理，从而实现乡村社会的有序发展。也有部分学者认为对乡村治理的研究就是村民如何实现好自治。二是乡村治理的内在机制，首先是乡村治理制度的设定，这关系到乡村治理的框架体系建设。其次是不同地区乡村治理实践差异性，中国国土广阔，不同地区从地理环境、资源禀赋到人文环境都各有特点。最后是乡村社会的秩序机制，如互助调节机制等（贺雪峰、董磊明等，2007）。三是乡村治理的绩效评估，乡村治理首先服务于2020年全面建成小康社会，最终目的是实现农业农村现代化，建设美丽乡村。对于乡村治理绩效要从现行政策体系是否能使农民减负，乡村社会分配公平性问题以及农民参与度与认同感几个方面衡量（郭正林，2004）。乡村治理是一个多元主体参与到乡村发展与建设的过程，其目标不仅在于维护乡村社会稳定，还需要保障乡村经济的可持续发展。在乡村治理过程中一方面要实现城乡统筹、一体化发展；另一方面也要深化乡村民主改革、机构改革，这是不断适应新时代发展要求的必然选择。

六 多元主体

许多社会学家认为乡村秩序与社会中的多元主体关系状况存在密切的关系，多元主体不同的关系网络在乡村中形成。社会学家俞可平提出："治理是一种相同价值取向的活动，仅仅由政府主导是不够的。"乡村振兴是一个由多元主体共同参与的一个过程，它们有着共同的目标，构建美丽乡村，实现社会主义现代化。乡村振兴的主要主体包括：政府、企业、农民和其他组织，它们之间在乡村振兴战略实施过程中发挥着各自重要的作用，同时又产生协同效应。一是多元主体协同作用，首先要坚持政府的主导统筹，政府是乡村振兴战略的顶层设计者，也是参与者，充分发挥政府职能，做好服务、引导、协同工作。其次要建立好企业、农民和社会组织的协同机制，实现充分参与、合作互利。二是多元主体是乡村治理动力的重要动力，在乡村治理中，各个主体都是重要力量，所以政府、企业、农民和其他组织的协同参与是乡村治理的根本途径。其中政府在乡村治理过程中具有统筹主导的作用，占有核心地位。通过政府的统筹主导实现多元主体的合作互利、价值共享、引导监督等，把单个主体整合为多元主体从而实现协同共治的强大合力（王东、王木森，2019）。三是多元主体在乡村振兴战略实施过程中所遇到的困境，在乡村振兴战略实施过程中，存在主体参与不平衡的问题。一方面，政府基层部门可能存在缺位和错位的问题，要注重协调好市场这只"看不见的手"与政府的关系，充分发挥市场机制的作用，同时在市场失灵的情况下政府要积极参与。另一方面，社会组织的参与力度不够问题，一些社会组织的管理制度还不够完善，资本、技术、信息如何有效深度参与到乡村振兴等问题。

七 乡村振兴

"振兴"一词的基本含义为：使发展、兴盛。例如，清代刘大櫆的《江西吉南赣道副使方君墓志铭》："君所至以振兴学校为务。"当代著名文学家鲁迅，在《彷徨·高老夫子》中使用"振兴"一词："兄弟以为振兴女学是顺应世界的潮流。""乡村振兴"一词是在党的十九大报告中被正式提出，目的是解决农村"三农"问题，战略安排推动农村发展兴盛。围绕"产业兴旺、生态宜居、乡风文明、治理有效、生活富裕"乡村振兴的20字方针，主要有以下几个关注焦点，包括：一是乡村振兴的发展目标。2020年进一步完善乡村振兴的顶层设计，初步建立起制度框架与政策体系保障。然后经过十五年的奋斗，能够基本实现农业农村现代化，最后再经过15年努力实现乡村全面振兴，以实现农业强、农村美、农民富的美丽乡村（中共中央，2018）。二是构建乡村振兴新格局，加快构建城乡融合发展的空间格局，进一步加强空间用途管制，优化布局结构；优化乡村发展布局，科学规划乡村发展生产空间，促进人与自然和谐相处；因地制宜地分类推进乡村建设，不能"一刀切"；打好脱贫攻坚战，解决区域性整体贫困问题。三是稳步推进农业现代化，促进农业结构调整，提供农业生产力，提高供给质量，提升农业机械化水平、生产效率，强化耕地保护，保障粮食安全。四是构建现代农业生产经营体系，完善农村基本经营制度，推行产权制度改革，建立起制度保障。

八 全面小康

小康是指为中国广大群众所享有的介于温饱和富裕之间的比较殷实的一种生活状态。小康社会自古以来是中华民族向往的理想社会，全面小康也是全体中国人民为之奋斗的目标。

一是全面小康的提出与发展。"小康社会"不仅仅是一种经济概念，也代表着一种生活富裕、社会和谐的社会状态。相较理想中的"大同社会"，小康社会仍有进一步发展的空间。小康社会在新中国的发展源于邓小平的构想，然后在多代人的集体努力下不断发展，最终实现全面建成小康社会（人民网，2016）。1979年年底，"小康"概念在邓小平与日本首相大平正芳会面时被正式提出，这一概念的提出是以我国基本国情为落脚点，同时指出了"小康社会"的发展目标，在20世纪末能够实现"小康社会"（人民出版社，1994）。"小康社会"的内涵在实践中不断丰富和发展，党的十二大报告提出到20世纪末，人民的物质文化生活可以达到小康水平。20世纪末基本实现"小康"后，党的十六大报告中提出新的目标：在21世纪头20年，全面建设小康社会，并从经济、民主、科教、文化、社会和人民生活六个方面进一步诠释全面小康的要求。以经济社会发展状况为出发点，在党的十七大报告上进一步提出更高的新要求，并从人民生活水平、生态环境、民主建设、对外开放等多个方面对全面建设小康社会要求进行了界定。党的十八大报告根据我国经济社会发展的实践需要，提出了到2020年"全面建成小康社会"。从全面"建设"小康社会到全面"建成"小康社会，不仅代表着其内涵得到深化，也代表着中国改革开放取得的辉煌成就。2020年，已经到了全面建成小康社会的决胜阶段，不忘初心，牢记使命，要使全面建成小康社会经得起历史的检验、得到全国人民的认可。

二是全面小康的内涵。全面建成小康社会不仅限于"小康"一词，更为重要的是"全面"二字，一方面覆盖领域要全，是全方位"五位一体"的小康，经济、政治、文化、社会和生态文明建设同步推进，协同发展。另一方面是覆盖人口要全，是惠及全体人民的小康。习近平指出："全面建成小康社会，一个也不能少；共同富裕路上，一个也不能掉队。"（人民网，2019）覆盖区域要全，城乡协同发展，共同小康，缩小区域差距。

三是全面建成小康社会，最突出的短板在"三农"。"三农"问题是我国经济高质量发展亟须解决的问题，它不仅仅关系到全面建成小康社会的实现，还关系到社会主义现代化强国的建设。实施乡村振兴战略，集中力量，完善农村社会保障体制、改善农民生活水平、优化农村公共服务、促进农业现代化，确保亿万农民同全国人民一道迈入全面小康社会。

第二节 基本原理

一 乡村经济繁荣与乡村产业发展的关系

乡村经济是指农村地区人们创造、转化、实现价值，满足物质文化生活需要的活动，乡村产业发展是促进这种活动的载体。乡村经济的繁荣可以带动乡村产业的发展，乡村产业发展又可以促进乡村经济更繁荣，两者紧密相连、相辅相成，相关关系如下：

一是乡村经济繁荣与乡村产业发展的相互促进关系。首先，乡村产业的发展有助于乡村振兴战略的实施，乡村产业是乡村全面振兴的动力源泉，要将产业化理念融入乡村经济中。党的十九大报告提出乡村振兴的总要求，将产业兴旺放在了首位。振兴乡村经济是一个长期过程，要能够保证乡村经济的可持续发展，将乡村产业发展深入融合到乡村经济中，才能实现乡村经济的长期可持续繁荣。其次，乡村经济的繁荣也有助于乡村产业的发展，乡村经济的繁荣可以进一步提高乡村产业发展的上限，为乡村产业升级创造更合适的乡村土壤，推动乡村经济从小农经济不断向集约型经济发展。最后，进一步完善乡村经济治理体系，需要完善乡村产业发展环境，构建资源优化配置的乡村产业，从而推进乡村产业规模化，促进乡村经济稳定繁荣（王健，2019）。

二是乡村经济繁荣与乡村产业发展面临共同的问题。首先，乡村产业的选择要根据地区的自然资源禀赋、气候条件、人文传统等因素因地制宜地选择产业发展，从而带动乡村经济发展，形成特色产业优势。其次，要注重市场导向，乡村经济是建立在社会主义市场经济体制之上，在乡村产业发展战略上，要以市场为导向，减少政府不必要的干预，从而促进乡村经济快速发展。再次，在乡村产业发展的过程中，不能以牺牲环境为代价换取乡村经济的一时发展，要践行"绿水青山就是金山银山"的绿色发展理念。最后，要注重乡村经济的全面发展，不仅是 GDP 上的增长，还要完善乡村基础设施建设，人才体系支撑，为乡村产业发展创造良好的客观环境。

三是乡村经济繁荣与乡村产业发展的目的是相同的。首先，乡村经济繁荣与乡村产业发展都是为了农村地区发展繁荣，都是为了农民过上安居乐业的日子，都是为了地区发展水平的提高。其次，乡村经济繁荣与乡村产业发展都需要激活农村资源要素，激励农民积极参与，构建具有市场发展空间的可持续生计来源，实现乡村地区产业兴旺，经济繁荣昌盛。最后，乡村经济繁荣与乡村产业发展都是建设新时代中国特色社会主义农村的关键领域，从本质上是一脉相承的，从战略上都是解决新时代社会主要矛盾所关注的关键问题。

二 乡村产业发展与多元主体协同的关系

乡村产业发展离不开多元主体，需要紧紧依靠政府引导、企业参与、农民支持和相关社会组织的帮助。同时，政府、企业、农民和相关社会组织不是相互独立的，而是紧密相连，相互依托，协同互利，相关关系如下：

一是多元主体的协同发展对乡村产业发展有着至关重要的作用。政府通过公共服务和政策引导为乡村产业发展创造良好的外部环境，科研机构等组织为乡村产业发展提供人才支撑和知识创造。多元主体的协同可以有效促进产业集群升级，例如，通过构建内生型产业集群多元主体网络模型，发现企业、政府和其他组织等集群知识网络要素的作用是产业集群升级的关键所在（王娇俐、王文平等，2014）。也有学者通过构建多元主体博弈模型，发现多元主体的协同也有助于产业共性技术的创新效率提高（李保林、王娟茹等，2017）。

二是要依托多元主体协同参与去解决乡村产业发展存在的问题。长期以来，我国乡村产业存在发展低端，产品附加值不高和价值链短等突出问题，乡村产业发展要通过依托多元主体的协同参与，把握乡村振兴战略机遇,通过政府整合产业发展的各类资源,构建多元主体协同的乡村产业发展体系,调动企业、农民和社会组织各界力量,推动乡村产业升级、延长产业链、促进第一、第二、第三产业融合发展,实现可持续发展。

三是依托多元主体协同构建乡村产业永续发展的创新生态系统。创新生态系统既是一个具有共生关系的经济共同体,也是一个基于长期信任关系形成的松散而又相互关联的网络。农村社会是一个"熟人"社会,村落是地区发展的最小单位。因此,要使农村产业永续发展,必须在农村经济社会活动中依托多元主体协同,构建一个创新生态系统,来创建具备完善合作创新支持体系的群落,使乡村产业各个创新主体通过发挥各自的异质性,与其他主体进行协同创新,实现价值创造,并形成相互依赖和共生演进的网络关系,由此激发以乡村相关企业或个体农户为主体,大学、科研机构、政府、金融等中介服务机构为系统要素载体的复杂网络结构,形成互惠互动的有机整体,并通过组织间的网络协作,深入整合人力、技术、信息、资本等创新要素,实现创新因子有效汇聚,为网络中各个主体带来价值创造,促进乡村产业永续发展。

三 多元主体协同与政府乡村治理的关系

"乡村治则百姓安,乡村稳则国家稳。"多元主体协同与政府乡村治理关系密切,相关关系如下:

一是形成协同治理的关系。"政府+企业+农民+其他组织"可以构成多元主体协同治理模式,有利于乡村社会的稳定发展。这需要充分发挥政府的主体治理功能,有让企业、农民和相关社会组织有效深度共同参与治理的平台,形成沟通有效,处理矛盾及时,关系融洽的治理格局。政府在治理过程中要实现有所为,有所不为,调动企业、农户和其他组织的治理活力,提高治理效率。

二是政府统筹主导的格局。政府在乡村治理体系建设中占据核心地位,要以政府主导统筹,完善乡村自治组织,因地制宜地完善乡村治理能力,农民和企业等主体要积极参与治理体系建设。政府主导对乡村治理绩效进行评估,逐步提高乡村组织自治能力。同时,区域经济不断一体化，导致了一些跨区域公共问题。这些问题的解决具有迫切性，需要在政府主导统筹下，构建适应当前经济社会发展状况的协作治理体系，实现各主体协作治理。

三是事业共商共建的态势。乡村振兴发展过程中，难免会出现各种矛盾，例如协同共同理念的缺失，"搭便车"的机会主义行为，缺少合作治理的主动意识等，这时候就需要多元主体协同与政府乡村治理形成有效互动，形成一个解决实际矛盾的共商共建的发展态势，来消除企业、农民和相关社会组织参与社会治理的屏障，充分理解农民具有"经济人"的理性和企业的趋利性，在多元主体协同参与的"共建共治共享"下理顺乡村治理关系（周伟、谢斌，2015）。

第三节 理论基础

一 "两山"理论

"两山"理论经过十几年的发展，一方面从理论上不断丰富，另一方面在实践中不断探索。

一是"两山"理论的提出。2005年习近平同志在浙江省担任省委书记一职，同年8月在安吉考察时，首次提出了"绿水青山就是金山银山"（求是网，2018）。"两山"理论这一重要思想在余村诞生。随后，习近平于《之江新语》上发表社评，进一步明确指出，要善于把生态环境优势与农业、工业等相结合，也就是把绿水青山变成金山银山。2006年3月8日，习近平在中国人民大学的一次演讲中进一步深入探究"绿水青山"与"金山银山"的关系，在实践中对两者之间关系的认识一共经过了三个阶段，从而进一步拓展了"两山"理论的内涵。

二是"两山"理论的丰富与发展。2013年9月，习近平在哈萨克斯坦纳扎尔巴耶夫大学发表演讲："我们既要绿水青山，也要金山银山。宁要绿水青山，不要金山银山，而且绿水青山就是金山银山。"强调了生态环境保护的重要性，向世界传达了中国的绿色发展理念。

2017年10月，习近平在党的十九大报告中再一次强调了树立和践行"绿水青山就是金山银山"的发展理念。2018年3月，十三届全国人大表决通过了《中华人民共和国宪法修正案》，历史性地将生态文明保护写入宪法，从法律上对绿水青山进行保护。

三是"两山"理论对贵州的乡村振兴实践的重要指导意义。2014年3月，习近平在参加贵州代表团审议时指出，绿水青山和金山银山绝不是对立的，关键在人和思路。2015年6月，习近平总书记在贵州调研时，再次强调了绿水青山就是金山银山的重要性。习近平关于"绿水青山"与"金山银山"的论述，表明了生态环境与经济社会发展的关系，倡导人与自然和谐相处，为生态文明建设提供了理论依据，提供了创新思维（齐骥，2019）。良好的生态环境既是生态宜居家园建设的基础，也是乡村经济发展的宝贵财富，"绿水青山"蕴含着无穷的发展机遇，等待着到乡村振兴实践中去探索。乡村贵州在实践中高度重视习近平总书记的叮嘱，依托生态文明建设建立了"大生态"战略行动，并以"两山"理论为指导思想，依托"大生态"战略行动推动乡村振兴，实现乡村可持续发展。

二 "短板"理论

美国管理学家彼得提出，由多块木板箍成的木桶的盛水量是由这些木板共同决定的，若其中一块木板很短，则此木桶的盛水量就被限制，该短板就成了这个木桶盛水量的"限制因素"，即"短板效应"（西武，2004）。"短板"理论的应用越来越广泛，多块木板箍成的"木桶"既可以是一个企业和个人，也可以是一项正在进行的事业，比如乡村振兴战略，木桶的盛水量象征着乡村振兴的成果，它最终会受到多个"木板"因素的影响，其中若有一块很短，则乡村振兴的成果就会受到很大的影响。"短板"理论也可以说是主要矛盾，要学会抓住问题的主要矛盾，这样就会抓住解决问题的关键。

乡村振兴战略的实施，不但是补齐"三农"问题这块"短板"的需要，也是缩小城乡发展差距，实现全面发展的必要举措（人民网，2017）。"短板"理论对于乡村振兴战略的实施有着理论指导的作用，"三农"仍是全面建成小康社会的"短板"所在，以乡村振兴战略为契机补"短板",乡村全面发展,最终实现农业农村现代化。乡村在我国经济社会发展中发挥着不可替代的作用,拥有巨大的发展潜力,乡村振兴战略的实施,是新时代下中央做出的重大决策部署,是全面建成小康社会的关键举措。在国家治理体系与治理能力现代化中,在乡村发展建设的实践中补齐"短板",只有补齐"短板",全面发展,才能实现乡村振兴这一伟大战略目标。

三 产业发展理论

产业发展理论就是研究产业发展过程中的发展规律、发展周期、影响因素、产业转移、发展政策等问题(苏东水,2010)。产业结构演变规律是产业发展理论研究的重要内容之一,从产业结构演变规律来看,产业结构随着经济不断发展的同时也在不断变化,推动产业结构不断向合理化和高度化发展。

一是产业结构不断变迁的主要规律。1940年,美国经济学家科林·克拉克出版了《经济进步的条件》一书,在配第的研究基础上,根据三次产业分类法,得出结论:随着经济社会的发展,人均收入水平的不断提高,劳动力将会先由第一产业向第二产业转移,随后再向第三产业转移(戚子麟、顾恒晟,2020)。库兹涅茨也对产业结构演变规律进行了深入研究,进一步说明了劳动力和国民收入在产业分布结构演变的一般趋势,阐述了农业与工业部门的国民收入占比随着经济不断发展的变化关系等(朱春楠,2012)。此外,产业结构演进的规律还包括:霍夫曼定理、钱纳里标准结构、主导产业转换规律等。

二是产业发展理论的指导作用。对产业发展理论的研究有助于在乡村振兴中对农村产业发展不同阶段的判断,从而对不同阶段采取不同的政策进而使农村产业发展走向合理化和高度化。配第—克拉克定理和库兹涅茨法则等产业结构发展理论对乡村发展建设有重要指导作用,要转变农民生产、思维方式,优化农村产业结构,促进农产品深度加工,提高农产品附加值,另外要从生产、加工向服务的思维方式转变,顺应产业发展规律,因地制宜地提供乡村旅游、农家乐等多种形式农村服务业,为农民增收、创收,才能使乡村全面发展。

三是当前农村产业发展的启示。过去一段时间,农村产业发展主要以传统农业为主，产业结构单一，导致农村发展受限。必须要通过建立现代化农业生产经营体系，促进农村第一、第二、第三产业融合发展来解决农村产业发展的问题（人民网，2018）。如今，乡村发展过程中不断诞生一些新产业，比如乡村旅游、电商服务和农家乐等，这些新兴产业的兴起就是顺应了经济发展趋势、产业结构演进规律，给农村经济增加了新的活力，为农民增收创收。

四 农业发展理论

农业发展在不同时期具有不同的阶段特点，农业发展理论对现代乡村产业调整、升级有重要的指导作用。

1. 农业发展阶段论

农业的发展过程中，在每个阶段都是农业资源、生产要素、技术与制度相结合的结构，其中政府政策也在乡村产业发展各个阶段扮演着重要角色。主要有以下几个方面：

一是蒂默（C. Peter. Timmer）的农业发展四阶段论。第一阶段是使农业起步的阶段，农业可以吸收相当一部分投资资源，其中农业税是政府收入的唯一重要来源。第二阶段中经济增长主要推动力成为农业，农业剩余可以被直接或间接吸收用来发展其他部门。第三阶段是农业部门与宏观经济相结合的过程，农业资源进一步流出。第四阶段为工业国的农业，即在工业化过程中怎样去对待农业（付学坤，2005）。

二是梅勒的农业发展阶段论。第一阶段是技术停滞阶段，实际上是传统农业阶段，在这一过程中，传统农业要素供给的相对增加会导致农业生产的增长。第二阶段是劳动密集型技术进步阶段。这一阶段是由传统农业向现代农业转变的过程。第三阶段是资本密集型技术的进步阶段，也就是农业现代化的过程（郭熙保，1995）。

三是速水农业发展理论。第一阶段以增加粮食产出与供给为特点，促进产量的政策在这一阶段占据了主要地位。第二阶段的特点着重于解决农村贫困，提高农民整体收入水平，使农产品价格支持政策占主要地位。第三阶段以农业结构不断优化为特点，农业政策重点为农业结构调整（闫虹霞，2005）。

2. 传统农业改造理论

西奥多·W. 舒尔茨（Thodore W. Schults）在19世纪60年代提出了人力资本投资理论，并指出人力资本的重要性，其是促进经济增长的重要原因。1964年出版了《改造传统农业》一书，在农业领域，他进一步阐明了传统农业的基本特征以及如何改造传统农业。改造传统农业理论突出了农业在经济学中的作用，并将人力资本引入农业发展中，意味着现在的乡村产业在升级过程中不可忽视对人力资本的运用，同时该理论针对发展中国家的现状，强调农业改造对经济发展的重要影响，也对我国目前的乡村振兴战略有很好的借鉴意义。

3. 农业多功能理论

农业具有多种功能，如经济功能、社会功能、生态功能和文化功能等，即农业多功能性。此概念可以追溯到20世纪80年代末日本的"稻米文化"，当时主要是指对国内稻米市场的保护。其正式提出是在1996年的联合国环境与发展大会上。随后，农业多功能性得到快速发展，为了促进乡村发展与振兴，其多功能特点被1996年世界粮食首脑会议通过的《罗马宣言和行动计划》所明确（赵敏，2005）。农业发展理论为乡村振兴战略打下坚实的理论基础，根据各地资源要素、地理环境和发展现状，从农业发展阶段、传统农业改造和农业多种功能的角度，因地制宜地进行乡村全面建设。

五 协同发展理论

协同发展理论在20世纪70年代兴起，是一门在多学科研究基础上逐渐形成和发展起来的新兴学科，由联邦德国斯图加特大学教授海尔曼·哈肯（Hermann Haken）所创立（白列湖，2007）。海尔曼·哈肯系统地阐述了协同理论的概念与理论框架，协同理论高度重视整体的作用，解决的就是个体之间的相互作用，从混乱到有序动态平衡的过程。协同理论主要内容包括协同效应、伺服理论和自组织原理，其中协同效应对乡村发展具有重要指导作用，它是指一种协同作用进而产生的效果，在一个系统中各个子系统相互作用从而产生整体效应。协同发展理论的历史渊源可以追溯到18世纪亚当·斯密在《国富论》中提到的分工理论，劳动分工对于提高社会生产率具有重要作用。

协同发展理论对于一个国家和地区的经济发展也有不可忽视的作用，在区域协同发展理论上已经有较多的实践，如京津冀协同发展，一方面疏通北京的非首都功能，另一方面各方优势互补优化区域布局，促进区域协调发展。珠江三角洲、长江三角洲的快速崛起也深刻体现了协同发展的内在机理。同样，产业间也有协同效应，不仅三种产业间相互作用，同一产业间各个环节也有一定的协同效应。通过对协同发展的研究从理论上指导乡村产业的发展，从而使乡村产业发展产生良性互动。在政府投资项目方面，可以基于协同理论，并结合审计从而对项目进行测评（李冬、王要武等，2013）。在人才建设方面，如粤港澳大湾区建设也需要加强顶层设计、创新协同机制、强化人文融通、聚焦服务贯通、建设载体平台等，促进粤港澳大湾区人才协同发展（周仲高、游霭琼等，2019）。

六　战略分析理论

战略管理大师迈克尔·波特是哈佛商学院的一名教授，他以研究竞争而闻名于世，是当代的战略权威。他的三本经典著作《竞争战略》《竞争优势》《国家竞争优势》，从企业、行业再到国家，以不同的角度深层次地论述了竞争，系统地阐述了竞争战略理论。波特在书中提出了著名的"五力模型"，即现存竞争者的竞争、供方的议价实力、买方的议价实力、潜在进入者的压力和替代品的威胁，这五种竞争力量既是企业竞争战略的基础，也是企业竞争优势判断的根本落脚点（刘益，1999）。企业战略要着眼于选择正确的行业和如何位于最具有竞争力的位置。波特又通过提出三种战略，即成本优势战略、差异化战略和专一化战略进一步丰富了竞争战略体系，探讨了企业如何采取行动、多元化发展等战略决策，对企业管理具有重大意义。

波特的竞争战略理论不仅限于企业，对于国家竞争战略也有着重要意义。波特在国家竞争优势理论中对比较优势、资源禀赋理论等提出了质疑，指出以规模经济、技术优势来说明一个国家的竞争优势是不充分的。波特为此进一步提出了国家竞争优势菱形模型，具体四个基本点分别为要素条件、需求条件、相关及支撑产业和公司战略、结构及对抗表现（张金昌，2001）。波特对环境的论述，表明了环境本质对企业和国家发展的重要性，企业许多的竞争优势源于所在区域和产业集群（费显政，2007）。波特认为，无论是在企业还是国家范围的竞争概念中，企业竞争就是集群竞争，也即国家竞争（王缉慈，2004）。

对于企业环境的分析除了常用的波特的"五力"分析，还有PEST分析法，即政治（Politics）、经济（Economy）、社会（Society）、技术（Technology）四个方面对企业外部宏观环境进行分析的一种方法。PEST分析法对于乡村振兴战略的实践研究具有相当重要的借鉴意义。首先是政治环境，乡村振兴战略实施的体制机制建设、有关政策和法律法规等，这都会对企业对乡村发展与建设的投资行为产生较大的影响。其次是经济环境，企业在参与乡村建设的过程中，企业发展战略会考虑到国内外经济状况、发展水平等，企业还需要考虑到经济发展不确定的外部风险。再次是社会环境，乡村振兴战略的实施过程中要因地制宜，考虑到不同地区传统风俗、文化的差异性等。最后是技术环境，企业在参与地区乡村发展过程中，所拥有的技术水平，享有的技术政策等。

第四节　研究现状

一　国外研究现状

1. 乡村发展模式研究

乡村发展是全球性的研究问题，国外对乡村发展的研究进行了长时间探索，所取得成果也比较丰富。因此，国外对于乡村发展的研究对我国乡村振兴也有重要的借鉴意义。国外有关于乡村发展的研究主要集中在以下三个方面：

一是关于乡村振兴相关影响因素与作用的研究。Johnson T. G.（1989）对农村金融的重要性进行了研究，认为其是乡村发展影响因素中重要的一部分。Ranis Gustav 和 Stewart Frances（1993）探讨了非农业活动在乡村发展过程中潜在的重要作用。Laura German、Eunice Cavane（2016）等学者指出，私人投资是乡村发展的重要引擎，并通过几个不同的途径实现，包括创造就业机会、对社会服务和基础设施的建设，以及为当地社区创造价值所形成的商业模式。Claudio Lupi、Vincenzo Giaccio（2017）等学者通过分析意大利农业旅游农场的经济特征、结构特征和区位特征，探讨其与农村发展和土地利用政策的关系，指出农业旅游反过来又可以打开农村发展的新视野。Mechthild Donner、Lummina Horlings（2017）等学者则强调品牌意识，通过分析特定农村资产价值化的形成过程，将地方品牌与农村内生发展、地域性和嵌入性等概念联系起来，指出地方品牌可以支持乡村发展。

二是关于乡村发展典型案例的研究。Carr P. J. 和 Kefalas M. J.（2009）通过研究农村人才外流问题，探究其对美国的意义。Kenichiro Onitsuka 和 Satoshi Hoshino（2018）通过日本京都县乡村振兴的研究，调查了该区域一些农村的领袖对于社区网络的看法、限制他们的因素以及如何加强这些网络，最后发现这些网络具有很高的需求感，但有效参与度相对较低。Fernández 和 Luís Carlos Martínez（2015）以塞尔维亚乡村发展为例，研究了乡村发展的限制因素与机遇。Laura Tolnov Clausen 和 David Rudolph（2020）探讨了作为在农村地区大力发展可再生能源的两个国家，丹麦和苏格兰在可再生能源与农村发展的协同融合方面发挥的作用，并批判性地谈论了相关政策不匹配的问题。

三是关于乡村发展的综合性研究。Ida J. Terluin（2003）对发达国家乡村经济发展理论进行了综述与批判分析。A. J. Scott 和 C. Carter（2013）等对乡村和城市之间的空间进行了研究，提出乡村和城镇之间的空间通常是社会最有价值和压力的地方，环境和规划中的政策链必须更好地联系起来，使其能够发展成为一个试验的机会空间。Martin Pelucha、Viktor Kveton（2017）等指出，欧盟农村发展政策的战略和立法文件强调了与地区凝聚力的联系，并估算农村发展政策补贴本地化的社会经济特征。Fanzo Jessica（2018）指出，由于全球化、城市化和人口结构的变化，饮食结构也不断发生变化，阐述了农业和农

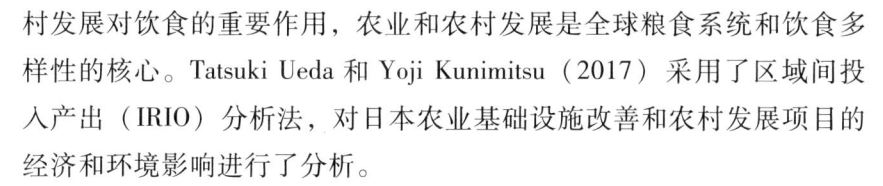

村发展对饮食的重要作用，农业和农村发展是全球粮食系统和饮食多样性的核心。Tatsuki Ueda 和 Yoji Kunimitsu（2017）采用了区域间投入产出（IRIO）分析法，对日本农业基础设施改善和农村发展项目的经济和环境影响进行了分析。

2. 乡村产业升级研究

在全球范围内，农村产业升级是乡村发展中重要的方式之一，通过产业发展来带动区域经济社会进步，国外关于农村产业升级的研究主要集中在两个方面：

一方面，农村产业发展的综合分析。Harrison Lucy（1993）通过农业投入产出的空间分布进而对农业产业对经济的影响进行了分析。Don Kerr 和 Heidi Winklhofer（2005）概述了在农村产业快速变化时期影响知识型决策支持系统（KBDSS）发展的因素。Robert C. Kloosterman（2011）对日本两个比较特殊的文化产业进行了研究，目的在于解决一个紧迫的问题，即贫穷的外围农村地区如何从当地文化产业的存在中获益，以促进当地经济。Nicholas Theodorakopoulos、Deycy Janeth Sánchez Preciado（2012）等研究了如何有效地实现发展中国家大学和农村产业之间的技术转移，利用独立的研究和咨询中心作为中介。

另一方面，农村产业发展过程中影响因素和所需要注意的问题。Le Thanh Hai、Hans Schnitzer（2016）等以南湄公河三角洲为例，探讨手工业村农业与小工业向农村清洁生产和可持续发展的整合生态模式，目的是发展并证明一个以生态为基础的可持续模式，并将其与农村手工业村的环境保护结合起来。Jeff S. Sharp、Kerry Agnitsch（2012）等以艾奥瓦州农村自我发展与产业招募为例，研究探讨了社区社会组织的特征与农村地区经济发展，指出自我发展是一种主要依靠企业家精神和当地资源的内生发展形式，产业招募是一种外生的发展形式，它寻求外部投资者和企业在社区中的定位。Antonio Lopolito、Gianluca Nardone（2011）等指出，在农村地区推广一个新的产业通常受到人力资本稀缺、信息缺乏、基础设施和利益竞争的阻碍，进而分析政策的参与方式。

二 国内研究现状

1. 乡村振兴发展研究

一是关于乡村发展的理论性研究和脉络分析的相关研究。黄季焜（2004）对中国农业发展历史进行了分析，指出早期的制度创新和后期技术进步是促进农业生产率提高的主要原因，并且重点分析国内供给和需求的政策及贸易自由化等因素对未来农业的影响。潘家恩和温铁军（2016）对中国乡村发展的脉络进行了初步梳理与总结，呈现出了不同时期乡村发展的共性。刘合光（2017）对乡村振兴战略的关键点以及路径进行了分析，强调通过人才、科技、机制和产业四个方面激活乡村发展活力，完善机制保护，实现乡村产业升级发展。刘彦随（2018）以新时代城乡融合为视角、乡村地域系统为依据，探讨了新时代城乡融合与乡村振兴的基础理论，并对面临的主要问题进行了分析。豆书龙和叶敬忠（2019）对乡村振兴与脱贫攻坚的有机衔接的必要性和可行性进行了阐述，并对其所面临的问题进行了分析。

二是关于乡村发展的规划和所面临的问题的相关研究。陈锡文（2017）对于农村改革发展所取得的成果进行了总结，并分析了当前农村改革所面临的重大任务包括：农业供给侧结构性改革、农村集体产权制度改革和新农村建设。刘彦随和严镔（2016）等以不同的角度分析了城乡发展的特点，探索了当前乡村发展所面临的主要问题以及成因。张立（2018）结合近几年的乡村调查研究工作对乡村振兴工作所遇到的问题和规划进行了梳理，进一步分析了我国乡村建设的未来趋势。张伟和许珊珊（2019）对设计师参与乡村建设进行了探索，明确了设计师自身肩负的使命，探索了设计师有效参与乡村规划建设的实施路径。

三是关于农村发展所遇到的乡村复兴和乡村衰败之争的相关研究。王勇和李广斌（2016）对于乡村衰败与复兴进行了讨论，指出"乡村衰败论"最大的缺陷是割裂城乡，孤立看待乡村，不公的城乡分割制度是当前农村建设所面临问题的根本原因。沈费伟和刘祖云（2017）的研究表明，乡村复兴的实践主体是乡村精英，完善好相关引导机制建设，使乡村留得住精英，是最终实现乡村复兴的主要路径。张强、张怀超（2018）等阐述了农村衰落的主要表现，提出了乡村从衰落走向复兴的战略选择，树立快速工业化、城镇化阶段新时期以解决"转移后问题"为主的指导思想。

四是关于乡村振兴的案例分析和综合性研究。王景新和支晓娟（2018）通过振兴乡村的案例探究了乡村振兴及其地域空间重构，并提出应该以县域为单元，以特色小镇和美丽乡村建设为依托，制定乡村振兴相关政策。江维国和李立清（2018）指出，当前我国乡村基层治理实践中的问题，偏离了乡村振兴顶层设计的内在要求，并探索了顺应顶层设计的乡村基层治理创新路径。陆林、任以胜（2019）等系统梳理了国内外乡村旅游促进乡村振兴的相关研究成果，并分析了其基本框架，总结了研究的侧重点。曹智、李裕瑞（2019）等以产业结构演变理论、区域空间结构理论等理论为基础，结合典型乡村发展路径，探究新时期下乡村的可持续发展。

2. 农村产业升级研究

一是关于乡村产业升级的基本内涵、影响因素的相关研究。刘海洋（2018）分析了我国乡村产业发展所面临的产业单一，第一、第二、第三产业融合程度较低，农业生产力水平较低等因素，并提出实现乡村振兴要通过农业升级优化，第一、第二、第三产业不断融合为路径的乡村产业发展道路。吴理财和解胜利（2019）从文化治理的角度出发，分析了乡村文化产业振兴和产业兴旺目标耦合，提出建立乡村现代文化产业体系，为乡村振兴战略提供文化动力。张永华（2019）基于绿色发展理念，运用层次分析法对农业乡村产业结构优化的影响因素进行了探索。吴军（2019）探索了乡村产业结构升级对乡村治理的影响，乡村生产经营方式、社会基础等发生改变，带来了新的挑战和机遇。

二是关于乡村产业升级实证案例的相关研究。王国华（2013）以北京郊区旅游产业为例，探讨了旅游产业存在的问题，并提出创新经营模式，推行特色旅游产品以实现北京旅游产业转型升级。罗光华（2016）通过对贵州省乡村旅游产业的分析，指出了在文化创意上存在连续性不足、现存模式已经满足不了当前需求等问题。提出了通过组织运营网络化改造，来促进文化创意乡村旅游产业进一步发展。李彦岩（2018）等通过分析日韩两国乡村发展的经验教训，提出促进乡村产业创造新供给，促进乡村第一、第二、第三产业融合发展，增强农业的多功能性，提高产品附加值，从而促进乡村发展与建设。

三是有关乡村产业升级的机制、路径的相关研究。任迎伟和胡国平（2008）探究了互动视角下的城乡关系，分析了城乡产业互动关系的发展与演进，从而进一步探索了我国城乡统筹中的产业互动关系，为城乡协同发展提供了依据。李国祥（2018）对乡村产业兴旺与农村改革、城镇化发展等之间的关系进行了探究，提出合理的乡村产业结构，同时产业兴旺要靠城乡融合体制机制提供保障，靠惠农政策提供支撑。龙花楼和屠爽爽（2018）研究了土地利用转型与乡村振兴的关联纽带，提出了实现乡村振兴的土地转型路径，认为可以利用重构乡村生产空间实现产业振兴。

三 文献研究述评

通过国外和国内相关学者的研究发现，不同领域的学者对乡村振兴、产业升级进行了多维度的研究与分析，研究的角度和层次的深度也不断拓展。

对于国外研究文献而言，国外乡村发展已经经历过漫长的探索与实践，形成了相对扎实的理论基础和实践经验：一是关于乡村发展的影响与作用机理已经有了较为丰富的研究成果。二是对乡村发展实践中所遇到的现实问题和政策建议有较好的研究基础，对乡村发展理论体系的建设有着重要意义。三是对乡村发展的综合分析研究较为扎实，有很好的借鉴意义。但仍然存在不足的地方，例如：一是对乡村发展的内在机理成果不足，科学理论研究体系还有待进一步完善。二是研究方法主要为定性研究，定量研究较少。三是针对农村产业发展的研究较少，还存在进一步研究的空间。

对于国内研究文献而言，目前研究有以下优点：一是在乡村发展理论方面，国内学者进行了较为全面的分析、理论探讨与脉络梳理。二是在乡村发展中提出了许多政策建议，对于推动乡村建设、发展具有重要意义。三是在案例分析方面较为丰富，在国内成功的案例基础上对乡村发展模式进行总结，为其他地区提供重要经验。但仍有一些不足之处，例如，一是乡村振兴理论体系有待进一步完善，乡村振兴是一个长期过程，需要在实践中不断完善乡村振兴的体制机制。二是乡村振兴与产业升级的关系，国内学者的研究尚不充分，在宏观政策引导下，产业兴旺研究已经成为乡村振兴的重要方面，对于农村产业升级进行全面系统的研究，做好规划布局具有重要意义。三是典型案例研究不多，因地制宜探索乡村振兴战略的地方实践还需要进一步深入思考。

第五节　本章小结

乡村振兴是一个长期过程，以理论为指导，在实践中探索。本章在阐释新时代、乡村、乡村经济、乡村产业、乡村治理、多元主体、乡村振兴和全面小康基本概念基础上，深入阐释了乡村经济繁荣、乡村产业发展、多元主体协同和政府乡村治理之间的内在关系。同时，根据研究需要系统解释了"两山"理论、"短板"理论、产业发展理论、农业发展理论、协同发展理论、战略分析理论的深刻内涵以及与本研究之间的关系。紧接着，对国外和国内研究现状进行了系统梳理，发现了相关研究成果的优缺点，为进一步研究指明了可以探索创新的方向。

第三章

新时代乡村振兴战略的理论分析框架

第一节　主体的系统分析

一　政府

乡村振兴是一场长期斗争，要认清各个主体的职能定位，才能更好地分工，产生协同效应。政府、企业和农民在乡村振兴中处于一种相互合作、利益互惠的动态平衡中。资源配置是乡村振兴中的关键因素，只有充分发挥市场在资源配置中的决定性作用，同时更好地发挥政府在乡村振兴中的统筹引导作用，才能从根本上调动乡村的内在发展动力，主要包括：

一是政府要做好基础设施的完善工作。政府要保障好乡村发展的内外部环境，要使基本公共服务"水、电、路、气、房、科、教、文、卫、保"落到实处，使农民能够切身体会到，才能维护乡村内部环境发展的稳定，同时为乡村发展建设提供良好的外部氛围。

二是政府要履行好对公权使用的监督。政府的监督不仅仅是对乡村发展规划、建设的监督，还有对基层党政干部腐败、无作为的监督。完善的监督机制是乡村振兴实施的重要保障，通过政府的监督机制从而实现对乡村振兴各主体激励约束。同时要保证政府的监督职能在一定框架范围内进行，避免政府监督无制约地膨胀。

三是政府要制定好乡村发展配套政策。在政策上需要对乡村建设提供系统支持，从完善顶层设计到做好底层设计，充分发挥政府政策的引导功能，构建合理的利益分配机制，用一系列优惠政策措施，例如税收优惠减免、人才政策、用地政策、各项审批手续简化、融资支持等，激发乡村生产力资源要素的潜在活力。只有政府政策支持切实到位，企业、农民和其他社会组织，才能够放心大胆地参与到乡村的发展之中。

二 企业

我国许多地方的乡村有着小生产的特点，如何处理好小生产与大市场的关系，就产生了多种新型经济组织方式。各类经济组织方式，可能形式特征不一样，但是都充分发挥了一个原则：企业的充分参与或具有企业营利性质的个体单元。企业是乡村振兴的重要主体，它不仅是乡村振兴的见证者，也是市场活力的重要推动者，更是乡村产业振兴的内在推动力。企业参与乡村振兴发展主要形式包括：

一是行业龙头企业的带动作用。"龙头企业+合作社+农户"组织形式，许多龙头企业根植于乡村，通过契约关系与合作社建立起稳定的利益联结，从而带动农民参与产业生产，促进农村第一、第二、第三产业融合发展，有助于建立起现代化乡村产业体系。合作社是农户与龙头企业连接的纽带，需要接受农户监督，保持与农民利益一致，并通过龙头企业的带头作用，因地制宜地形成一定的品牌效应，实现龙头企业带动地方产业的互利互惠局面。

二是国有大型企业的责任担当。国有大型企业在乡村产业振兴中要充当主力军，对农业供给侧结构性改革起带头作用，构建现代化农业经营体系，塑造乡村品牌。充分发挥国有大型企业资源优势，以企业帮扶投资形式，参与到乡村产业建设中。

三是民营小型企业的活力优势。新时代乡村振兴给农村个体户带来发展机遇，形成具有一定生产能力和市场发展潜力的民营小型企业。民营小型企业充满活力，经营效率高，反应灵活，行动速度快，能够对市场需求和市场环境不断地变化及时做出反应，因而更易与乡村发展深度融合，利用当地的优劣势，根据实际情况调整其行为方式，发展具有地方特点的特色产业。

三 农民

农民是乡村的守护者，农民从小扎根在农村土地。在乡村振兴过程中，尊重农民、促进优秀乡村文化更好地传承，是乡村振兴发展的条件之一。要让农民切实参与到乡村建设中，让农民成为乡村振兴红利的主要受益者。乡村振兴战略的目的是亿万农民的长远利益，依托的也必然是亿万农民，主要包括：

一是尊重农民获得乡村振兴发展的平等权利。这是保障农民在乡村振兴战略中主体地位的基础。完善农民基本权益保障机制，缩小农民群体间收入差距，提高资源配置效率，实现农村要素资源自由流动。

二是保障农民作为乡村振兴参与者和受益者。应充分发挥农民在乡村振兴中的主体作用，使广大农民切身参与进来。农民的智慧是无限的，要充分发挥农民的智慧，激发农民活力，调动农民敢拼、敢干的拼搏创业精神，积极探索与自身相适应的乡村振兴之路。如自筹资金、抵押贷款、引入社会资本等解决资金问题。与此同时，要充分保障农民在乡村振兴发展中的权益，获得可持续生计来源的机会和渠道，才能真正实现乡村振兴的目标。

三是做好农民新思想新理念的宣传引导工作。任何发展都需要解放思想，提升农村地区生产力水平。解放思想不是一件简单的事情，特别是相对落后封闭的贵州山区农村，要改变长期以来固有的思想观念，让新思想和新要求走进农民内心，需要基层政府做大量的宣传教育工作，潜移默化中改变农民的思想观念，创新农村发展活力。

四 其他

其他是指可以参与乡村振兴战略发展的相关社会组织，包括科研机构、高校教育、行业协会、公益组织、合作社等各类组织机构。社会组织对乡村振兴战略过程中资源要素流通发挥着不可替代的作用，促进了社会资源与乡村振兴的有效对接，有利于乡村振兴战略激励约束机制的建立。相关社会组织参与乡村振兴发展的主要形式，包括：

一是村集体经济参与乡村产业发展。首先，村集体经济有利于乡村稳定，保障农民利益，为乡村产业发展提供良好的外部环境。其次，发展村集体经济要以产业为根本落脚点，产业兴旺是实现乡村发展的重要方式，产业兴则乡村兴。最后，村集体经济是农村基本的经济组成部分，是推动农村农业现代化的重要方式，要以市场为导向，因地制宜实现产业融合发展，做大做强村集体经济。

二是各类科研机构和高等院校支持。这类高智力群体集中的组织机构，可以为乡村振兴战略的实施提供技术支持和人才培养，并对于乡村建设发展所需各类紧缺型人才进行定向培养输送，保障乡村振兴战略的人才支持体系。

三是各类行业协会和公益组织参与。这些社会团队可以协助政府实施乡村振兴战略，实现机动联合的跨界合作功能，架起沟通的桥梁，对农民各类需求反馈提供帮助。同时可以发挥监督职责，促进政府行为规范，保障政府政策的公开透明。

第二节　必要性和可行性

一　必要性

一是乡村振兴战略是重大历史使命。乡村兴则国家兴，乡村的兴衰与国家命运是紧密相连的，要把握住乡村振兴这一国家战略机遇，以乡村发展与建设为依托，改善民生，缩小城乡差距，激发乡村发展活力，提高发展质量，调动农民积极性，践行绿色发展理念，最终实现"美丽乡村"的建设。近年来，中国经济发展实现中高速发展，综合国力不断提升，向高质量发展转型，"三农"问题亟须解决。这不但是我国的基本国情决定的，也是中国共产党的历史使命决定的。

二是乡村振兴战略是重要发展方向。随着综合国力不断提升，力所能及的范围不断扩大，自我要求不断提高。近五年来（2015—2019）中国经济实力稳步增强，国内生产总值从5年前的68万亿元增加到99万亿元。改革开放40多年来，我国农村地区取得了巨大发展，但是一些问题也愈加凸显出来，发展质量不高、城乡差距扩大、乡村治理体系不完善、要素流动不充分等，这些问题已经成为严重束缚乡村发展的因素。党的十九大报告提出"乡村振兴战略"，表明了中央高度重视乡村发展问题，从国家战略上为乡村发展进行了顶层规划，指明了今后我国农村地区的重要发展方向。

三是乡村振兴战略是关键解决方案。我国的主要矛盾已经转换为人民日益增长的美好生活需要和不平衡、不充分发展之间的矛盾。党的十八大以来，超过9000万农村人口脱贫。如今，在精准脱贫攻坚战即将取得全面胜利之际，中国农村地区将消除千百年来的绝对贫困面貌。但是，农村地区依然面临城乡发展不均衡，人民对美好乡村生活的向往和对脱贫奔小康的期盼与农村生产力发展水平不匹配的现实问题，农村地区依然存在突出的"短板"。乡村振兴战略是持续指导未来50年农村发展的重要解决方案，是实现农业农村现代化，促进全面小康的重要途径。

二 可行性

乡村发展已经成为当前不可忽视的重要议题，其可行性主要体现在政策环境可行、发展路径可行和现实状况可行三个方面。

一是政策环境可行。中国改革开放以来，一直高度重视农村发展问题，中央一号文件连续17年聚焦"三农"问题，一直以来，国家在政策环境上对乡村发展给予强烈的支持，2013年2月国务院印发了《关于加快发展现代农业进一步增强农村发展活力的若干意见》，进一步激发农村发展活力。2016年1月国务院办公厅印发了《关于推进农村一二三产业融合发展的指导意见》，规划助力乡村产业的发展。2018年9月国务院印发了《乡村振兴战略规划（2018—2022年）》，进一步对乡村振兴战略的措施进行了具体部署，做好乡村振兴战略的顶层规划。实施乡村战略能够为持续稳步推进宜居宜业的美丽乡村建设提供坚固的政策基础。

二是发展路径可行。"三农"问题是当前中国面临的亟待解决的难题，以乡村振兴为契机，推进农业现代化，乡村基础设施完善、产业多元发展，从根本上提高农民的生活水平，实现持续健康发展。乡

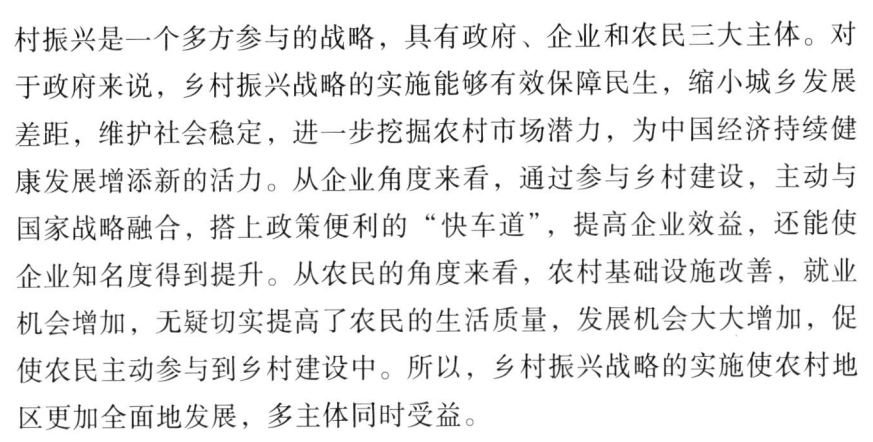

村振兴是一个多方参与的战略,具有政府、企业和农民三大主体。对于政府来说,乡村振兴战略的实施能够有效保障民生,缩小城乡发展差距,维护社会稳定,进一步挖掘农村市场潜力,为中国经济持续健康发展增添新的活力。从企业角度来看,通过参与乡村建设,主动与国家战略融合,搭上政策便利的"快车道",提高企业效益,还能使企业知名度得到提升。从农民的角度来看,农村基础设施改善,就业机会增加,无疑切实提高了农民的生活质量,发展机会大大增加,促使农民主动参与到乡村建设中。所以,乡村振兴战略的实施使农村地区更加全面地发展,多主体同时受益。

三是现实状况可行。党的十九大报告正式提出实施乡村振兴战略以来,激发了农村活力,农村建设全面展开,乡村建设成效显著。截至2019年年末,农民收入稳步提高,农村居民人均可支配收入16021元,比上年增长9.6%。保障低收入困难群体,其中3456万人享受农村居民最低生活保障,439万人享受农村特困人员待遇。脱贫攻坚成效明显,按照每人每年2300元(2010年不变价)的农村贫困标准计算,农村贫困人口551万人,比上年末减少1109万人;贫困发生率0.6%,比上年下降1.1个百分点(国家统计局,2020)。实践证明了乡村振兴战略的现实可行性,乡村发展成果显著,农民生活水平稳步提升,保障体系逐渐完善等。

第三节 内外部影响机制

一 内部影响机制

乡村振兴战略的内部影响机制,主要由相关主体之间的关系而形成,如图3-1所示。

一是政府方面的影响因素。政府是乡村振兴战略的实施者和管理者,负责乡村振兴战略的主导统筹,其主要作用在于统筹规划乡村振兴战略,协调各利益主体之间的关系。乡村振兴过程中政府要做好政策支持引导、监督管理,积极保障要素在城乡之间自由流动的服务环

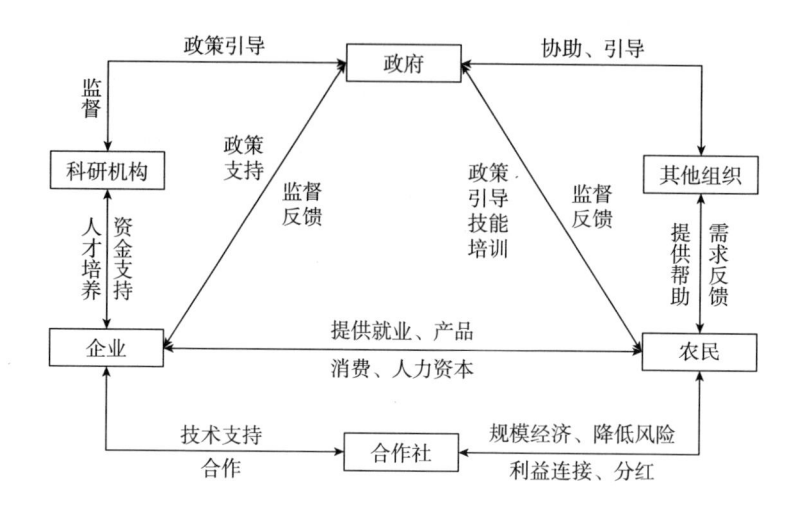

图 3-1 乡村振兴战略的内部影响机制

节。首先，保障组织衔接畅通性，从政府、企业到农民三者关联衔接的畅通性关系到乡村振兴实践的效率，政府需要做好乡村振兴的顶层设计、服务与监督，企业依托政策将自身利益融入乡村发展，农民内生的动力，依托政府和企业主动参与乡村建设，政府、企业和农民三者之间衔接的有效性是乡村振兴战略实施的内在保障机制。其次，保障政策衔接的有效性，将扶贫政策与以实现乡村全面振兴为目的的乡村振兴政策相衔接，要重视地方政策对二者规划的调和，不断完善政策的实践路径，要通过协调各利益主体之间的关系，实现多方共赢的局面。再次，强化政府决策能力，提高决策效率，对乡村振兴过程中存在的问题反馈积极做出回应。最后，加强思想建设，不忘初心，牢记使命，加强农村基层党组织建设，强化宣传教育，充分发挥农民在乡村振兴中的主体作用。

二是企业方面的影响因素。企业参与到乡村振兴战略当中不仅仅是能够获取经济利益，还能够体现企业的社会价值，企业可以从多个维度参与到乡村建设中，参与到乡村基础设施建设、农业现代化、特色产品等。首先，企业的责任意识。企业在乡村建设过程中要树立责任意识，不仅仅是简单的金钱关系，其关系到新时代社会主义现代化的进程,关系到国计民生。其次,企业的内部组织效率。推进现代企业制度的建立,提高企业决策能力、运行效率,提高企业内部活力,保障企业可持续健康稳定发展。再次,塑造正确的企业文化。一个企业的内部文化关系到企业的长期发展,关系到企业的行为能力,这对企业参与到乡村建设中至关重要。最后,强化企业的经营能力。企业是否能盈利关系到企业的生死存亡,这是企业参与到乡村振兴中的现实基础。

三是农民方面的影响因素。农民参与到乡村振兴的方式多种多样,如自主创业和参与就业,同时农村"三变"模式,即资源变资产、资金变股金、农民变股东,也是农民参与乡村振兴的三种渠道。影响农民参与乡村振兴的因素,主要包括:首先,农民的自身条件。例如农民占有的资源要素、拥有的基本技能、获得的社会资源等,这些条件决定了农民参与乡村战略的方式。其次,农民的自我意识。乡村振兴是一个长期过程,它为的是亿万农民,依靠的也是亿万农民,农民必须提高自我主动参与意识,积极投身于美丽乡村的建设,农民的自我意识是乡村建设的内生动力。最后,农民的监督反馈。农民作为乡村建设的一线人员,能够发现到乡村战略实践中的问题,积极反馈问题,政府和企业积极去解决问题,在实践中不断提高乡村振兴的要求。

四是其他组织的影响。在乡村振兴战略实施的过程中,除了政府、企业和农民三个主体之外,科研机构、高校组织、行业协会、公民组织等相关社会组织都发挥了至关重要的作用,在乡村振兴发展所需的人才保障、组织参与、技术帮助等方面都给予重要支持。这些组织的参与使乡村振兴实现了更好地沟通衔接。

二 外部影响机制

乡村振兴外部影响机制主要来自宏观发展环境的影响,例如技术、法律、政治、经济、文化等。在这些外部环境影响下,乡村振兴战略外部影响机制主要形成了"引导—实现"的关系,如图3-2所示。通过理论创新、产业创新、实践创新,引导构建乡村振兴的四大机制,即以乡村振兴规划体系为先导的约束机制、以土地制度改革为重点的动力机制、以优化政策体系为关键的支撑机制、以绿色发展为核心的引领机制（郭晓鸣，2018），来促进实现农村农业现代化和美丽乡村建设。

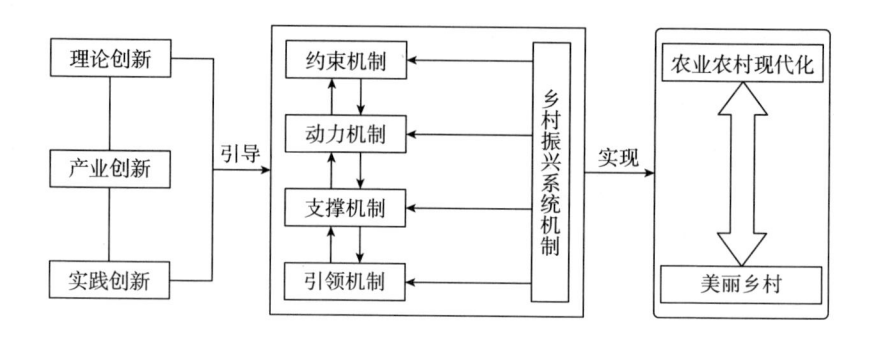

图3-2　乡村振兴战略的外部影响机制

第四节　理论分析的框架

一　理论基础

研究设计依据乡村振兴的理论脉络和实践问题形成一套完整的研究体系，以"两山"理论、"短板"理论、产业发展理论、乡村发展理论、协同发展理论、战略分析理论等为理论基础，形成了"从上至下"的工作基础和服务链条，如图3-3所示，进一步全面解读新时代下乡村振兴战略的深刻理论内涵，总结贵州省乡村振兴建设的成功经验和存在的主要问题，探索贵州特色乡村振兴的系统做法，并进行制度体系建设和系统对策设计，为全国乡村振兴发展提供来自贵州的知识体系参考。

二　框架构建

构建多元主体参与乡村振兴发展是贵州实践的重要形式，如图3-4所示。加强服务型政府建设、鼓励企业多方参与、培育农民自主意识、获得其他组织帮助是做好乡村振兴战略工作的主要框架。

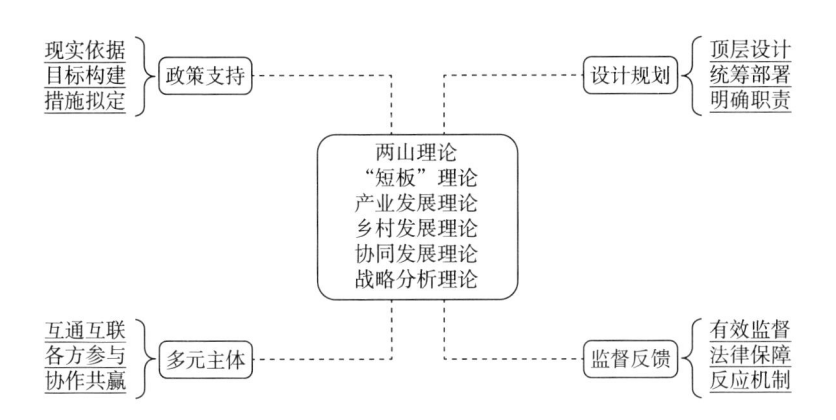

图 3-3　乡村振兴战略的工作基础关系

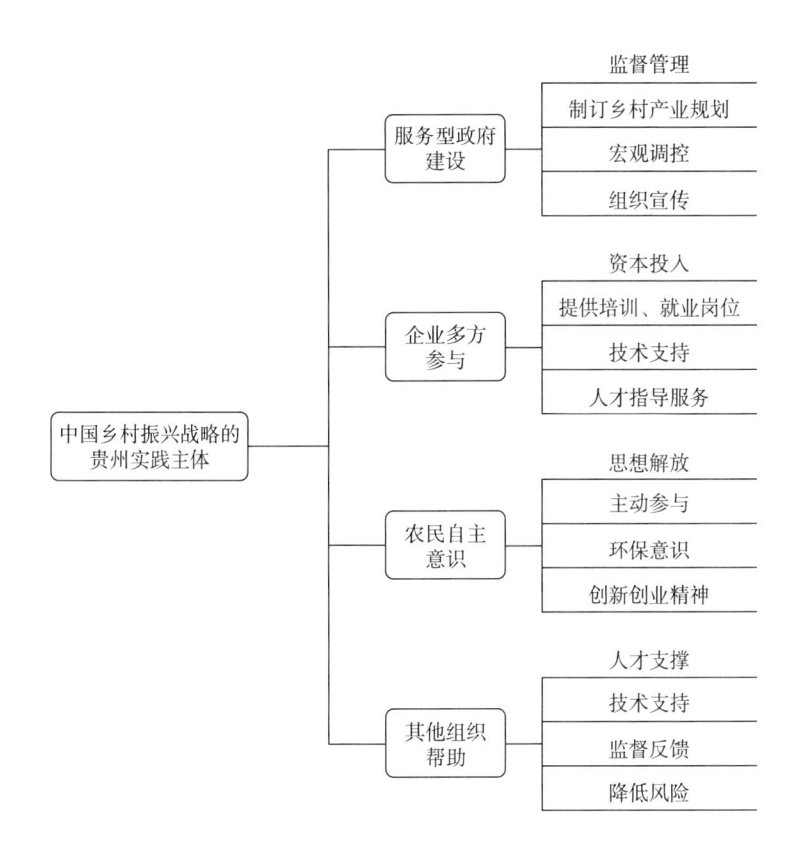

图 3-4　乡村振兴战略贵州实践的框架结构

三 框架解析

1. 服务型政府建设

政府作为乡村振兴的主体要始终以人为本，全心全意为人民服务，建立服务型政府。在乡村振兴中，政府要动员多方力量参与乡村建设，充分发挥统筹规划、宏观调控、监督管理等作用，协调各部门、主体的工作，保证乡村振兴战略的稳步进行，做好公共服务和企业经营环境治理服务。

定期深入乡村地区调研，及时发现乡村振兴工作中存在的困难和问题，形成有实效、有价值的调研报告，做到因地制宜、科学民主决策。政府也要加大思想宣传教育，调动社会各界参与乡村振兴的积极性，推动形成政府、企业、农民协同推进乡村振兴工作的大格局。

2. 企业多方参与

企业参与是乡村振兴战略重要主体之一。要充分发挥各类企业的作用，构建多元平台，打通企业与政府、企业与农民之间的沟通渠道，实现精准对接，鼓励企业加大资本投入，最大限度动员和凝聚企业力量参与到乡村建设，积极引导企业打造具有地方特色产品，培育优质产业，延长产业价值链。强化企业的人才支撑，做好培训工作。协调推动企业深度参与，企业与农民实现利益联结，促进农民增收创收，缩小城乡居民收入差距，推动社会全面发展。

3. 农民自主意识

乡村振兴依靠的是亿万农民，农民的自主意识培育关系到乡村振兴战略的可持续性发展，首先要摒弃小农经济意识，从思想上解放农民，应当引导、教育、发动群众主动思考，生活水平提高了，一些农民就有了小富即安的思想，实际上，乡村现有生活水平与人文环境与美丽乡村的目标还有较大差距，广大农民从思想上要懂得富而思进，才能更好地推进乡村振兴，建设美丽家园。其次是农民要主动参与，乡村振兴过程中涌现许多新的机遇，农民要主动学习新的技能，增强自身硬实力，也可以通过创新创业的方式融入乡村振兴。最后是农民要树立好环保意识，坚持人与自然和谐相处，生态宜居是乡村振兴的内在要求，使良好的生态成为乡村振兴的支撑点。

4. 其他组织帮助

乡村振兴是关系到国家战略全局的大事，但不仅需要政府、企业和农民的互联互通，还需要其他组织的帮助，社会组织是乡村振兴战略重要的一环，特别是村集体经济作为重要的社会组织形式，在农村振兴发展中扮演着非常重要的角色。其他社会组织要积极发动其领导和组织作用，积极帮助企业和农民培育持久增收致富的产业发展长效机制，引导社会资本和民间投资向乡村发展与建设，通过产业带动和改革创新，让乡村的土地、劳动力、资产、自然风光等要素活起来，把资源优势转化为经济优势、发展优势，让资源变资产、资产变股金、农民变股东，让绿水青山变成金山银山，帮助乡村农民增产增收致富。同时，社会各类组织要起到监督反馈的作用，这对实现乡村振兴战略的长效机制有着至关重要的作用。

四 评价方式

研究评价新时代乡村振兴战略贵州实践的方式主要分为问卷调查测评和案例分析总结。一方面，通过设计好的指标体系，以问卷度量的方式进行测评。问卷调查掌握和了解乡村振兴战略的贵州实践的乡村发展状况，然后对乡村振兴战略的贵州实践进行测评，并进行问卷数据信度及效度检验，信度是用来检验问卷的可靠性，效度则表示测量的有效性程度。最终建立综合评价模型，对乡村振兴战略贵州实践现状进行感知评价。另一方面，用案例分析法将贵州6个地级市，3个自治州以及贵安新区作为实证研究对象，对各地区乡村振兴的实践进行梳理，深入剖析相关地区典型乡村振兴发展的做法，总结可借鉴的经验和模式，发掘新时代乡村振兴战略的贵州实践的独特优势，为中国乡村振兴战略发展提供贵州实践方案。

第五节 本章小结

首先，对乡村振兴战略的理论分析框架进行构建，从政府、企业、农民和其他组织四个维度对乡村振兴参与主体进行了分析。其次，阐释了乡村振兴战略实施的必要性和可行性。再次，对乡村振兴战略的内外部影响机制进行了系统剖析，为打造乡村振兴的创新生态系统提供了学理依据。最后，通过对乡村振兴战略的工作基础与分析框架的构建，分析了乡村振兴战略贵州实践中服务型政府建设、企业多方参与、农民自主意识和其他组织帮助之间的内部理论关系，为后续课题研究工作开展，确定了理论层面的分析思路。

第四章

新时代乡村振兴战略分析与贵州现状

第一节 战略分析

以习近平同志为核心的党中央提出"实施乡村振兴战略"这一部署,有其深刻的历史背景和现实依据,是从党和国家事业发展全局做出的一项重大战略决策。采用 PEST 分析法,从政治、经济、社会、技术这四个宏观环境来分析我国现阶段乡村振兴战略的发展背景。

一 政治环境

乡村振兴战略的实施,是全面建设社会主义现代化国家新征程的必然选择。"农业农村农民问题是关系国计民生的根本性问题,必须始终把解决好'三农'问题作为全党工作重中之重"。党的十九大报告中党对"三农"问题给予了高度重视,着重突出了"三农"问题解决的重要性与必要性。现阶段,我国的主要矛盾已经转变为人民日益增长的美好生活需求和不平衡、不充分的发展之间的矛盾。实现全面小康目标的突出"短板"就体现在"三农"问题上,"三农"问题的解决显得尤为重要,因此实施乡村振兴战略是我国实现全面小康的关键一步,是实现中华民族伟大复兴中国梦的必要举措。党的十八大以来,我国反腐败工作进入"新常态",反腐效果明显。在坚持"老虎""苍蝇"一起打，以"零容忍"态度惩治腐败的高压态势下，无数贪腐官员落马。由中央纪委、监察部网站发布的数据显示，2015年党纪政纪处分人数和审查中管干部人数均为改革开放以来历年的峰值，全国共立案33万件，处分33.6万人，涉嫌犯罪被移送司法机关处理1.4万人。2016年全国各级纪检监察机关共查处违反中央"八项规定"精神问题40827起，处理57723人，其中给予党纪政纪处分42466人。党的十九大报告关于当前反腐倡廉的工作形势作出了明确判断："当前，反腐败斗争形势依然严峻复杂，巩固压倒性态势、夺取压倒性胜利的决心必须坚如磐石。"我国反腐倡廉建设经历了由"运动反腐"到"权力反腐"再到"制度反腐"的过程，一系列变化适应了反腐倡廉的实践发展与客观需要，我国的政治环境仍在不断改善。

二 经济环境

当前，我国经济环境发展形势总体呈现稳步增长。虽然受到新冠疫情的影响，2020年上半年经济发展承受了巨大损失，但是，全球对中国经济的复苏充满了信心和希望。纵观历史数据，2016—2019年，我国国内生产总值分别为743585.5亿元、820754.3亿元、900309.5亿元、990865亿元；2016—2018年，国民生产总值分别为740598.7亿元、820099.5亿元、896915.6亿元；2016—2019年人均GDP分别为53935元、59201元、64644元、70892元。根据国际货币基金组织IMF数据，从2010年开始，中国GDP总量便赶超日本，成为全球第二大经济体。近年来，中国的工业、服务业、进出贸易等领域的发展，一直保持着较快的增长。2018年中国GDP总量达到了99万亿元，增速为6.1%。根据世界银行报告发布的2016年全球各个国家GDP数据，显示全球GDP总量达74万亿美元。其中，总量排名第一的美国占比24.32%；排名第二为中国，总量占比14.84%；排第三、第四的分别是日本、德国，各占比5.91%、4.54%。2017年，排名第一的美国GDP总量为195558.74亿美元，排名第二的中国GDP总量为131735.85亿美元，排名第三的日本GDP总量为43421.6亿美元，自从2010年GDP赶超日本之后，2017年中国GDP已赶超日本

GDP 3 倍之多。

三 社会环境

经济的发展以及社会的进步推动着社会公共生活的转变，确保公共管理服务的效率与质量有助于对社会环境发展提供良好的条件。在社会公共管理方面，2018 年，我国公安机关受理案件和查处治安案件分别为 9721130 起、8845576 起；每万人口受理案件数达到 69.7 起/万人。2016—2018 年劳动人事争议仲裁当期案件受理数分别为 828410 件、785323 件、894053 件。在主要文化机构方面，2016—2018 年公共图书馆总个数依次为 3153 个、3166 个、3176 个；博物馆个数依次为 4109 个、4721 个、4918 个；文化馆依次为 44497 个、44521 个、44464 个。2018 年群众文化机构数量总计达 44464 个，其中乡镇（街道）文化站达 41138 个。2016—2018 年国家综合档案馆数依次为 3336 个、3333 个、3315 个。在社会保障方面，2016—2018 年年末参加基本养老保险人数依次为 88776.8 万人、91548.3 万人、94293.3 万人；年末基本医疗保险参保人数依次为 74391.6 万人、117681.4 万人、134458.6 万人；其中，城乡居民基本医疗保险年末参保人数依次为 44860 万人、87358 万人、102777.8 万人；年末失业保险参保人数依次为 18088.8 万人、18784.2 万人、19643.5 万人。在社会组织方面，2016—2018 年工会基层组织数依次为 282.5 万个、280.9 万个、273.1 万个。在社会救助方面，2016—2018 年我国农村居民最低生活保障人数依次为 4586.5 万人、4045.2 万人、3519.1 万人；农村特困人员集中供养人数依次为 139.7 万人、99.6 万人、86.2 万人，近年来政府兜底帮扶农村贫困人口逐渐降低，说明我国脱贫攻坚成效显著。

四 技术环境

技术环境是重要的生产要素，技术环境的发展不仅关系到社会市场运行效率，更关系到国家科技水平提升与国家经济发展的质量和效率。2016—2018 年，我国研究与试验发展经费支出分别达到 15676.7 亿元、17606.1 亿元、19677.9 亿元；在科技产出与成果方面，2016—2018 年，我国发表论文依次为 175169 篇、177572 篇、1760003 篇。

2016—2018年，我国发明专利申请授权数分别为40.4万件、42万件、43.2万件；2016—2018年我国技术市场成交额分别为11407亿元、13424亿元、17697亿元；研究与试验人员依次为45万人、46.2万人、46.4万人。无论是发明专利申请授权数还是技术市场成交额的相关数据，都表明我国的技术环境状况日趋改善，技术市场不断拓展。技术市场是科技创新与成果转化的重要载体和平台。当前我国的技术市场充分发挥其创新导向机制，不断促进科技与经济的融合发展。

第二节　贵州现状

一　模式

近年来，贵州省坚持以农业供给侧结构性改革为主线，积极构建产业选择、培训农民、技术服务、组织方式、资金筹措、利益联结、产销对接、基层党建"八要素"工作体系，大力推进省内重点产业的发展建设，有力地推动了全省农业产业繁荣发展、农民收入稳步提升。贵州省乡村振兴发展模式的积极探索，有力地促进了贵州农村的繁荣发展，为乡村振兴、全面小康不断注入持续性内生动力。

1. "361"安置机制模式

从搬迁选址的安全性与发展的可持续性两个基本点出发，将易地扶贫搬迁与新农村建设项目相结合，逐步探索形成了易地扶贫搬迁的"361"安置机制。即迁移安置到县城及产业园区的村民占迁移人数的30%，搬迁安置到重点集镇的村民占60%，其他灵活方式搬迁安置的村民人数占10%左右。集中安置区要统一规划，做到统一的建筑风格、基础设施、公共服务，大力提升周边配套的基础设施与公共服务水平，建设宜居美丽的现代农村，提升农民的幸福感与获得感。贵州省贵定县在实施易地扶贫搬迁项目时走出了一条新路子，即以集中安置为主、分散安置为辅。2016年贵定县易地扶贫搬迁项目的搬迁安置点有县城、集镇、旅游服务区、农民新村，共搬迁392户1620人，项目总投资 9720 万元。

2. "易地扶贫搬迁+山地特色旅游"模式

贵州省从精准扶贫脱贫这一立足点出发，充分利用自身的生态文化资源优势，探索出了一项以城镇化集中安置为重点的易地扶贫搬迁模式。将扶贫安置地点的文化资源、发展产业相互融合，极大地激发了易地扶贫搬迁的活力，改善了搬迁村民的居住环境。六盘水市在确定易地扶贫搬迁区域与搬迁农户时，有针对性地规划了扶贫搬迁安置地点。将易地扶贫搬迁项目与生态旅游业深入融合，通过将搬迁地址安排在旅游景区等系列举措，以期更好地发挥出旅游消费的经济辐射功能。比如，水城县南部园区的易地扶贫搬迁项目，将搬迁地址安排在与水城县茶文化产业园相邻近的位置，共安置贫困户 1147 户 4549 人。安置点农户的入住不仅有利于解决周边产业的用工短缺问题，也有利于解决贫困户的就业收入问题，更为迁入地的景区带来了更多商机与活力。

3. "'三变'+易地扶贫搬迁"模式

关于"三农"机制改革方面，贵州省的创新举措就是"三变"，即"资源变股权、资金变股金、农民变股民"。在落实易地扶贫搬迁项目的同时与"三变"举措相结合，比如有"'三变'+易地扶贫搬迁+山地旅游"模式、"'三变'+易地扶贫搬迁+特色产业"模式以及"'三变'+易地扶贫搬迁+民族文化"模式等。在六盘水市水城县，易地扶贫搬迁项目安置点之一的玉舍镇则采取了"'三变'+易地扶贫搬迁+山地旅游"模式，扶贫搬迁的农户将收到的扶贫资金入股投资，即变为股金，与当地管委会共同建设，以旅游景区度假房的标准来建设房屋，农户拥有新房屋的归属权，由农户经营、管委会管理，经营收益按投资比例分红。"三变"模式激发了易地扶贫搬迁项目的活力，带动了当地千家农户脱贫致富。

4. "党社联建"模式

"党社联建"模式，即"党支部+合作社+村级集体经济公司+农户"的模式。基层党组织在脱贫攻坚和乡村振兴战略中发挥着重要的基础性作用，为促进地方经济发展提供着强大的支撑性力量。黔东南州为了积极发挥出党组织在乡村振兴中的强大带动作用，创造性地摸索出了"党支部+合作社+村级集体经济公司+农户"的发展模式。在党支部的带动下，农户积极参与，合作社高效运转，为农村发展、农民致富打下了坚实的基础。党支部与合作社的合作机制，为提高合作社的管理水平与市场竞争力搭建了良好的平台，有利于促进集体经济的发展。村党支部在"党社联建"模式中要积极发挥引导作用，致力于农村地区实现组织化的经营与管理。2018年全州村共同领办合作社3155家，带动76万贫困群众增收。

5. "泛田园综合体"模式

"现代农业+休闲乡村旅游+田园社区"模式，以农耕文明和民族特色为内在驱动力，大力发展集生态观光、现代农业、体验游览于一体的乡村发展模式，积极推进田园综合体建设。涌现的一系列现代田园综合体模式成为贵州省乡村振兴战略的创新区，如六枝特区"郎岱特色果业"模式、仁怀市"卢荣坝园区"模式、三穗县"颇洞立体农业"模式、平坝区"塘约产业崛起"模式等。

6. "互联网+特色农业"模式

在目前的脱贫攻坚工作中，贵州省坚持将农村产业革命进行到底。在深入推进的产业革命中，重要目标是做到"产业兴旺"，以产业为抓手来带动整体农村经济的发展；同时依托大数据优势，积极探索"互联网+农业"发展模式。贵州农村地区互联网基础设施建设得到良好改善，行政村通电话通宽带全覆盖。互联网助推了农业产业化的发展，增强了农业发展活力，积极推动了"互联网+"与现代农业深度融合。贵州省依托便利的现代化物流，大力推进"黔货出山"行动，省政府出台系列优惠政策在各县普遍建立了电商平台，激励区域特色农业商品化、品牌化，促进了大量特色农产品品牌的形成。小农户通过"互联网+"提高组织化水平，构建了农产品较为经济、高效的销售渠道，有效地提高了当地农业经济效益，也促进了农户个人的收入提升。

7. "大生态+大扶贫"模式

生态环境，关系民生。贵州大部分地区多为喀斯特高原山区，生

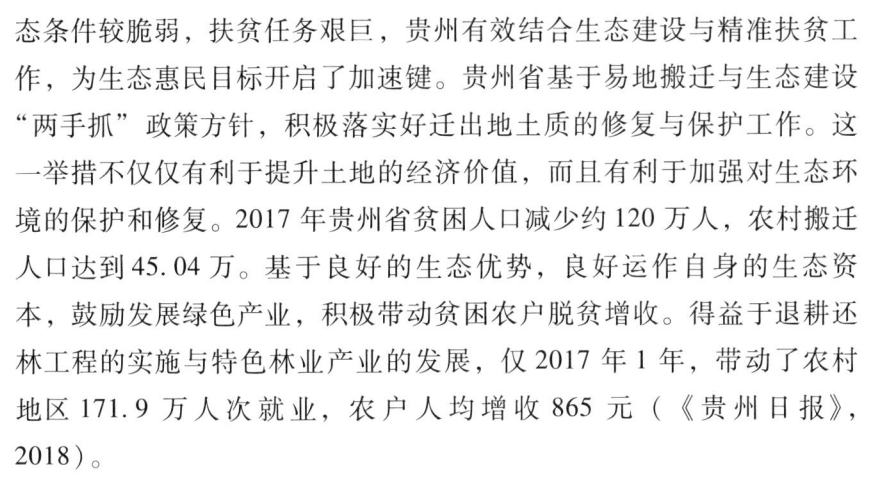

态条件较脆弱，扶贫任务艰巨，贵州有效结合生态建设与精准扶贫工作，为生态惠民目标开启了加速键。贵州省基于易地搬迁与生态建设"两手抓"政策方针，积极落实好迁出地土质的修复与保护工作。这一举措不仅仅有利于提升土地的经济价值，而且有利于加强对生态环境的保护和修复。2017年贵州省贫困人口减少约120万人，农村搬迁人口达到45.04万。基于良好的生态优势，良好运作自身的生态资本，鼓励发展绿色产业，积极带动贫困农户脱贫增收。得益于退耕还林工程的实施与特色林业产业的发展，仅2017年1年，带动了农村地区171.9万人次就业，农户人均增收865元（《贵州日报》，2018）。

8. "大生态+大产业"模式

贵州扬起生态建设的强劲风帆，坚持"绿水青山就是金山银山"的发展理念，不断涌现大量优质生态产品。基于"大生态+大数据"模式，贵州省2017年电子信息制造业增加值增长86.3%，大数据产业的规模总量超过1100亿元。这意味着大数据带动的电子信息制造业已成为工业经济的主要增长点。基于"大生态+大健康"模式，贵州省坚守生态和发展底线，灵活运用生态优势与资源优势，深入融合生态保护与健康产业。2017年，贵州省大健康医药产业累计投资780亿元，中药材种植面积约650万亩，产业增加值突破1000亿元（《贵州日报》，2018）。

二 成就

"十三五"期间，特别是贵州农村产业革命提出以来，全省各级党委政府以推动思想观念、发展方式和工作作风"三大转变"为引领，以"八要素"为根本抓手，积极践行"五步工作法"方法论，农村产业革命的阶段性成效显著，为贵州省农村产业革命的成功打下了坚实的基础。

一是脱贫攻坚与乡村振兴成效显著。2015年贵州省减少贫困人口130万，易地扶贫搬迁20万人；2019年贵州脱贫人口约124万，易地扶贫搬迁188万人，贫困率降至0.85%。2019年贵州省建档立卡贫困户辍学人数基本实现清零；东西部对接扶贫、中央单位定点帮扶等工作大有成效,稳步推进国有企业"百企帮百村"、民营企业"千企帮千村"以及"百千万行动"等。

二是农村基础设施升级完善。2019年贵州省开启3万千米县乡公路的路面修缮项目;全面完成7.87万千米农村"组组通"工程;发电装机容量突破6500万千瓦,高效完成国家新一轮农村电网升级工作;基本完成行政村的卫生室与村医的配备工作,基本完成农村危房改造、环境治理等工作,基本解决农村288.24万人的饮水安全问题。

三是生态文明建设稳步提升。2019年贵州省完成营造林520万亩,石漠化治理1006平方千米、水土流失治理2720平方千米;乡村居住环境整治力度加大,完成农户厕所改造75万户;完成国家生态文明试验区制度性改革任务33项。

四是农村产业革命蓬勃发展。2019年农村产业革命成效显著,农业增加值有望增长5.7%,增速在全国处于领先水平。种植业增加值增长8.3%,农民合作社达到6.81万户,通过"黔货出山"项目销售农产品达到320亿元、增长率为8.3%。12个特色优势农产业蓬勃发展,农村产业的发展盘活了农村地区经济的发展,农村面貌焕然一新。

五是居民收入稳步提高。2015年农村居民人均可支配收入增长10.7%;而2019年农村常住居民人均可支配收入将增长约10.5%,农村居民收入稳步提升(《贵州省政府工作报告》,2020)。

三 "短板"

1. 乡村产业振兴的主要问题

一是产业发展基础设施薄弱。调研发现,多数贫困农户居住分散、交通不便,基础设施建设极为不完善,不利于农村吸引产业投资。二是劳动力相对不足。生活在贫困农村地区的大都是老年人口,原因是多数年轻人往往选择外出务工来提高自己的收入,导致留在村子内的大多数人口都是老年人与儿童,这就造成了农村地区产业发展的劳动力相对不足的现象。三是产业发展种类相对单一。虽然有扶贫政策的扶持,但相对而言农村产业发展仍旧集中在种养殖方面,并且处于初步探索发展阶段;同时多数养殖业项目属于短期项目,难以发展成为农村地区的支柱产业。总体上看，短、中、长产业扶贫项目实施分布不均，产业扶贫效果不明显，缺乏产业扶贫长效机制。四是内生动力不足。多数农户的思想观念较为保守，对新鲜事物持观望态度；有的农户则是对政府产业调整没有认同感，觉得脱贫致富的希望渺茫，且时常看到周边产业项目失败的案例，故而大多数农户还处于观望状态。

2. 乡村人才振兴的支撑问题

人才是乡村振兴的关键。培养一支高水平的"三农"工作队伍，对于乡村振兴的实现更是至关重要。但是，目前贵州省的乡村人才流失严重，"三农"工作队伍普遍存在人员不足、年龄老化、专业水平偏低等问题，主要有四个方面：一是领头队伍"青黄不接"，引领发展难。地方基层干部总体上仍存在老龄化、受教育程度偏低、储备干部人员不足等现象，不利于乡村振兴的实现。二是农村实干人才缺失。近年来，贵州省加强农村实用人才的开发与培养，储备了一批全方位发展的技术人才。但是，就目前阶段来说，贵州乡村的实干人才仍然是"供不应求"。三是农技人员职能缺失问题突出。农业科技研究成果与实际投入生产的连接纽带就是广大的农业技术人才。但是，目前从事农技一线服务的人员较少，农技人员不到位已经成为农村地区普遍性的一个问题。同时，当前的农业技术人才队伍也存在"老龄化"问题，农业技术人才储备相对不足。四是农村人才流失严重。农村与城市相比较，在基础公共服务设施、医疗教育资源、发展机会与平台等多方面相对处于弱势，当地的大学生毕业后往往会选择在大城市就业，导致乡村地区的人才短缺问题较为严峻。

3. 乡村文化振兴的建设问题

乡村文化是实现乡村振兴发展的动力和基础。近年来，乡村文化建设得到了大众的广泛关注，贵州省逐步加大对乡村文化建设人力财力的投入，取得了一定的成效。但在目前阶段，贵州乡村文化振兴的推进仍存在一些问题，这些"短板"都影响贵州省乡村振兴战略的深入推进。一是乡村文化建设的机制不合理。在乡村文化建设过程中，多个行政部门的存在，难以避免会带来权责不清、文化建设内容重复、文化资源浪费等问题。二是村民文化需求的表达机制较为缺乏。农民作为乡村文化的需求主体，难以表达真实的文化需求，往往导致乡村的文化建设脱离农民的实际需要，使文化的供给和村民的实际需求信息不对称，极大地造成文化资源的浪费。三是乡村文化建设的基础设施不完备。文化基础设施是村民进行文化交流和传播的主要平台。现阶段，贵州各地区乡村文化的基础设施建设虽然有了一定程度的改善，但是仍有较大的提升空间。乡村文化基础设施存在数量少、空间分布不合理、年久失修等问题，同时还存在乡村文化设施建设难以满足村民多样化需求的突出问题。

4. 乡村生态振兴的发展问题

乡村振兴，生态宜居是关键。"生态宜居"的总要求是指在追求村容整洁的同时，更要注重乡村的生态建设。乡村的生态环境治理是实现乡村振兴的关键一环。优质的生态环境是农村地区与生俱来的巨大优势。正是农村具有大城市所不具备的独特的生态优势，才会对多种生产要素产生极大的吸引力，这也是乡村地区发展的增长点。坚持绿色发展，加强对乡村突出环境问题的治理力度。近年来，贵州省政府在治理农村居住环境的工作中，把完善农村公路基础建设作为重点，以期改善农村卫生条件、满足农村居民的生活需要。但是部分地区的基层干部群众思想认识不到位，一味追求农村公路建设指标的完成度，反而失去了农村地区自身的生态优势，导致部分乡村环境治理效果不理想。

5. 乡村治理综合水平尚待提升

一是乡村治理作用被低估。由于乡村治理工作的成果难以短期内见效，同时治理的工作落实度与管理部门的预期往往存在较大差异，地方基层政府往往会低估乡村治理的成效，对投入乡村治理工作的积极性有所降低。相关管理部门在处理治理工作问题时缺乏系统性思维，加之乡村治理工作本身存在的复杂性，乡村治理的价值往往会被低估。二是乡村治理工作碎片化。例如，农村环境治理问题。工作程序缺乏整体上的把控，治理流程相对碎片化。参与环境治理的管理部门相互间的协调合作能力不足，缺乏一个统一的环保机构来专门负责

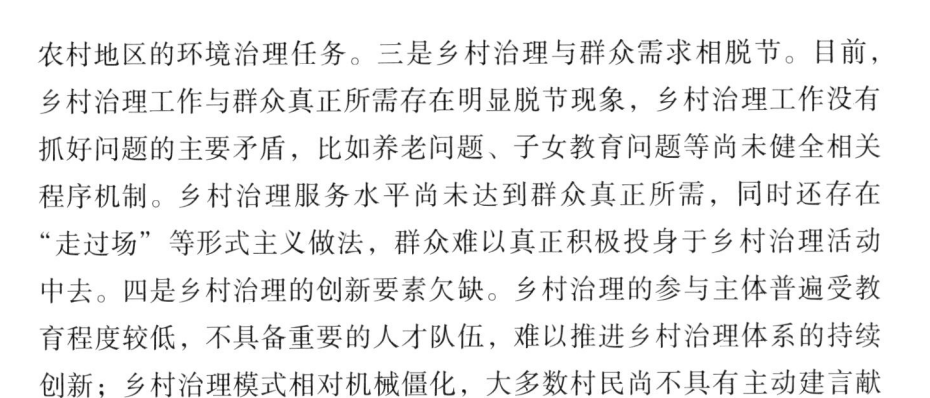

农村地区的环境治理任务。三是乡村治理与群众需求相脱节。目前，乡村治理工作与群众真正所需存在明显脱节现象，乡村治理工作没有抓好问题的主要矛盾，比如养老问题、子女教育问题等尚未健全相关程序机制。乡村治理服务水平尚未达到群众真正所需，同时还存在"走过场"等形式主义做法，群众难以真正积极投身于乡村治理活动中去。四是乡村治理的创新要素欠缺。乡村治理的参与主体普遍受教育程度较低，不具备重要的人才队伍，难以推进乡村治理体系的持续创新；乡村治理模式相对机械僵化，大多数村民尚不具有主动建言献策的意识和动力，往往习惯于被管理的角色，治理创新还未走进农民群众的视野，这也是目前乡村治理创新力不足的重要原因之一。

第三节 本章小结

本章基于 PEST 战略分析方法阐释了新时代乡村振兴战略政治环境、经济环境、社会环境和技术环境发展的基本情况。然后，立足于贵州当前的乡村振兴战略实施情况，提炼了贵州近些年在精准扶贫攻坚和农村产业革命推动下乡村振兴发展的若干模式，并且从贵州乡村振兴工作的成就和"短板"两方面进行总结与分析，对贵州乡村振兴现状做了客观的陈述。

第五章

新时代贵州乡村振兴发展的感知调查

第一节 数据来源

本书根据研究目的对新时代贵州乡村振兴发展的感知情况进行了问卷调查，调查组共发放问卷900份，经过数据质量分析以及数据清洗后，有效问卷数据记录891条，共涉及51个原始变量，收集到的信息可分为基本信息组、感知因素组、研究对象分类组。其中，基于贵州乡村振兴发展感知的综合评价模型主要使用了感知因素组的数据，基于贵州乡村振兴发展的感知调查的研究对象分类研究主要使用了基本信息组和研究对象分类组。

第二节 评估得分

一 感知评价指标体系的设计

根据理论基础与框架构建，设计出新时代贵州乡村振兴发展的感知评价指标体系，如表5-1所示。依据指标体系设计出调查问卷，如附录所示。

表 5-1　　贵州乡村振兴发展的感知评价指标体系

测评目标	指标编码	一级指标	指标编码	二级指标	指标含义
新时代贵州乡村振兴发展感知	A	科学工作	A1	政策设计	支持农村发展政策合理性的感知
			A2	工作部署	乡村振兴发展按照计划落实推进的感知
			A3	干部培训	乡村干部相关能力培训的感知
			A4	监督检查	乡村振兴工作监督检查的感知
			A5	追责问责	乡村振兴工作对不履职尽责干部处理的感知
	B	思想解放	B1	观念开放	乡村干部群众对新事物接受的感知
			B2	产业创新	乡村干部群众对农村产业创新发展理解的感知
			B3	干事作风	乡村干部群众在干事创业方面作风的感知
	C	产业选择	C1	产业基础设施	乡村产业发展所需要基础设施建设水平的感知
			C2	产业认知情况	农村带头人对产业知识掌握水平的感知
			C3	产业精准定位	乡村选择特色和有价值产业目标定位的感知
			C4	产业系统结构	乡村产业结构布局合理性和科学性的感知
	D	培训农民	D1	组织动员	乡村组织农民参加培训积极性的感知
			D2	实操培训	乡村产业发展所需技能培训开展情况的感知
			D3	效果反馈	农民对相关培训效果的感知
	E	技术服务	E1	机制建设	技术服务乡村振兴发展机制构建的感知
			E2	技术落地	技术服务到村到户到人到产业情况的感知
			E3	联动能力	农技人员与农民配合、沟通效果情况的感知
	F	资金筹措	F1	融资需求	农民对发展产业支持资金需求状态的感知
			F2	融资渠道	乡村融资方式或路径便捷程度的感知
			F3	资金应用	农民对产业发展资金应用与使用效率的感知
	G	组织方式	G1	组织形式	农民参与乡村振兴发展组织形式效果的感知
			G2	组织制度	农民参与乡村振兴发展组织制度合理性的感知
	H	产销对接	H1	对接机制	乡村产销调度机制衔接有效性的感知
			H2	对接渠道	乡村产品销售对接渠道完整性的感知
			H3	对接效果	农村产品对销售效果的感知
	I	利益联结	I1	农户参与	农民在乡村产业发展变化中参与积极性的感知
			I2	利益分配	农民在农村产业发展中利益分配合理性的感知
			I3	保障机制	保障产业发展中利益分配合理性的感知

续表

测评目标	指标编码	一级指标	指标编码	二级指标	指标含义
新时代贵州乡村振兴发展感知	J	基层党建	J1	坚持党的领导	坚持党对乡村振兴发展工作能力的感知
			J2	党组织的建设	农村基层党组织"三会一课"等建设情况的感知
			J3	党组织的职能	农村党组织职能作用有效性的感知

二 问卷数据信度及效度检验

1. 信度检验结果

信度检验是指问卷的信度也就是问卷的可靠性,指采用同样的方法对同一对象重复测量。问卷的信度也就是问卷的可靠性,指采用同样的方法对同一对象重复测量时所得结果的一致性程度,也就是反映实际情况的程度。信度指标多以相关系数表示,大致可分为三类:稳定系数(跨时间的一致性),等值系数(跨形式的一致性)和内在一致性系数(跨项目的一致性)。信度分析的方法主要有四种:重测信度法、复本信度法、折半信度法以及α信度系数。

本研究采用 Cronbach's α 信度系数,也是目前最常用的信度系数。计算方法如下:

$$\alpha = [k/(k-1)] \times [1 - (\sum S_i^2)/(ST^2)] \qquad (5-1)$$

其中,k 为量表中题项的总数,S_i^2 为第 i 题得分的题内方差,ST^2 为全部题项总得分的方差。从式中可以看出,α 系数评价的是量表中各题项得分间的一致性,属于内在一致性系数。

总量表的信度系数最好在0.8以上,0.7—0.8可以接受;分量表的信度系数最好在0.7以上,0.6—0.7还可以接受;Cronbach's α alpha 系数如果在0.6以下就要考虑重新编问卷。

如表5-2所示,根据问卷数据信度分析结果显示,调研数据在科学工作、产业选择、培训农民、技术服务、资金筹措、产销对接、利益联结、基层党建八个维度的 Cronbach's α 信度系数均大于0.6,表明数据一致性可以接受;而思想解放与组织方式两个维度的一致性检验结果不佳,主要原因在于根据理论分析得到这两个维度下的项目数偏少,也即一级指标下的各二级指标个数偏少,但由于总表对应的Cronbach's α信度系数达到了0.931,因此为了兼顾模型理论意义与实际价值,认为问卷数据总体一致性较好,可以进行下一步的分析。

表5-2 基于贵州乡村振兴发展的感知调查问卷的信度检验结果

指标编码	测评维度	Cronbach's α	项目个数
A	科学工作	0.808	5
B	思想解放	0.407	3
C	产业选择	0.688	4
D	培训农民	0.786	3
E	技术服务	0.716	3
F	资金筹措	0.647	3
G	组织方式	0.295	2
H	产销对接	0.778	3
I	利益联结	0.695	3
J	基层党建	0.654	3
总计		0.931	32

2. 效度检验结果

效度测量的是有效性程度,即测量工具能测出其所要测量特质的程度,也即一个测验的准确性、有用性。在社会测量中,对作为测量工具的问卷或量表的效度要求较高。鉴别效度须明确测量的目的与范围,考虑所要测量的内容并分析其性质与特征,检查测量内容是否与测量目的相符,进而判断测量结果是否反映了所要测量的特质的程度。

本研究选用KMO值与Bartlett球形检验作为问卷数据效度的检验工具,根据表5-3的结果可知,调研数据在科学工作、思想解放、产业选择、培训农民、技术服务、资金筹措等十个维度的显著性均小于0.05,总体数据的显著性水平也小于0.05,可以认为数据通过效度检验,适用于后续分析过程。

表 5-3 基于贵州乡村振兴发展的感知调查问卷的效度检验结果

测评维度	KMO	Bartlett 球形检验卡方值	df	显著性
科学工作	0.833	1293.672	10	0.00
思想解放	0.565	135.659	3	0.00
产业选择	0.694	591.902	6	0.00
培训农民	0.706	762.286	3	0.00
技术服务	0.643	568.483	3	0.00
资金筹措	0.635	502.329	3	0.00
组织方式	0.500	27.107	1	0.00
产销对接	0.691	747.094	3	0.00
利益联结	0.670	455.135	3	0.00
基层党建	0.629	390.336	3	0.00
总表	0.957	11690.779	496	0.00

三 感知的综合评价结果分析

1. 各分值频数分布

通过对基于贵州乡村振兴发展感知的量表题目频数分布情况进行分析可知，在891条有效记录中，10个一级指标、32个二级指标得分1—7分均有样本分布。由于数据已通过信度检验和效度检验，该数据集可以用于综合评价模型的构建。由表5-4所列结果可知，10个一级指标、32个二级指标对应的量表题目中选择1—7分的样本频数分布情况。

表 5-4 基于贵州乡村振兴发展感知的量表题目频数分布

一级指标	二级指标	1	2	3	4	5	6	7	小计
科学工作	政策设计	4	31	116	213	204	175	148	891
	工作部署	5	31	123	212	255	170	95	891
	干部培训	10	15	121	175	281	174	115	891
	监督检查	5	20	92	173	237	210	154	891
	追责问责	11	25	86	185	238	201	145	891

续表

一级指标	二级指标	各分数频数（人）							
		1	2	3	4	5	6	7	小计
思想解放	观念开放	9	24	90	127	184	232	225	891
	产业创新	14	23	95	193	258	174	134	891
	干事作风	8	29	75	186	268	184	141	891
产业选择	产业基础设施	9	31	113	136	197	230	175	891
	产业认知情况	12	45	139	195	238	161	101	891
	产业精准定位	23	81	144	187	202	162	92	891
	产业系统结构	15	41	137	203	251	165	79	891
培训农民	组织动员	13	34	107	169	264	206	98	891
	实操培训	14	46	126	166	241	200	98	891
	效果反馈	12	41	111	167	254	208	98	891
技术服务	机制建设	14	48	119	204	260	165	81	891
	技术落地	21	51	127	187	226	188	91	891
	联动能力	20	53	156	222	226	125	89	891
资金筹措	融资需求	10	45	133	212	199	177	115	891
	融资渠道	21	81	143	204	211	170	61	891
	资金应用	8	47	134	195	222	180	105	891
组织方式	组织形式	31	63	132	187	219	170	89	891
	组织制度	8	36	124	178	273	186	86	891
产销对接	对接机制	13	44	136	197	220	175	106	891
	对接渠道	29	64	118	192	235	177	76	891
	对接效果	27	63	166	169	226	151	89	891
利益联结	农户参与	10	36	103	152	273	200	117	891
	利益分配	4	33	118	172	255	204	105	891
	保障机制	12	23	95	173	285	196	107	891
基层党建	坚持党的领导	1	27	68	150	245	235	165	891
	党组织的建设	5	24	97	152	234	218	161	891
	党组织的职能	13	18	89	216	259	187	109	891

2. 综合评价模型构建

综合评价法指的是运用多个指标对多个参评单位进行评价的方

法。一般包括计算均值、确定权重、计算综合得分等环节。其中，赋权方法又可以分为主观赋权法与客观赋权法。赋权方法的选择对于综合评价结果有着重要的影响。本研究选用了客观赋权法中的变异系数法。

（1）因素评分计算。根据各二级指标所代表的因素以及问卷数据中各因素的评分，可以选用加权平均数来代表各个因素的原始评分情况，加权平均数计算过程如式 5-2 所示。因素评分结果如表 5-5 所示。

$$\bar{x} = \frac{\sum_{i=1}^{n} x_i \times f_i}{\sum_{i=1}^{n} f_i} \quad (5-2)$$

式中，x_i 表示分数，f_i 表示选择各二级指标各分数的频数值。

表5-5　基于贵州乡村振兴发展感知的量表题目评分汇总

一级指标	二级指标	均值
科学工作	政策设计	4.91
	工作部署	4.76
	干部培训	4.89
	监督检查	5.09
	追责问责	5.02
思想解放	观念开放	5.30
	产业创新	4.93
	干事作风	5.01
产业选择	产业基础设施	5.10
	产业认知情况	4.67
	产业精准定位	4.48
	产业系统结构	4.62
培训农民	组织动员	4.85
	实操培训	4.76
	效果反馈	4.82

续表

一级指标	二级指标	均值
技术服务	机制建设	4.65
	技术落地	4.65
	联动能力	4.47
资金筹措	融资需求	4.72
	融资渠道	4.41
	资金应用	4.72
组织方式	组织形式	4.53
	组织制度	4.77
产销对接	对接机制	4.70
	对接渠道	4.54
	对接效果	4.47
利益联结	农户参与	4.92
	利益分配	4.88
	保障机制	4.92
基层党建	坚持党的领导	5.22
	党组织的建设	5.11
	党组织的职能	4.89

（2）确定权重。权重用于衡量某因素在整体评价中的相对重要程度。一般权重越高，则说明该因素越重要。权重的确定一般主要分为两类：一是主观赋权法，二是客观赋权法。由于客观赋权法属于定量研究，是根据历史数据研究指标间的相互关系，因此本研究选用客观赋权法中的变异系数法。

变异系数是刻画离中趋势的重要指标之一，反映了数据间的差异与波动，在数值上等于标准差除以均值，如式 5-3 所示。

$$V = \frac{\sigma}{\bar{x}} \qquad (5-3)$$

变异系数法确定权重一般遵循以下六个步骤：

①计算各因素得分（如表 5-6 所示）；

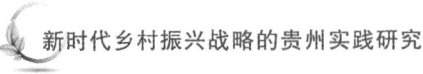

②计算各因素频率 $P_i \dfrac{f_i}{\sum_{i=1}^{n} f_i}$；

③计算离差平方和 $(x_i - \overline{x})^2$；

④计算标准差 $\sigma = \sqrt{\sum_{i=1}^{n}(x_i - \overline{x})^2 \times P_i}$；

⑤计算变异系数 V 与变异系数之和 $\sum_{i=1}^{n} V_i$；

$\varpi_i = \dfrac{V_i}{\sum_{i=1}^{n} V_i}$

⑥计算权重。

表5-6　基于贵州乡村振兴发展感知的量表题目权重汇总

一级指标	二级指标	权重（%）	本组排名
科学工作	政策设计	20.88	1
	工作部署	20.16	2
	干部培训	19.73	4
	监督检查	19.20	5
	追责问责	20.03	3
思想解放	观念开放	33.35	2
	产业创新	34.04	1
	干事作风	32.60	3
产业选择	产业基础设施	23.26	4
	产业认知情况	24.63	2
	产业精准定位	27.93	1
	产业系统结构	24.18	3
培训农民	组织动员	32.39	3
	实操培训	34.53	1
	效果反馈	33.08	2
技术服务	机制建设	31.77	3
	技术落地	33.70	2
	联动能力	34.53	1

续表

一级指标	二级指标	权重（%）	本组排名
资金筹措	融资需求	32.54	2
	融资渠道	35.47	1
	资金应用	31.98	3
组织方式	组织形式	54.64	1
	组织制度	45.36	2
产销对接	对接机制	31.40	3
	对接渠道	33.65	2
	对接效果	34.95	1
利益联结	农户参与	34.04	1
	利益分配	33.36	2
	保障机制	32.60	3
基层党建	坚持党的领导	31.81	3
	党组织的建设	34.03	2
	党组织的职能	34.15	1

（3）综合评价得分。根据原始评分均值与各因素权重可以通过加权平均计算得到各一级指标的最终评价得分矩阵，如表5-7所示。由表5-7结果分析可知，十个一级指标中，思想解放的综合评分最高，达到了5.08分，而产销对接的综合得分最低，为4.57。但值得注意的是，十个一级指标的综合得分均超过了4.2分（若以满分7分的60%，也即4.2分作为标尺，十个一级指标的综合评价得分均超过了及格以上的水平）。

表5-7　基于贵州乡村振兴发展感知的量表题目综合得分汇总

一级指标	二级指标	均值	权重（%）	得分
科学工作	政策设计	4.91	20.88	4.93
	工作部署	4.76	20.16	
	干部培训	4.89	19.73	
	监督检查	5.09	19.20	
	追责问责	5.02	20.03	

续表

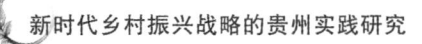

一级指标	二级指标	均值	权重（％）	得分
思想解放	观念开放	5.30	33.35	5.08
	产业创新	4.93	34.04	
	干事作风	5.01	32.60	
产业选择	产业基础设施	5.10	23.26	4.71
	产业认知情况	4.67	24.63	
	产业精准定位	4.48	27.93	
	产业系统结构	4.62	24.18	
培训农民	组织动员	4.85	32.39	4.81
	实操培训	4.76	34.53	
	效果反馈	4.82	33.08	
技术服务	机制建设	4.65	31.77	4.59
	技术落地	4.65	33.70	
	联动能力	4.47	34.53	
资金筹措	融资需求	4.72	32.54	4.61
	融资渠道	4.41	35.47	
	资金应用	4.72	31.98	
组织方式	组织形式	4.53	54.64	4.64
	组织制度	4.77	45.36	
产销对接	对接机制	4.70	31.40	4.57
	对接渠道	4.54	33.65	
	对接效果	4.47	34.95	
利益联结	农户参与	4.92	34.04	4.91
	利益分配	4.88	33.36	
	保障机制	4.92	32.60	
基层党建	坚持党的领导	5.22	31.81	5.07
	党组织的建设	5.11	34.03	
	党组织的职能	4.89	34.15	

第三节 研究分类

一 研究目的

根据调查数据基于新时代贵州乡村振兴发展的感知情况对目前研究对象进行分类，对不同感知类型的样本表现及基础特征进行深入探讨，从而为新时代贵州乡村振兴工作的政策制定提供数据参考。

二 分析架构

对于研究对象的分类主要包含以下三个部分：一是对调查对象的细分，也即通过确定分类的维度与维度的削减，得到转化后的细分维度，再通过选定的细分方法对受调查对象进行聚类。二是对调查对象的聚类结果进行检验，根据削减后的维度以及转化后的数据，为调查对象的各个细分类别进行命名。三是分类调查对象定位，也即通过各细分调查对象的特征进行显著性检验与差异对比分析，从而得到调查对象的详细情况。分析架构如表5-8所示。

表5-8 基于贵州乡村振兴发展感知的调查对象分类分析架构

步骤	过程	分析细化	分析方法
对象细分	确定和处理分类维度	确定分类维度	对比分析
		分类维度的数据削减	因子分析
		分类维度的数据转化	标准化
	调查对象类型细分	细分方法的选择	聚类分析
		确定类别数量	
		保存聚类成员	
效果检验		聚类效果检验	方差分析
		细分类型命名	交叉分析与均值分析
对象定位	特征描述	特征差异显著性检验	方差分析
		特征差异对比分析	对比分析

三 实证结果

根据分类组的题目设置,选择了问卷中对于贵州乡村振兴发展感知的总体评分及第34—42题中9个描述语句的同一程度作为分类的数据基础。其中9个描述语句由于存在一定的信息重叠,需要通过因子分析方法提取公共信息,完成数据维度的削减。进而通过计算各样本的因子得分确定因子类别,同时将因子类别与总体评分进行Z标准化,作为分类字段。由于分类字段中有数值型字段和类别型字段,因此选择系统聚类的方法。

1. 分类维度的削减

(1) 适用性检验。如表5-9所示,由于对9个描述语句的信息进行提取前,需要首先验证数据是否适用于因子分析,因此对目标数据进行了适用性的检验。由表5-9所列结果可知,根据 KMO 值的结果,KMO值为0.859,大于0.6,并且根据 Bartlett 球形检验结果,显著性水平为0.000,小于0.05,可以认为数据符合因子分析方法的基本要求,可以通过因子分析的方法实现降维的目的。

表5-9　　　　　　KMO 值与 Bartlett 球形检验结果

Kaiser - Meyer - Olkin 值		0.859
Bartlett 球形检验	卡方	2042.686
	df	36.000
	显著性	0.000

(2) 因子提取。由表5-10可知,从解释的总方差来看,特征值大于1的因子共有2个,累计贡献率为52.633%,也即两个因子能够解释总体信息量的52.633%,信息损失量略大,但由于本研究中样本容量较大、经理论分析后设计的指标体系较为复杂,为了兼顾数据的实际价值与指标体系的理论设计,可以认为这两个因子可以提取9个语句中52.633%的信息,效果尚可以接受。

(3) 因子旋转。如表5-11所示,根据成分矩阵结果可知,因子间存在一定共线性,例如因子1与因子2对于"我认为当地产业发展趋势很好"的系数分别为 0.581 与 0.599,系数差距较小,没能充分厘清信息。另外,若是通过取消小于 0.5 的小系数后,可以更加直观地观察到,因子 1 对于 8 个语句的信息提取都在 50% 以上,因子信息载荷量差距太大,需要通过因子旋转增加因子间的差异性。

表 5-10　　　　　　　公因子方差及累计贡献率

成分	初始特征值			提取载荷平方和		
	总计	方差占比	累计方差占比	总计	方差占比	累计方差占比
1	3.612	40.139	40.139	3.612	40.139	40.139
2	1.124	12.494	52.633	1.124	12.494	52.633
3	0.933	10.364	62.997			
4	0.758	8.424	71.421			
5	0.600	6.665	78.086			
6	0.570	6.329	84.414			
7	0.515	5.722	90.136			
8	0.457	5.079	95.215			
9	0.431	4.785	100.000			

表 5-11　　　　　　　　　成分矩阵

成分矩阵[a]		
	成分	
	1	2
我一般不愿意主动承担社会责任	0.738	-0.199
我更愿意从事农业生产工作	0.563	0.488
我不关注当地的产业发展政策	0.723	0.020
我认为当地产业发展趋势很好	0.581	0.599
乡村振兴战略实施主要靠政府	0.420	0.172
我一般不愿意主动学习	0.746	-0.268
我认为当地村民生活富足	0.535	0.252
我一般不愿意向村干部反映实际问题	0.695	-0.263
我不了解关于保护环境的法律	0.624	-0.504

注:提取方法:主成分分析法。a 为提取了 2 个成分。

根据旋转因子后的成分矩阵可以判断，共线性的问题已经得到较为有效的解决，不同描述语句在两个因子上的系数差距较为明显，因此可以认为经过旋转后的因子性能更优，可以用于后续的分析。

表 5-12　　　　　　　　　　旋转后的成分矩阵

旋转后的成分矩阵[a]	成分 1	成分 2
我一般不愿意主动承担社会责任	0.699	0.310
我更愿意从事农业生产工作	0.130	0.733
我不关注当地的产业发展政策	0.548	0.471
我认为当地产业发展趋势很好	0.074	0.831
乡村振兴战略实施主要靠政府	0.218	0.398
我一般不愿意主动学习	0.748	0.263
我认为当地村民生活富足	0.256	0.533
我一般不愿意向村干部反映实际问题	0.705	0.234
我不了解关于保护环境的法律	0.802	0.002

注：提取方法：主成分分析法。旋转方法：恺撒正态化最大方差法。a 为旋转在 3 次迭代后已收敛。

（4）因子命名。根据对 9 个语句的抽取程度最优的情况进行分类整理，发现因子 1 对应的描述偏向消极因素，包括"我一般不愿意主动承担社会责任""我不关注当地的产业发展政策""我一般不愿意主动学习""我一般不愿意向村干部反映实际问题""我不了解关于保护环境的法律"，因此将因子 1 命名为消极型因子。同理，因子 2 可命名为积极型因子。

（5）计算因子得分。因子得分指每条记录在所提取因子上的得分，得分越高，表明该记录越具备该因子的特征。通过计算因子得分可以得到每个样本分别在四个因子上的得分，以最高得分的因子确定为该样本在因子类别上的分类，从而确认每个样本在特征上属于何种类型的因子。

表 5-13　　　　　　　　　　因子命名

	因子 1	因子 2
维度特征 (因子载荷值)	我一般不愿意主动承担社会责任	我更愿意从事农业生产工作
	我不关注当地的产业发展政策	我认为当地产业发展趋势很好
	我一般不愿意主动学习	乡村振兴战略实施主要靠政府
	我一般不愿意向村干部反映实际问题	我认为当地村民生活富足
	我不了解关于保护环境的法律	
命名	消极型因子	积极型因子

2. 分类维度的数据化

数据规范化（归一化）处理是数据挖掘的一项基础工作。不同评价指标往往具有不同的量纲，数值间的差别可能很大，不进行处理可能会影响数据分析的结果。为了消除指标之间的量纲和取值范围差异的影响，需要进行标准化处理，将数据按照比例进行缩放，使之落入一个特定的区域，便于进行综合分析。

由于不同分类维度存在不同的量级以及单位，本研究选择因子类别和现状分数作为分类维度。其中，因子类别为分类数据，共有 2 个分类，分别取值为 1 和 2，而现状分数则为数值型数据，取值范围是 [0，100]。从量纲的角度看，两个变量的差异较大，因此需要做数据规范化处理。数据规范化一般有 min - max 标准化、Z - score 标准化、小数定标规范化等。本研究采取 Z - score 标准化的方法对两个变量的数值进行无量纲化处理，如式 5 - 4 所示。

$$z_i = (x_i - \bar{x})/s \qquad (5-4)$$

式中，x_i 为数据原值，$\bar{x}$ 为均值，s 为标准差。

3. 样本聚类

（1）确定聚类数量。根据树状图的情况分析，本研究的调查数据应聚类的数量为 3 类。

（2）聚类效果检验。如表 5 - 14 所示，聚类完成后需要对聚类结果进行检验，也即各细分类别之间在两个聚类维度上的差异性。本研究选择单因素方差分析对聚类结果进行检验。从现状分数和因子类别两个维度来看，方差分析结果的显著性均小于0.05，通过了检验，可以认为，聚类后三个类别的样本在现状评分与因子类别两个维度具有显著的差异，聚类效果良好。

表5–14　　　　　　　　　　方差分析结果

<table>
<tr><th colspan="2"></th><th colspan="5">ANOVA</th></tr>
<tr><th colspan="2"></th><th>平方和</th><th>自由度</th><th>均方</th><th>F</th><th>显著性</th></tr>
<tr><td rowspan="3">现状分数</td><td>组间</td><td>288470.875</td><td>2</td><td>144235.437</td><td>1279.059</td><td>0.000</td></tr>
<tr><td>组内</td><td>99911.425</td><td>886</td><td>112.767</td><td></td><td></td></tr>
<tr><td>总计</td><td>388382.299</td><td>888</td><td></td><td></td><td></td></tr>
<tr><td rowspan="3">因子类别</td><td>组间</td><td>203.175</td><td>2</td><td>101.588</td><td>6523.823</td><td>0.000</td></tr>
<tr><td>组内</td><td>13.797</td><td>886</td><td>0.016</td><td></td><td></td></tr>
<tr><td>总计</td><td>216.972</td><td>888</td><td></td><td></td><td></td></tr>
</table>

（3）细分类型命名。首先，通过因子类型的角度对于样本的细分类型进行第一层次的命名，根据交叉列联表的结果进行分析可知，第一类、第三类样本的消极型因子最多，第二类样本积极型因子最多。

表5–15　　　　　细分类型与因子类别的交叉列联表

<table>
<tr><th colspan="3"></th><th colspan="2">因子类别</th><th rowspan="2">总计</th></tr>
<tr><th colspan="3"></th><th>消极型因子</th><th>积极型因子</th></tr>
<tr><td rowspan="6">Ward方法</td><td rowspan="2">1</td><td>计数</td><td>478</td><td>0</td><td>478</td></tr>
<tr><td>占Ward方法的百分比</td><td>100.0%</td><td>0.0%</td><td>100.0%</td></tr>
<tr><td rowspan="2">2</td><td>计数</td><td>0</td><td>354</td><td>354</td></tr>
<tr><td>占Ward方法的百分比</td><td>0.0%</td><td>100.0%</td><td>100.0%</td></tr>
<tr><td rowspan="2">3</td><td>计数</td><td>37</td><td>22</td><td>59</td></tr>
<tr><td>占Ward方法的百分比</td><td>62.7%</td><td>37.3%</td><td>100.0%</td></tr>
<tr><td colspan="2" rowspan="2">总计</td><td>计数</td><td>515</td><td>376</td><td>891</td></tr>
<tr><td>占Ward Method的百分比</td><td>57.8%</td><td>42.2%</td><td>100.0%</td></tr>
</table>

其次，根据各细分类别的评分看，第二类评分最高，可以认为是

高评价，第三类评分最低，可以认为是低评价，而根据第二类居民的评分，可以命名为中评价。

由此可以确定这三类样本分别可以命名为中评价消极型、高评价积极型、低评价消极型。

表5–16　　　　　　居民参与评分的均值及对应命名

细分类别	评分均值（分）	命名
1	76.60	中评价
2	79.52	高评价
3	5.69	低评价
总计	73.06	

4. 细分样本特征描述

在对调查对象进行细分后，需要进一步探索不同类别的调查对象在基本情况上的差异，运用基础信息组的数据，先对不同类别的调查对象在基础信息上的差异进行检验，并对具有显著差异的字段进行重点分析。

（1）方差分析。通过表可知，根据不同基本信息方差分析结果的显著性水平可知，各细分类别在性别、年龄、学历、职业、家庭从事的主要产业上有显著差异，需要分别加以分析。

（2）列联分析。从样本的年龄来看，女性对于贵州乡村振兴发展的感知偏向于中评价消极型，而男性的感知类型则显得更为极端，一部分属于高评价积极型，而另一部分则属于低评价消极型。也即从问卷数据分析结果来看，女性的整体感知情况偏向于中性偏消极的方面，而男性的感知则出现两极分化的状态。

从调查对象年龄的角度来看，各年龄段调查对象在贵州乡村振兴发展感知情况上表现出一定程度的不同。18岁以下的调查对象多属于低评价消极型，而18—30岁与41岁以上的调查对象则多属于高评价积极型，31—40岁调查对象多属于中评价消极型。可以认为，随着年龄的增长，调查对象对于贵州乡村振兴发展的感知情况大体呈现上升的趋势，中年人群会出现略微的下降，但随后评价又会上升。

表 5-17　　　　　　　　　方差分析结果汇总

		平方和	自由度	均方	F	显著性
性别	组间	1.846	2	0.923	3.722	0.025
	组内	210.980	851	0.248		
	总计	212.826	853			
年龄	组间	20.944	2	10.472	7.837	0.000
	组内	1137.182	851	1.336		
	总计	1158.126	853			
学历	组间	58.067	2	29.033	18.330	0.000
	组内	1347.957	851	1.584		
	总计	1406.023	853			
职业	组间	93.574	2	46.787	5.724	0.003
	组内	6956.351	851	8.174		
	总计	7049.925	853			
家庭产业	组间	201.436	2	100.718	31.199	0.000
	组内	2747.272	851	3.228		
	总计	2948.708	853			

表 5-18　　　　　　　　细分类别与年龄的列联表

占 Ward Method 的百分比

		性别		总计
		男	女	
Ward Method	中评价消极型	49.7%	50.3%	100.0%
	高评价积极型	54.3%	45.7%	100.0%
	低评价消极型	67.8%	32.2%	100.0%
总计		52.8%	47.2%	100.0%

表 5–19　　　　　　　　　细分类别与年龄的列联表

占 Ward Method 的百分比

		年龄					总计
		<18	18—30	31—40	41—55	>55	
Ward 方法	中评价消极型	5.1%	29.8%	28.9%	22.6%	13.6%	100.0%
	高评价积极型	6.0%	33.0%	23.3%	23.0%	14.7%	100.0%
	低评价消极型	28.8%	20.3%	25.4%	25.4%	0.0%	100.0%
总计		7.1%	30.4%	26.3%	23.0%	13.1%	100.0%

表 5–20　　　　　　　　　细分类别与学历的列联表

占 Ward Method 的百分比

		学历					总计
		小学及以下	初中学历	高中学历	专科	大学及以上	
Ward 方法	中评价消极型	25.3%	30.4%	23.3%	11.2%	9.8%	100.0%
	高评价积极型	20.4%	35.3%	22.7%	8.9%	12.6%	100.0%
	低评价消极型	1.7%	1.7%	35.6%	61.0%	0.0%	100.0%
总计		21.7%	30.4%	23.9%	13.5%	10.5%	100.0%

从调查对象学历角度来看，小学及以下学历多属于中评价消极型，初中与大学及以上学历属于高评价积极型，而高中、专科学历属于高评价积极型。

从表 5–21 细分类别与职业的列联表分析可知，行政办事员对于贵州乡村振兴发展的评价最高、积极性也最高；从事农业生产的人群对于贵州乡村振兴的评价、积极性呈现一个较为中等的水平；而从事专业养殖、城里务工、技术工、商业服务人员、无固定职业、在读学生、企业职工等人群对于贵州乡村振兴的评价与积极性都不算高。

从表 5–22 细分类别与家庭产业列联表的结果进行分析可知，家庭从事农业与畜牧业的人群对贵州乡村振兴的评价为中等水平，态度较为消极，而家庭从事林业与渔业的人群对于贵州乡村的评价在中等评价、态度较消极和高评价、态度积极,两种类型的差距不大。

表 5-21　　　　　　　细分类别与职业的列联表

占 Ward Method 的百分比

		职业									总计
		农业生产	专业养殖	城里务工	技术工	行政办事员	商业服务人员	无固定职业	在读学生	企业职工	其他	
Ward方法	中评价消极型	34.0%	5.8%	22.4%	7.2%	4.5%	1.8%	8.1%	10.1%	2.0%	4.3%	100.0%
	高评价积极型	28.4%	5.5%	19.3%	7.5%	7.2%	2.0%	9.2%	11.2%	2.0%	7.8%	100.0%
	低评价消极型		8.5%	37.3%	13.6%		11.9%	10.2%	13.6%	5.1%		100.0%
总计		29.4%	5.9%	22.1%	7.7%	5.3%	2.6%	8.7%	10.8%	2.2%	5.4%	100.0%

表 5-22　　　　　　　细分类别与家庭产业的列联表

占 Ward Method 的百分比

		家庭产业					总计
		农业	林业	畜牧业	渔业	其他	
Ward方法	中评价消极型	63.5%	4.7%	5.4%	2.5%	23.9%	100.0%
	高评价积极型	51.7%	4.6%	3.7%	2.3%	37.7%	100.0%
	低评价消极型	22.0%	0.0%	3.4%	0.0%	74.6%	100.0%
总计		55.9%	4.3%	4.6%	2.2%	33.0%	100.0%

第四节　本章小结

本章通过对贵州乡村振兴发展的感知情况进行的调查问卷数据,对基于贵州乡村振兴发展感知进行了综合评价,并对研究对象进行了分类研究。一方面,通过理论分析构建了综合评价指标体系,运用离散系数的赋权方法对十个一级指标进行了综合评价。另一方面,通过问卷数据中基本信息组和研究对象分类组数据,对调查对象进行了人群分类,将人群分为中评价消极型、高评价积极型和低评价消极型三类,并对三类人群在基本情况上的差异进行了探究。

第六章

新时代贵州乡村振兴发展的案例分析

第一节 贵阳市乡村振兴发展的实践与启示

一 贵阳市乡村振兴发展的现状

贵州省省会贵阳市，地处贵州省中部腹地，占地8043平方千米，常住人口488万，城市化率75.4%，共有少数民族49个，其中农村地区少数民族占据多数，占总人口的16%。各民族历史文化悠久，民俗文化旅游资源丰富。贵阳市属亚热带湿润季风气候，良好的生态环境，丰富的自然资源及旅游资源，给贵阳市带来了乡村旅游开发的市场机遇。另外，贵阳市农村地区大多地处高原山区，具有"一山有四季，十里不同天"的立体气候特点，具备山地特色立体农业发展的特殊条件。自党的十九大以来，贵阳市一直把乡村振兴战略作为农业工作的总体抓手，并根据当地情况积极部署，统筹规划，着力推进"五个振兴"，成效初步显现。

1. 农村产业升级方面

一是积极推进农村产业革命，产业发展成效突出。贵阳市积极推进农村产业革命，优化调整农村产业结构，农业现代化步伐加快。农业发展方式发生深刻转变，农田基础设施不断完善，2019年全市创建500亩以上坝区共42个，新建成高标准农田11.19万亩，现代农业建设迈出新步伐，农村发展方式正在从传统低效分散方式向现代高效集约方式转变，如表6-1所示。

表6-1　　2015—2019年贵阳市农林牧渔业总产值情况

项目	总产值（万元）及构成（%）				年平均增长速度（%）
	2015年	2016年	2017年	2018年	2015—2018年
农林牧渔业总产值	2004103（100）	2256078（100）	2479970（100）	2562556（100）	9.29
农业	1291882（64.5）	1440107（63.8）	1625245（65.5）	1760261（68.70）	12.09
林业	12773（0.6）	12922（0.6）	15642（0.6）	25963（1）	34.42
畜牧业	558798（27.9）	646853（28.7）	671298（27.1）	614982（24.0）	3.35
渔业	24579（1.2）	25803（1.1）	28990（1.2）	5930（0.2）	-25.29
农林牧渔服务业	116071（5.8）	130393（5.8）	138794（5.6）	155420（6.1）	11.3

资料来源：2016—2020年《贵阳市统计年鉴》。

二是不断优化产业结构，推出农村五大核心产业。贵阳市农业产业结构不断优化，农产品生产能力稳步提高，逐步形成具有山地特色的优势产业体系。2019年贵阳市共调减低效玉米30.82万亩，调整增加以精品水果、中药和茶叶为主的经济作物替代种植22.3万亩，精准发展"五子登科"主导产业，如表6-2和表6-3所示。

三是重视电商服务发展，提升乡村旅游接待能力。贵阳市农村电商和乡村旅游等农村服务业蓬勃发展。2018年，贵阳市农村电商交易额达16亿元，全市统筹带动淘宝、京东、苏宁、贵州电商云、贵农网等大型电商平台落户农村，共建成农村电子商务服务站583个，覆盖46个乡镇，村级快递网络覆盖率达95%以上，为电子商务走进乡村提供了基本保障。2019年，贵阳市获评省级乡村旅游点12家、市级乡村旅游点34家，全市乡村旅游接待达8684.73万人次，乡村旅游综合收入达180.85亿元，同比增长21%，乡村旅游已经成为助推乡村振兴的重要拉力。

表6-2　贵阳市2019年"五子登科"产业重要内容

种类	内容
菜篮子	生态家禽、生猪、蔬菜、食用菌
果盘子	猕猴桃、桃、李、刺梨
茶园子	高品质绿茶
药坝子	石斛、白芨、黄精
奶瓶子	牛奶

资料来源：根据贵阳市农业农村局资料整理而得。

表6-3　贵阳市2019年"五子登科"产业发展情况

种类	种植面积（万亩）	产量（万吨）
蔬菜	170	240
水果	17.77	29.54
茶园	28.4	1.47
中药材	32	10.6
生猪出栏	—	115万头
生态家禽出栏	—	3300万羽

资料来源：根据贵阳市农业农村局资料整理而得。

2. 社会治理推进方面

一是推进人居生活环境治理。按照生态宜居性要求，贵阳市实施以"千村整治百村示范"为载体，以"三清一改二拆三改造"为主要内容，以"七个重点工程"为主要抓手的系统人居环境治理工程，对农村人居环境进行了"从点到面"的改善。例如，截至2019年年底，贵阳市农村生活垃圾处理体系已经基本建立，有810个行政村已基本完成了生活垃圾处理系统的建设，基本上消除了裸露垃圾的情况。贵阳市农村生活污水治理梯次推进，74个乡镇及1054个行政村中，有74%的乡镇已完成污水处理设施建设，约40%的村现已能够完成生活污水基本处理，约20%的村已纳入城镇污水处理管网及完成污水处理设施建设，农村生活污水治理率进一步提高。

二是进行农村厕所房屋整治。一方面，农村"厕所革命"加快推进。贵阳市为农村用户新建改造了14736个卫生厕所和325个村级新公厕，全面完成贵州省下达的年度任务。另一方面，临近重要通道的农村房屋改造全面展开。主要完成15389户农房风貌改造，市区主要高速出口通道的农房改造已达到90%以上。

三是村庄清洁工作成效显著。2019年，贵阳市累计发动55万人次开展多种形式的"三清一改"村庄清洁行动，取得了显著的成效，全市约840余个村庄达到了整洁有序的基本要求，农村环境治理进一步提升。

3. 精准扶贫脱贫方面

自2016年以来，贵阳市为全省夺取脱贫攻坚战全面胜利积极贡献省会力量，有效统筹各方，逐步建立"3+9"总体帮扶格局，全市累计帮扶县总计31.2万人脱贫。2019年，贵阳市用脱贫攻坚统揽经济社会发展全局，通过产业扶贫、易地搬迁安置脱贫、生态补偿脱贫和教育扶贫等多种形式，全面实现全市贫困人口清"零"，精准脱贫取得明显成效，主要成绩如下：

一是解决农村饮水安全问题。在解决农村饮用水问题上，贵阳市通过建设农村饮水安全工程及规模化集中供水工程等，累计解决约12万农村人口安全饮用水问题，确保农村人口饮水不愁。

二是解决农村因贫辍学问题。2019年，贵阳市建立教育精准扶贫专项资金，确保贫困家庭子女不再失学辍学，截至2019年年底，全市未发现建档立卡贫困户适龄儿童因贫失学辍学。

三是解决农村医疗保障问题。在农村基本医疗保障上，全市1054

个行政村已实现卫生室全覆盖和村医配备全覆盖,实行基本医保、大病保险及医疗救助"三重保障",对建档立卡贫困户进行定额补助参保,全面实现贫困人口医保应保尽保。

四是解决农村住房安全问题。在脱贫攻坚农村住房安全保障方面,贵阳市通过改造"危房"、新建小康房及整治农村老旧房透风漏雨等方式,进一步完善常态化管理机制,全面消除农村住房安全隐患问题,切实巩固拓展脱贫成果。

4. 城乡统筹发展方面

近年来,贵阳市深入实施城镇化驱动主战略,以特色小镇高质量发展为重点平台,坚定不移走山地特色新型城镇化道路,主要包括:

一是城镇化质量极大提高。贵阳市五年新增城镇人口378.98万人,2018年城镇化率达到75.43%,是全省(47.52%)的1.6倍,是全国(59.58%)的1.3倍。贵阳市城市建成区面积达到了433平方千米,人均城市建设用地面积达95平方米。城镇配套设施逐步完善,环境质量不断改善,人民群众幸福感进一步增强。

二是农村人均收入稳步提升。随着城乡经济发展差距的缩小,农村就业人数逐年增加,农村人均收入稳步提高。贵阳市农村常住居民人均可支配收入为15648元,比上年增长9.7%,同比增速高于城镇常住居民人均可支配收入。

三是人均生活消费支出增加。2018年,贵阳市人均生活消费支出13163.98元,比上年增长6.4%。全年城乡统筹就业人数达27.13万人,比上年增长0.5%。

5. 生态文明建设方面

近年来,贵阳市以打造国家生态文明城市为契机,多措并举落实生态文明建设的要求,在不断努力之下贵阳市先后成为全国生态文明城市,生态文明建设示范城市。

一是依法推进生态文明建设。贵阳市以立法角度落实生态文明建设,努力做到有法可依,有法必依,违法必究,不断完善生态文明法律保护体系,大大提高了违法成本,有效降低了破坏生态等现象的发生。2018年,依法办理了环境违法案件和林业违法案件千余起。同时，加强相关领导责任落实制度，以自然资源保护与干部考核有机连接，以生态文明建设目标作为政绩考察的目标之一，形成了有效监督激励体系。

二是严格落实环境保护条例。贵阳市严格落实水资源、大气资源和土地资源等保护条例，在全国污染防治重点城市中成绩名列前茅。到2018年，全市森林覆盖率较上年度提高3个百分点，达到52%，主要河流水质优良率接近95%，大气污染得到有效遏制，PM2.5等主要污染物标准大大低于国家标准，全年空气优良天数达到90%以上。

三是全力推动农村产业绿色发展。农村产业绿色化不断推进，到2018年年底，全市累计建成40余个省级高效农业示范园区，10个乡村振兴示范区域。

二 贵阳市乡村振兴发展的实践路径

贵阳市以乡村振兴作为全市经济社会发展的总体抓手，着力推进"五个振兴"，利用大市场大产业带动大扶贫，优化农业产业结构，大力实施"强化产销对接助推乡村振兴"，创新农村组织形式等，积极探索实施乡村振兴战略的有效路径。

1. 利用大市场大产业带动大扶贫，走特色减贫之路

一是建立市（州）联动机制。由政府部门组织组建农商产销合作对接团队，与周边市（地）签订战略合作协议，推动大市场扶贫，开展农业产销，农业产业链，劳动力就业服务和其他方面的合作。

二是建立利益联结机制。帮扶当地贫困户入股集体经济，让贫困户根据股份分红，努力打造利益共同体，拓宽农民增收门路，走出一条脱贫攻坚的新路子。

三是创新农产品产销对接机制。聚焦产销两端，推动政府与市场协同发力，构建产销一体化供应链条，大力推进农超对接，积极开展农批对接，全力推动农校对接，打通农产品进入市场的"最后一公里"。

2. 优化农村产业结构，走产业振兴之路

贵阳市加快调整农业产业结构，科学合理布局农业产业类型和规

模，注重长短结合，以短养长，坚决打好农业产业结构调整攻坚战，真正把资源优势转为规模优势，产业优势和经济优势。

一是持续调整和优化农产品结构。以发展绿色生态农业为目标，大规模调整农业产业结构，重点调减低效粮食种植面积，调增经济作物替代种植面积，大力提升农产品效益，优化农产品结构。

二是因地制宜发展特色产业。结合本市特色环境、气候、自然资源条件等以及市场需求，围绕"一县一业""一乡一特""一村一品"的发展路子，坚持长短结合，突出主业和特色，主攻"五子登科"主导产业，集中支持发展蔬菜、食用菌、辣椒、中药材、茶叶、生态畜禽等一批在全国具有优势的特色产业，以及具有山地特色的优势产业体系，做大规模，做强品牌。

三是深入推进农旅融合，推动乡村产业多元化发展。贵阳市通过大力推进"互联网+现代农业+乡村旅游"的产业互动发展模式，打造集田园风光、历史文化、民族民俗文化为一体的休闲农业示范区和综合农旅融合园区，推进农旅融合多元化产业发展，推动第一产业和第三产业融合发展，促进农村增收致富。

3. 搭建产销对接平台，走"绿色畅通"之路

一是积极拓展外部市场。拓宽农产品销售渠道，积极搭建"农校对接、农超对接、农批对接"等平台，推动更多的农产品进机关、进学校、进企业、进医院、进超市等，实现产销对接"绿色畅通"。依托大数据搭建社区智慧微菜场，在一线城市开设销售窗口，初步构建大中小微的农产品市场流通销售体系。

二是打造专业运营平台。通过贵阳的利农产品物流园和贵州双龙农产品物流园等"贵州产业扶贫蔬菜销售专区"的建设，帮助贫困地区生产企业、合作社和种植户降低流通成本，减少农产品流通中间环节，实现产销精准对接。

三是大力发展农村电商。近年来，贵阳狠抓基础设施建设，新建县、乡、村三级农村电商服务站点，组织阿里、苏宁、京东等大型平台进农村，培训农村电商新业态，推动"农产品上行"，促进产销精准对接。

4. 改善乡村人居环境，走美丽乡村之路

一是强化农民参与主体地位。充分调动农民参与人居环境整治的积极性，提高村民对乡村人居环境重要性的认知水平，培育其责任意识及主体意识，引导农民群众改变不良生活习惯，消除村庄环境"脏乱差"的现象，改善村寨杂乱无序的状况，实现乡村整洁有序。

二是加强资金多元渠道投入。贵阳市强化资金多元化保障，建立了政府投资、村庄筹集、群众捐款和社会帮助的农村人居环境改善多元化资金保障机制，加大农村厕所改造和危房改造力度。重点开展生活垃圾和污水治理、村庄清洁行动等工作，全面改善农村人居环境。

三是建立环境治理长效机制。明确各部门责任，建立人居环境治理队伍，明确专人定期向外清运垃圾，对乡村绿化进行修理和补种，对乡村道路进行维修和补护，管理乡村污水处理站等。并建立健全考核评价监督制度，严格监管农村人居环境治理质量。

5. 强化农村组织引导，走共同富裕之路

一是抓好农民培训。以特色优势产业、三产融合发展和农业产业精准扶贫为重点领域，进行分层分类培训，实施现代青年农场主培育计划，加强新型农业经营主体轮训，在贫困地区开展农业产业精准扶贫培训，着力培育专业服务型和专业技能型骨干人才。

二是创新组织形式。全力推进城乡"三变"改革，以群众为主体，以让群众共享发展红利为目标，构建共同富裕的新机制。大力推广"龙头企业+合作社+农户"模式，充分调动农民生产积极性，推动农业高质量发展，让"小农户"衔接"大市场"，多渠道增加农民收入。

三是完善参与机制。提高农户参与率，使农民由之前仅在一产的参与向产前、产中、产后等环节延伸，使农民既是农业的参与者又是农产品加工与销售的利益共享者，让群众在产业发展中增收致富。

三 乌当区偏坡村"政府主导"模式的典型案例分析

偏坡村隶属乌当区偏坡布依族乡，位于贵阳市东北面，距贵阳市区30千米，距区政府所在地18千米，与龙里县的谷龙乡、醒狮镇接壤，与东风、永乐、下坝等乡镇一线相连，已硬化的头偏、宋偏、永偏三条进出乡公路贯穿全乡，交通便捷。布依族人口占97%，这里民族风韵悠长，森林覆盖率达62.8%。偏坡村是贵州少有的"袖珍"美丽民族乡。在政府的领导和大力支持下，在探索乡村振兴的道路上，偏坡村走出了一条"政府主导"的文化引领乡村振兴之路。偏坡村以文化为魂，以生态为基，以富裕为本，通过实施乡村振兴战略，在大力发展乡村旅游产业背景下，如今的偏坡正在成为"望得见山、看得见水、记得住乡愁"的魅力之乡，绘出全域旅游美好蓝图，开创"百姓富、生态美"的新未来。

一是打造乡村文化产业，走好文旅融合发展之路。在政府的科学旅游规划和大力投资下，贵阳市乌当区投资建设"原味小镇·醉美偏坡"田园综合体，以留住原汁原味的乡土气息、乡村风貌、青山绿水为目标，将布依文化作为偏坡旅游之"魂"，将资源优势转化为发展优势，大力挖掘传统民间文化，支持民间文艺队伍发展，打造民族风情浓郁的文艺产品，鼓励农家乐经营户开发和创新布依民间美食，打造具有"偏坡味道"的美食系列、美食品牌，以创作基地、实践基地为合作载体开展系列文化活动，推动文化、旅游活动上档次、有品质。

二是因地制宜挖掘资源，发挥特色乡村旅游产业。曾经的偏坡村相对偏远落后，缺乏产业支撑，缺乏可持续发展的后劲和活力，虽然有生态资源优势和丰富的特色民俗文化，但无法转化为发展优势。现在的偏坡村，可以看到布依原味客栈、花歌场、布依摆集、布依大院、布依婚俗村，结合偏坡原有的"古树""古井""古建筑"、山体、田园、迷人的布依族古寨风情，是名副其实的"原味小镇·醉美偏坡"。例如，"六月六"是布依族的传统节日，每年村民都会载歌载舞迎盛会，助力偏颇村乡村旅游产业发展。据统计，2018年，偏坡村接待游客人数86万人次，旅游收入2.738亿元，连续两年实现"井喷式"增长，农村居民可支配收入18118元。该村被授予"第一批中国少数民族特色村寨"荣誉称号。

三是发挥生态环境优势，"绿水青山就是金山银山"。阡陌纵横、塘溪环绕、绿树滴翠、鸟语花香，农家乐各美其美，村容村貌干净整洁。山、水、田、园的和谐交会，展现了偏坡的独特生态魅力。青山绿水间，处处有欢歌。生态资源禀赋优良的偏坡乡，森林覆盖率达64.19%，被评为国家级生态乡，获贵州省"森林小镇"称号。近年来，偏坡一直坚持采取最严厉的生态环境保护措施，改善农村人居环境，建设美丽宜居乡村，造就绿水青山的自然屏障，形成良好的自然生态优势。在偏坡，生态不再是简单的字面意思，而是全面融合，渗透到了农旅文发展当中。面对得天独厚的生态资源优势，偏坡人持续思考探索如何将生态优势转化为经济优势，将环境资源变为经济资源，让美丽环境转变为实实在在的"美丽经济"。

四是重视农文旅协同建设，推动三产融合项目创新。偏坡村通过不断丰富景区业态，打造"农、文、旅"融合发展示范项目、民族传统村落保护与开发示范项目、美丽新农村示范项目、"百姓富、生态美"的新型特色小镇，"生态美"与"百姓富"正在同频共振，全力推进乡村振兴，推动农业全面升级、农村全面进步、农民全面发展，努力实现"百姓富、生态美"，进一步激发农业作为第一产业的市场活力，促进第一、第二、第三产业高质量发展。

总之，乌当区偏颇村在政府主导下，因地制宜激化乡村活力，把生态环境、农业产业、文化魅力和乡村旅游进行融合创新，走出了一条现代美丽乡村的典范之路。

四 贵阳市乡村振兴发展的启示

1. 乡村振兴离不开农村产业融合，产业兴旺是根本

乡村产业振兴要坚持多产业协同发展，走乡村经济多元化的道路，走富有地方特色、产业深度融合发展的道路。依托乡村资源禀赋优势、区域发展战略等，实事求是，制定优势主导产业，加快推动第一、第二、第三产业融合，逐步构建起农业、工业与服务业交叉融合的现代产业体系，带动农业增效、农民增收、贫困群众脱贫致富。

2. 乡村振兴离不开人力资源支撑，人才振兴是关键

彻底改变乡村缺乏人才的被动局面关键是要改变乡村人才向城市流出和本地农民文化素质不够的现象，要以培育新型职业农民，农业科技带头人和创新管理人才为主要目标，制定相关的人才引进政策和

农民培养教育政策，激发各类人才的成长潜力，挖掘人才振兴的增长点，营造全面学知识、争当带头人的积极氛围。

3. 乡村振兴离不开组织形式创新，组织创新是动力

充分激发市场在资源配置中的巨大潜力，以"三变"改革为主要手段，加快城乡间各类要素的自由流动，落实农村承包地和宅基地的"三权分置"，避免农村资源的浪费和闲置。大力推进"公司＋合作社＋农户"等利益联结模式，扶持各类中小微农业生产经营主体发展，着力构建利益联结合理、运营模式可行、群众参与面广的产业发展机制。

4. 乡村振兴离不开人居环境治理，生态宜居是保证

乡村振兴离不开良好的民生环境，宜人的生态环境。加快农村基础设施建设力度，改善居住环境，增强农民的归属感和幸福感，坚持推进全市乡村向文明、美丽、宜居的方向发展，为产业发展打造适宜环境、为农民生活打造舒适环境、为人才振兴打造具备吸引力的优势环境，形成生态环境全面振兴的大好局面，成为乡村振兴的坚实基础。

5. 乡村振兴离不开金融服务改革，金融支持是"血脉"

农村金融支持匮乏，是制约乡村发展振兴的致命伤。金融是现代产业和现代经济的核心支撑，金融活则产业活，金融强则经济强，已经成为现代市场经济的铁律之一。农村应放手兴办适宜产业发展需要、农民需求特点的各类中小金融机构和金融企业，着力发展诸如资金信贷合作社、贷款担保服务站、"三农"资金合作社和村镇银行等各类中小金融机构，由政府引导、扶持和监管，市场化运作，为农民农村农业提供小规模、低成本、低利率的金融服务，为农村产业革命和发展振兴注入源源不断的金融活水。

五 本节小结

贵阳市坚持实施乡村振兴战略统揽农业农村发展全局，狠抓农村产业革命、乡村人居环境整治和脱贫攻坚等重点任务，确保乡村振兴战略取得阶段性进展，基本构建乡村振兴的政策体系和制度框架，在乌当区偏坡村的"政府主导"模式推广基础上，在农村产业升级、社

会治理推进、精准扶贫脱贫、城乡统筹发展、生态文明建设方面继续开创新的局面。争取到2035年，贵阳市乡村振兴取得决定性进展，农业农村基本实现现代化；确保到2050年之前，完成中央对于乡村振兴战略的目标，即实现农业强起来、农村美起来、农民富起来。

第二节 遵义市乡村振兴发展的实践与启示

一 遵义市乡村振兴发展的现状

遵义市坐落在贵州省北部，南面靠近贵阳市，北面靠近重庆市，西面靠近四川省。位于当前经济相对发达的长江中上游一带，同时还地处黔中经济开发区的优势地段，是成渝和黔中经济开发区交接廊区的中心。遵义市GDP产值在全省居第二位。遵义市整体海拔有800—1300米高，并坐落在高原向丘陵以及四川盆地演变的区域内，气候呈现亚热带季风气候的一般特征。境内有土家族、彝族、白族、傣族、壮族、苗族、回族、仡佬族等众多少数民族，拥有踩山节、砍火星节、祭山节等少数民族节庆资源。在实施乡村振兴战略的探索中，遵义市取得了以下成绩：

1. 农村产业升级方面

一是完善农村产业结构。遵义市紧跟省委部署，因地制宜地调整产业模式。从2014年开始，遵义市围绕"四在农家、美丽乡村"主题升级的目标，推动特色产业的发展，直到2019年，全市在建县级以上农业园区191个，完成销售收入175亿元。几年的产业改革一直在稳步进行，第一产业增加值从2015年的349.27亿元一直持续上涨至2019年的431.87亿元，增长率一直保持在6.7%左右。由表6-4中的数据可知，2019年全市农林牧渔业增加值457.03亿元，同比增长5.5%。分行业来看，种植业增加值304.11亿元，增长7.0%；林业增加值25.02亿元，增长2.6%；畜牧业增加值92.96亿元，下降3.6%；渔业增加值9.79亿元，下降9.2%；农林牧渔服务业增加值25.15亿元，增长11.0%。遵义市深入推进农业产业融合，以生态旅

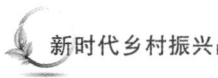

游、民俗风情、亲近自然为出发点，用旅游业带动农业的方式助推乡村振兴战略实施。据遵义市2019年国民经济和社会发展计划执行情况的报告显示，至2019年年底，遵义市拥有农旅一体化示范点186个，累计带动农户9.7万户，实现旅游综合收入19.2亿元。

表6-4　农林牧渔业增加值及增长率

项目	单位	2015年	2016年	2017年	2018年	2019年
种植业	增加值（亿元）	223.83	236.71	261.56	279.39	304.11
	增长率（%）	7.5	6.2	6.8	7	7
林业	增加值（亿元）	18.49	20.17	21.88	24.12	25.02
	增长率（%）	91.16	6.3	10.2	8.8	2.6
畜牧业	增加值（亿元）	88.8	102.37	106.78	96.28	92.96
	增长率（%）	2.5	3.2	5.4	5.8	-3.6
渔业	增加值（亿元）	3.04	11.23	12.12	11.57	9.79
	增长率（%）	13.6	11.5	6.1	2.6	-9.2

资料来源：《遵义市统计年鉴》（2016—2020）。

二是推广高收益作物。据遵义市政府门户网相关新闻报道显示，在2019年上半年，全市调减玉米种植面积，采用高收益作物蔬菜、辣椒、茶叶、中药材等替代，调整面积近70万亩；通过"补植补造"的方式，改造茶园14.51万亩，茶叶产量高达7.76万吨，创造产值95.62亿元；还增加酒用高粱106万亩、中药材161.26万亩、蔬菜142.28万亩、食用菌1.24亿棒、辣椒212.56万亩，换种工程已落实14.11万亩、拥有了4.5万职业椒农。

三是兴建农业产业园。截至2019年，遵义市农业创新产业园相关产业已逐步发展扩大，其中含有茶叶种植园区面积200余万亩、中草药种植园区面积170余万亩、酿酒植物种植园区面积100余万亩、果蔬种植园区面积270余万亩、辣椒种植园区面积200余万亩、稻米种植园区面积100余万亩、水果种植园区面积90余万亩、笋竹种植园区面积330余万亩、花椒种植园区面积30余万亩，可食用蘑菇产

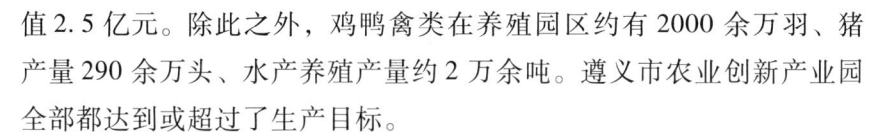

值2.5亿元。除此之外，鸡鸭禽类在养殖园区约有2000余万羽、猪产量290余万头、水产养殖产量约2万余吨。遵义市农业创新产业园全部都达到或超过了生产目标。

2. 社会治理推进方面

一是优化乡村安保。乡村振兴以有效管控治理作为基本出发点，遵义市优化乡村安保问题的治理，保证资源统一。将城镇、乡村综合治理组织建设得更加规范，使其能起到真正效用。加快促成县、乡、村三个层面的综合治理组织的建设。据遵义市政府门户网新闻报道，截至2019年8月，全市县乡村三级综治中心在252个镇（乡、街道）2026个村居全部挂牌成立，实现全覆盖。遵义市往治理组织内引入80多个具有调解能力的委员组织，包括交通问题调解、医患问题调解、安全治理问题调解、房产拆迁问题调解、居家问题调解、劳动关系纠纷问题调解、家庭问题调解、旅行纠纷问题调解等20多类问题整治；组成以上20类问题调解工作人员小组共计2400余个，其中有专业工作人员问题处理小组100余个，问题调解工作人员13000余位。

二是创新调解方式。每一层综合治理组织都具备管控纠纷创新化调解组织的权力，逐渐探索出深入纠纷问题、解决表里矛盾、多元化解决纠纷问题的创新方式，打造一系列整治矛盾不良风气的遵义模式。

三是发挥示范作用。2013年，遵义市已经被授予"全国社会安全整治模范市区"荣誉，且连续5届获得国内社会安全治理管控"长安杯"。在2019年遵义市又有11个村入选全国乡村治理示范村、凤冈县琊川镇入选全国乡村治理示范乡镇、余庆县入选全国乡村治理示范县，"余庆经验"等一批社会管理创新模式在全国、全市推广实施。

3. 精准扶贫脱贫方面

在精准扶贫的实践中，遵义市政府持续发力。截至2016年年底，遵义总共开展贫困扶持计划900余次，全市低贫人民共计减少23.29万人，70000余人首次通过搬家拆迁脱离贫困，成立约40余个高级扶贫战略区域，全市贫困率减少了约两成，在整个贵州省遥遥领先，取得"十三五"规划的开年之捷。2017年减少农村贫困人口15.33万人，按照国家标准318个贫困村脱贫"摘帽"，贫困发生率由5.76%下降到3.5%，经济困难乡村人口每个人能够使用的薪资超过9000元。截至2018年年底，桐梓、习水和其他县的共210个经济困难乡村脱离贫困，全市经济困难人员减少了约10万人，贫困发生率由3.5%下降到2.02%。贫困人口人均可支配收入增长24.4个百分点。2019年务川和道真两个自治县脱贫"摘帽"，正安县经第三方评估脱贫出列，遵义市最后45个贫困村全部出列，剩余12.99万贫困人口"清零"。农村居民的收入水平显著提高，遵义市农民人均可支配收入从2015年的9249元增加至2018年的12265元，增速比全国高出1.4个百分点，比全省高出0.6个百分点。汇川区的农村居民可支配收入排全市第一，达到14597元，最低的务川自治县也有10091元。

4. 城乡统筹发展方面

遵义市同步推进新型城镇化建设和乡村振兴战略，大力促进城乡融合发展，着力打造美丽庄园。2018年11月遵义市人民政府出台了《遵义市城市总体规划（2017—2035年）》，规划中提出"东扩西控、南北充实"的城市发展战略。2035年遵义市的城镇人口要在350万左右，城镇化率达到73%。针对城乡统筹的发展，遵义市政府近些年采取了"六个"推进措施，在城乡统筹方面取得显著成效，包括：一是推动农村基础设施建设，以生活用水、电力、公路、通讯等基础设施为突破口。二是推进大、中、小型水利项目建设、雨水洪水资源储蓄利用工程，实施农村生活用水安全保障工程。三是推进农村公路"组组通"的工程。四是推进城乡电网建设，实施国家新一轮农村电网改造升级工程，解决乡村通信网络问题，建设"满格遵义"。五是推进"大数据+"的发展。六是推进农村基础设施完善。在2018年年底，遵义市已经实现100%的建制村有安全的生活用水、100%的建制村有可靠的供电能力、100%的建制村通公路有客运班车，30户以上村寨100%实现"组组通"硬化路，95%的建制村电话宽带设施完善，惠及95%的农村人口。

5. 生态文明建设方面

遵义市致力于开展"生态宜居"项目，注重建设优美市区环境。将环境中存在的严重问题进行大力改善，保障全市生态环境能够持续得到整治，包括：

一是开展河道管理。遵义市有序开展长江经济带自查反馈问题，实行"河长制"管理，创建国家节水型城市。

二是推进污染治理。加速推动"十大污染源"的治理问题，大力推进垃圾焚烧、垃圾电解等垃圾处理项目，深度治理乡村环境。2019年，遵义市空气质量总体偏好，全年约有97.5%的天数为优良状态，饮用水的水源地水质达标率为100%，完成造林面积125万亩，治理水土流失79平方千米，现森林覆盖率达到60.48%。

三是采取洁净行动。通过开创治理污水、洁净家园的环境整治行动，促进厕、圈、厨环境整治和村民居住环境改造项目的进行，打造洁净市区环境。截至2018年，以杨绿村为首的51个乡村得到市级美丽乡村的荣誉；新舟镇、虾子镇等乡镇地区被授予省级美丽城镇的荣誉；三渡镇被选入"2018年中国美丽生态城市、乡村"。

二 遵义市乡村振兴发展的实践路径

1. 选择优质产品，调整产业结构

遵义市充分激发农产品的商业价值、深入挖掘农业的高端附加值，主要围绕500亩以上的坝区，减少玉米、粮食等附加值低、破坏生态环境、市场潜力不足的农产品，因地制宜地发展蔬菜、茶叶、食用菌、中药材、生态家禽等特色优势产业，调整优化农业结构，壮大扶贫主导产业。近五年来遵义市粮食、油料和烤烟产量持续走低，粮食产量从2015年的302.49万吨减少至2018年的219.51万吨；油料从2015年的27.91万吨减少至2018年的24.7万吨；烟叶从2015年的9.17万吨降低至2018年的5.4万吨。蔬菜、中药材、茶叶、水果、生态养殖等大力发展的经济作物产量迅速增加。

遵义市被誉为"中国辣椒之都"，辣椒种植规模位居中国地市级城市第一，已经超过200万亩，分布于全市的10余个县（区、市）170余个乡镇。遵义市辣椒年产量超过250万吨，占全球辣椒种植面积的3%、全国的10%、全省的40%，已经出口到80多个国家和地区。茶叶是贵州省特产，遵义市内的茶叶栽培面积尤为巨大。直到2019年年底，共计120余个村加入栽培茶叶的行列，一年内茶叶总产值在国内所有省市中名列前茅，茶叶种植人员共计约26万户100多万人口，茶叶在促进脱离贫困中起到不可替代的作用。全市竹产业也得到高速发展，全市目前种植竹共计335余万亩，跨越全省面积约8成，大多种植于赤水、桐梓、绥阳、习水等地方。

2. 重视科学技术，抓好农民培训

科技是第一生产力，乡村振兴必须得依靠农业产业革命，而进行革命必须要以技术作为支撑。遵义响应政府政策，积极组织共计千余位农务技术人员参与农业活动，引进3800余位高级培训人员，完善经济困难乡镇农业培训人员交流体系，实现了45个乡镇的整体全面覆盖。完善农务技术人员组织架构，建立市、县双层面农务技术指导组织150余个，在2019年已经累计解决农业关键技术问题566个，并不断通过农技队伍向广大农民开展农业的适用技术推广和运用的普及。除此之外，农民是"三农"问题的核心，是农业产业革命的主体，要想农业产业革命顺利推进，就必须将科学的农业技术向广大农民普及，对农民加以引导和培训。培训要做到扭转农民对诸如玉米等传统作物的依赖和种养习惯，普及科学高产的种养技术，克服农民对高效农业的畏难情绪，增强农民对市场经济的信心。以新时代农民讲习所这样的平台为载体，对龙头企业、合作社骨干、养殖大户进行培训，同时还着力从多渠道、多类型推进农民全员培训工作。例如，遵义市凤冈县的茅台村村民都尊重"以才兴村"的理念，村里的所有产业基地、重大项目都已经实行技术人员"包保制"，目前已经有10名农业技术专家签约，让他们以定点服务的方式对口10个农业项目；开展招商引资活动，带领本土企业，已经培育农村职业经纪人23名；通过"乡村大培训""农民讲习所""农民夜校"等培训方式，培训新型职业农民千余人，收集农村"土专家""田秀才"860余人。正所谓扶贫先扶智，通过培训使"庄稼汉"向着"新农民"转变，为农民充智慧电，为实施乡村振兴战略和农村产业革命提供人力支撑。

3. 健全产销对接，助力产品销售

农产品滞销是乡村振兴发展过程中农民最大的顾虑，产销对接是否做好直接决定着农村产业革命的成败。遵义市市场营销对接探索出新路子，建立坝区大数据平台，确保产品和市场无缝对接。例如，2019 年遵义市共有 509 家企业参加 9 次全国性的农业展示展销活动，在展销现场签约 119 项，合同金额高达 3217.04 万元，达成意向协议 381 项。通过贵州产品推广、遵义产品进上海的销售合作项目，遵义与沪航、盒马鲜生以及其他相关销售公司进行了销售合作，还和重庆大市场、超市等商铺签署进货合同，促成相互合作的农产品产销关系。瓜果、蘑菇以及其他农产品运送到重庆进行销售的数量占总销售量的三成，销售额大于 10 亿元。随着农产品与学校医院、超市的联系逐渐紧密，遵义市中心地段共计十余个大型商超建立遵义特色产品买卖的区域。另外，网茶会的茶叶产值超过了 5000 万元。一系列的产销对接活动不仅让农产品不愁销路，还大大提升了遵义农产品的美誉度和知名度。

4. 优化组织方式，强化利益联结

遵义市始终坚持创新生产组织方式，持续推进规模化的生产经营，坚持做强龙头企业、创新品牌、带动农户的思路，推广"龙头企业＋合作社＋农户""农村集体经济组织＋N"模式，把自给自足的小农生产引入市场经济，创新组织方式，令龙头规模公司、合作组织与乡村人民的利益关系相互联系，构筑完善的效益联动体系，更能促进经济困难人口在产业链和利益链中进行分红。紧紧围绕产业—集团—品牌共建的发展点，由龙头企业引领全市产业的发展，加快促进龙头公司在市内入驻。例如，2019 年，遵义市首次开创了辣椒和茶叶企业公司，同时加快入驻温氏企业、德康企业等大型企业，总共引进大规模龙头公司 1 个、次级别龙头公司 10 余个、再下一级别龙头公司 50 余个，市级以上的农产品大型公司已超过 746 个。同时，遵义市加速建设产品合作组织、乡镇集体经济模式机构、产业技术员大户、专职特色农民等系列创新组织，当前存在的产业合作组织共 8000 余个，所有的经济困难乡村都完成了合作组织的组建。

5. 筹措资金扶持，发展特色农业

在过去农业被称为"靠天收的产业"，虽然近些年来农业产业结构在不断地调整，但依旧易受自然环境的影响，使农业生产具有高风险性和高波动性。这样的行业普遍存在的问题是需要保证有充足的资金抵御风险，但广大农民面临"融资难、融资贵"的问题，资金筹措成为农业产业革命中关键的一环。遵义市通过政策扶持和加大投入力度来改善资金获取途径，注册完成遵义市鑫财融资担保有限公司，此公司是首个拥有国有独资和政策扶持的公司，是专门为农村特色农业发展提供相关筹措资金的金融服务机构。

三 汇川区大坎村"民企抱团"模式的典型案例分析

遵义市汇川区团泽镇大坎村地处团泽镇东面，距镇政府所在地约6千米，地处遵义市南部，距遵义市区约25千米。现大坎村是由原三个自然村（漏阡、万年、大坎）于2003年12月合并而成，共28个村民组，有吴家湾杨梅基地300亩，黄泥猕猴桃基地103亩，杨家湾蔬菜基地400亩，红高粱种植面积500亩，煤矿储藏量能够解决全贵州省3年用煤量。现有私营企业贵州梦润鹌鹑公司一个。全村以粮食生产为主，属典型的城郊型农业村。以往几年，该村青壮年外出务工，得力劳动力流失，产业振兴发展难以实现。在外务工农民张明富对这一现象看得尤为真切，认为家乡的发展自己有责任有义务，要在家乡发展中发挥主人翁的作用，于是向时任国务院总理温家宝同志致信，由此产生了国务院第一个农民工返乡创业的政策性文件，大坎村也因此被认定为"中国农民工发源地"，在政策层面大力支持了返乡农民工的自主创业，打造村级民营企业。

但是，由于村级民营企业的市场竞争力问题，大坎村采取了"民企抱团"的特色发展模式，包括：

一是依托能人抱团发展乡村特色产业。在贵州省"雁归兴贵"的行动计划支持下，"头雁"张明富带着在外务工的积蓄，主动回到家乡创业，力图通过创业带动就业的倍增效应，助力家乡脱贫出列。凭借着外出务工的市场经验、汇川区政府的支持、结合大坝村的实际情况，先后发展了以绿色为核心的鹌鹑养殖、生态土猪养殖等养殖业，还开发了乡村旅游项目等现代服务业务，创建了贵州梦润集团。梦润集团包括贵州梦润鹌鹑有限公司、遵义市张富民旅游服务有限公司、贵州张明富生态农业有限公司等9家公司，梦润集团2018年营业额超过7000万元，集团公司已经成长为省级龙头企业和省级扶贫龙头企业，旗下公司的许多特色产品被评选为"贵州品牌"。

二是不忘乡亲支持返乡农民自主创业。张明富建立了梦润集团农民工返乡创业示范园，在发展自身的同时，还为企业职工提供经营管理、生产技能等方面的培训，鼓励他们自己创业。在张明富等"头雁"的带动和感召下，越来越多的在外务工人员意识到他们应该发挥主体作用振兴乡村，从而踏上了回乡创业之路，振兴家乡的同时找到脱贫致富的新道路，因此从"打工潮"掀起了另一番"创业潮"。截至2019年，从创业示范园已经走出去了1100多人，他们中营业额达到50万元的超过200人，营业额100万元以上的超过40人。

三是构建共享机制动员社会力量参与。该村积极探索"村组织＋龙头企业＋合作社＋农户"的生产模式，实施农村集体产权制度改革，建立农村经济股份合作社。该村民营企业积极与农村经济股份合作社"抱团取暖"，与村组长和农户"患难与共"，营造良好村级营商环境，鼓励社会力量参与。各个龙头公司充分发挥企业资源优势，精确分工，各司其职，高效协作。合作社对村土地采取"统一流转、统一管理、统一保护、利益共享"机制，让一块土地生出"三金"。当地农民已经开始通过不同的途径增加自身收入，比如农民通过土地出租来增加收入；到村级民企中进行工作、代理种植养殖来增加收入；或是购买一定份额的村股份来赢得股金，经济困难农民还可以用土地抵押购买股份，这些实现农民增收的方式都让坝区的基地建设、产业链发展得到有效保障。

四是抱团参与乡村治理共创美丽。在村级企业抱团参与乡村建设方面，该村在政府治理、社会参与、村民自治方面实现了良性互动，并提高了该村公共管理、公共服务、公共安全水平，构建了"共建、共治、共享"的乡村治理格局。与此同时，企业党员先锋队的成立，强化了村党组织建设，以及村党组织对村各类组织和各项工作的领导，健全了民主管理制度，规范完善了村规民约，对化解矛盾纠纷，增强干部群众法律意识有着积极的作用，实现了村党组织领导有力、村民自治依法规范、文化道德形成新风、法治理念深入人心、乡村发展充满活力、农村社会安定有序的良好局面。

总之，汇川区大坎村的"民企抱团"模式，是农民工返乡创业的典型，更是村党委、村集体、农民、社会各界与村民企业抱团发展的成功案例。在深入推进农村产业革命基础上，该村以致富能人张明富为代表的民营企业家，积极践行"村组织＋龙头企业＋合作社＋农户"的"民企抱团"组织模式，推动"市场带加工、加工带养殖、养殖带种植"的循环经济模式，带动农民脱贫致富，实现乡村振兴发展，走出自己的特色之路。

四 遵义市乡村振兴发展的启示

乡村振兴是目前解决农村发展问题最好的途径之一。遵义市举全市之力实施乡村振兴战略，促进农村农业发展，在产业、生态、文化、社会、收入五个方面打造乡村"五园工程"，具有突出表现：

1. 产业兴旺是乡村振兴的关键基础

一是大力发展现代农业，调整优化农业产业结构，突出"一村一品"，推进新型农村农业经营主体的培育。二是不断提高农产品精加工质量，增加农产品的附加值，推动农业产品向高质量发展转变。三是协调第一、第二、第三产业融合发展，打造以乡村为依托的田园综合体，深入探索农业、文化、旅游"三位一体"的发展模式。总之，乡村要振兴发展需要特色农业做好基础性支撑。

2. 生态宜居是乡村振兴的重要条件

一是全面推动绿色发展，建立绿色发展制度体系，包括技术、品种等，集低碳、高效、循环于一体。二是通过突出乡村的部分特征，建设优美乡镇环境，改善乡村宜居地周边水土环境、完成基础设施的建造与提升、将资源合理分配、推动公共服务的逐步深入，加快建成稳定的小康社会。三是建设美丽乡村生活环境，提升乡村吸引人才能力，是打造留人居住的重要条件。

3. 乡风文明是乡村振兴的可靠保障

一是保证该地区思想建设的稳步进行，在传播英雄榜样事迹的同时，弘扬传统文化、打击丑陋行为，建设稳定、和谐的社会风气。二是不断加强乡村文明建设，注重文明村镇的建设工作，形成邻里互助、团结友爱的村风，实行为农民服务与让农民参与相结合，提升农民的文化素养。三是不断加强文化惠民建设，加强文化活动中心的建设，推进基层文化设施的共建共享，丰富村民的精神文化生活。

4. 治理有效是乡村振兴的重要基石

一是加快促进地区法治思想的传播，将法治思想和法治形式推广至每一个人，全地区人民加入维权普法的行列。二是提升德治的重要性，建立道德的激励和约束机制，强化道德的教化作用。三是大力发展基层民主，健全并完善群众自治制度。

5. 生活富裕是乡村振兴的本质要求

一是产业兴旺，农村劳动力和贫困人口就业机会不断增加，农村居民收入不断增加，生活水平日渐提高。二是国家重点扶持，基础设施逐渐完善，路、电、水、信等生活难题逐一突破。三是制度改革，做到农村义务教育普及和农民社保体系健全。

五 本节小结

遵义市在实施乡村振兴战略中，坚定不移地服从党的领导，依照党中央的战略部署，以坚决打赢精准脱贫攻坚战和"四在农家，美丽乡村"升级建设为依托，以"八要素"和"五步工作法"为指导，发展特色农业和主导产业，凸显"红色遵义、绿色农业"。汇川区大坎村的"民企抱团"模式，也是遵义市民企助力乡村振兴的一个宝贵经验。遵义市在未来还将依靠全体遵义人民脚踏实地干好本职工作，奋力谱写农业强、农村美、农民富的时代新篇章，把产业兴旺、生态宜居、乡风文明、治理有效、生活富裕作为实现乡村振兴繁荣的奋斗目标。

第三节　安顺市乡村振兴发展的实践与启示

一　安顺市乡村振兴发展的现状

安顺市地处贵州省中部偏西地区，与省会贵阳市相距不足百千米，分别隶属于长江水系的乌江流域和珠江水系的北盘江流域在此交汇。同时，安顺市具有典型的喀斯特地貌特征，国土面积9264平方千米，其中耕地面积442.8万亩，属于典型的山地农业区。全市总人口262.43万人，其中农业人口180余万人，占总人口的65%，少数民族人口占全市总人口的四成。安顺市矿产和药用植物等自然资源丰富。目前，已经形成了茶、食用菌、中药材、蔬菜等特色优势产业。优美的自然风光和宜人的气候赋予安顺市巨大的旅游开发潜力，在黄果树瀑布风景区、塘约魅力乡村、龙宫等旅游资源的基础上，正着力打造新的一批文化旅游高地。安顺市坚持将农村农业放在优先发展的地位，推进城乡融合一体化，制定并实施了一系列乡村振兴政策措施，取得了丰硕的成果。

1. 农村产业升级方面

一是第一产业增值明显。实施乡村振兴战略以来，据2019年安顺市国民经济和社会发展统计公报可知，安顺市第一产业产值增加明显，从2015年的113.10亿元增加到2019年的157.19亿元。从细分产业看，截至2019年全市农林牧渔业增加值有所起伏，其中农业增加值、林业增加值和渔业增加值除在2017年有小幅下降外，其余年份均保持增长，畜牧业增加值占农林牧渔业增加值的比重始终位居全省前列，如表6-5所示。

表6-5　　　　　2015—2019年农林牧渔业增加值变化

项目	2015年	2016年	2017年	2018年	2019年
农林牧渔业增加值（亿元）	184.44	208.01	142.1	155.91	164.94

续表

项目	2015年	2016年	2017年	2018年	2019年
农业增加值（亿元）	112.36	122.62	85.57	97.65	105.5
林业增加值（亿元）	8.95	10.96	8.5	10.32	10.86
牧业增加值（亿元）	53.70	58.75	36.09	35.44	34.55
渔业增加值（亿元）	6.85	7.88	5.54	5.74	6.28
农林牧渔服务业增加值（亿元）	2.58	7.79	6.39	6.75	7.75

资料来源：2015—2019年《安顺市国民经济和社会发展统计公报》。

二是深化农村产业革命。2019年，安顺市继续深化农村产业革命。据安顺市政府工作报告数据显示，2018年安顺市主动调减玉米种植面积63.72万亩，在此基础上继续调减玉米种植面积29.04万亩，同时以高附加值的相关优势产业进行取代，辐射带动15.85万贫困人口增收。2019年全市农村常住居民人均可支配收入10896元，而2015年农村常住居民人均可支配收入仅有7402元，近五年均保持10%左右的增速，如图6-1所示。

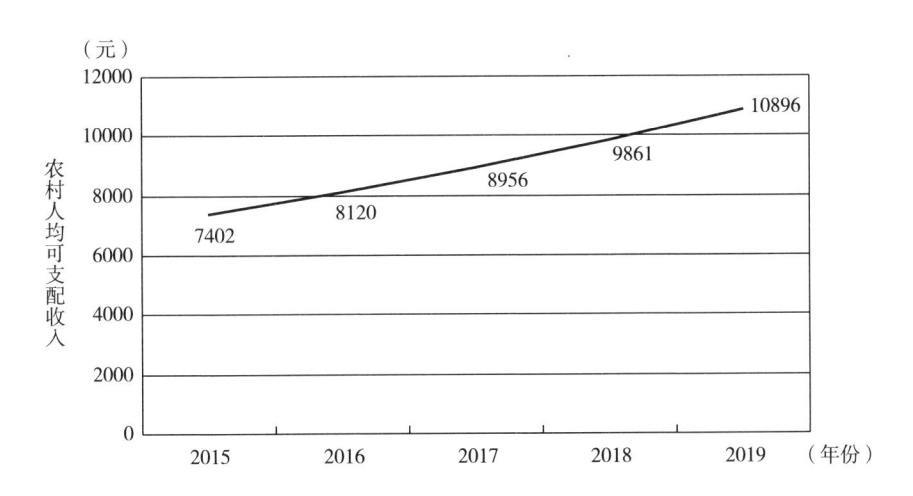

图6-1 安顺市农村常住居民人均可支配收入变化

资料来源：2015—2019年《安顺市国民经济和社会发展统计公报》。

三是优化农业产业结构。安顺市通过坝区结构调整和主导产业布局，果蔬、药材、食用菌、茶叶等特色产业快速发展，开创出关岭牛、紫云红芯薯等"一县一业"的良好局面。2018年，安顺市蔬菜、茶叶、水果、中药材种植面积分别增长8.1%、13.3%、10.5%、3.9%（人民网，2019）。"龙头企业+合作社+农户"模式成为安顺市农村经济主体不断涌现的主要依托，逐步建成百余个省级农业园区和农业龙头企业、200余个市级农业龙头企业、4000余个专业合作社。

四是构建农业价值体系。安顺市着力打造农产品的价值链、产业链，鼓励建设农产品加工企业，加强产销对接，构建一体化的农业价值体系。据安顺市2020年政府工作报告显示，全市规模以上农产品加工企业达121家，安顺聚福菌公司出现在了新一批国家重点农业龙头企业名录中，农村电商综合服务站达500个。安顺市通过大力开展特色农产品展销推介，各类农产品的品牌知名度不断提升，如关岭牛、柳江鸡蛋、黔山屯土鸡蛋先后入选了贵州省十大优质特色畜产品和禽产品。

五是做好利益联结机制。安顺市不断创新和改进产业发展利益联结机制，出现众多典型的扶贫模式，如西秀"菜单式"扶贫、普定"一村一公司"、关岭"五户联保"等都成为安顺市值得推广的先进经验。据安顺市发展和改革委数据统计，全市贫困人口从2012年的63.08万人减少到2018年的9.24万人，贫困发生率从25.66%下降到3.73%。

2. 社会治理推进方面

一是夯实农村基层组织根基。推进乡村社会治理离不开稳定的农村基层组织，它承担着乡村振兴战略实施的组织任务。因此，安顺市始终把乡村基层组织作为立产业、引人才以及改善生态环境、弘扬乡风文化的根本保障。此外，重点关注基层组织建设的突出问题，通过加大培训力度强化领导班子能力，夯实基层基础为农村经济建设做保障，完善农村治理体系为乡村振兴营造和谐安定氛围，因地制宜实行"一村一方案"，确保政策落实到位。

二是三级领导分工协作治理。下沉力量，"帮"出新成效。以县、乡、村三级领导分工协作，县级指导为主，乡级直接联系，村级全程帮扶的形式，实现三级全覆盖。党群部门、经济部门、政法部门、农林部门、科技部门分别点对点进驻组织涣散、经济落后的村落，逐步形成一村"双书记"的村级帮扶管理模式，在产业发展、基层党建等方面提供切实有效的帮助，共同抓好集中治理工作。

三是先锋模范示范引领治理。先锋引领，"带"出新作为。通过对"塘约经验""双岗书记"等先进的组织建设经验的总结，加大在全市范围内的推广应用。同时，利用专题讲座、实地考察等方式加大对全市基层党组织领导，特别是加大对存在较大问题的基层党组织领导的培训力度，如组织到塘约、大坝等先进村组织进行实地学习，举办500余期专题培训班等。

四是构建社会治理督导机制。创新机制，"督"出新局面。建立常态化督导工作机制，将重点的涣散基层党组织整顿工作进行挂牌督导，着重研究解决在基层组织建设中面临的实际困难。积极引领建立村规民约，以多种方式促进村民群众，特别是共产党员参与到党务、村务的工作中，实现软弱涣散基层党组织的蜕变。

3. 精准扶贫脱贫方面

一是抓好农村产业精准扶贫脱贫。近几年来，产业精准扶贫始终是脱贫工作的重要支撑，以产业发展带动贫困户摆脱贫困是精准扶贫的有效手段。安顺市坚持把农业产业革命作为扶贫攻坚的重要方面，不断调整农村产业结构，助力精准脱贫。例如，在关岭县花江镇，通过大力推广"龙头企业+合作社+农户"的模式，村集体有了固定资金收入，农户以土地、劳务为资本的投入也获得回报。在西秀区东屯乡，生态渔业养殖基地通过"稻+N"种养，以"公司+村+农户"的发展模式，整合农民手中的土地，建立成片的规模种养殖基地，有效地提高稻田空间利用率和稻田产值，每亩产值达16000元以上，有力地助推地区的精准扶贫脱贫。

二是抓好新型农业经营主体培育。安顺市通过培育各类新型农业经营主体，努力构建现代化农业产业体系。龙头种养殖企业、专业合作社和农产品加工企业层出不穷，农产品销售额大幅提高。

三是抓好精准扶贫脱贫格局统筹。统筹构建精准扶贫脱贫格局，全面推进脱贫攻坚。例如，饮水安全保障方面，2019年全面解决6万余人的农村饮水安全问题，其中包含1.7余万的贫困人口，已完成总投资5130万元，工程总体形象进度全部完成；在教育扶贫保障方面，2019年上半年投入近2.4亿元，针对幼儿园和农村义务教育学生实施营养改善计划，覆盖30余万儿童和学生；在医疗健康扶贫保障方面，2019年全市建档立卡贫困人员住院实际报销比例接近九成，贫困户家庭医生签约基本实现全覆盖。同时，全市各医疗机构定向采购贫困地区农产品，助力贫困户实现脱贫。

4. 城乡统筹发展方面

一是推进新型城镇化试点工作。2015年安顺市成为国家新型城镇化试点，以此为契机，安顺市编制实施《安顺市新型城镇化综合试点实施方案》，积极推进"新型城镇化+"模式，坚持"一分三向"的工作导向，在县、乡和村三级载体基础设施和公共服务设施的建设方面加大投入。从2020年安顺市政府工作报告中了解到，2019年全市投资14亿元进行电网改造和信息基础设施建设，安顺市自然村全部实现通动力电，电网供电可靠率达99.8%，4G网络全覆盖达30户以上的自然村。为了加快城镇化步伐，率先完成平坝由县级单位升级为区级单位工作，稳步推进普定、镇宁的同城化进程，关岭顶云新区、紫云新城建设也已初见规模。通过探索实施"1镇N村"的联动模式，安顺市先后带动近280个村的快速全面发展，全市城镇化率达到47.5%，较去年提高9个百分点。

二是打造安顺特色小城镇品牌。据《贵州日报》报道，截至2019年安顺市先后打造了300余个小城镇"8+X"个示范项目，旧州、夏云成为新的一批小城镇示范点，而西秀区和夏云镇成为全国第三批城镇发展改革的试点地区，旧州镇也成为全国建制镇示范试点，黄果树镇列入全国特色小镇名录，丁旗、黎阳等特色小镇也逐步建成。

三是扎实推进乡村高质量发展。"四在农家·美丽乡村"六项小康行动累计投资7.76亿元，农村人居环境持续改善，依托美丽天然

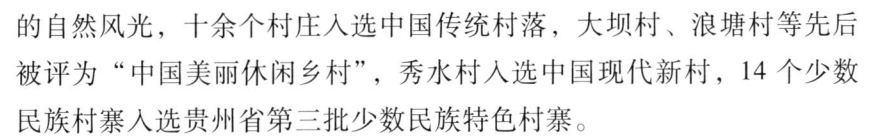

的自然风光，十余个村庄入选中国传统村落，大坝村、浪塘村等先后被评为"中国美丽休闲乡村"，秀水村入选中国现代新村，14个少数民族村寨入选贵州省第三批少数民族特色村寨。

5. 生态文明建设方面

一是坚持一个原则。始终坚守经济发展和生态保护同等重要这一原则，不断加大大气、水、土壤污染的防治力度。2019年完成生态文明建设规划编制，生态保护红线范围进一步扩大和明确，将法定的生态保护区域和环境净化涵养的重要生态功能示范区等全部纳入，面积占全市土地面积的26%，达到2318.44平方千米。2019年安顺市综合治理石漠化面积120.3平方千米、水土流失面积229.39平方千米，完成营造林41.77万亩，森林覆盖率达到58%。河长制逐步落实，地表水断面水质优良率达100%，8个县级以上饮用水源地水源点水质达标率均为100%。

二是两个处理。多措并举加大环境保护基础设施建设，特别是在城镇污水垃圾处理和农村生活垃圾处理"两个处理"方面，下功夫、花力气，推进城乡环境建设的统一。同时，由"两个处理"推动重点区域污染防治和绿色循环系统打造，积极争取到中央专项资金支持，累计获得15亿元投资。

三是三大项目。为推进城镇生态环境改善，安顺市积极推进"三大"绿色发展项目的落地。分别是：第一，安顺市垃圾发电厂二期工程项目前期工作已经批复。第二，安顺市乡镇污水处理工程前期可行性得到批复。例如，关岭县和紫云县污水项目也初步设计完成，批复总投资达到1.4亿元，届时全市污水处理能力将得到大幅提升，污水收集管网也将更为密集，为生态保护构建新的保障。第三，安顺市绿色动力工程，逐步推广环境友好型新能源的利用。

二 安顺市乡村振兴发展的实践路径

"三农"问题一直以来是全党工作的重点，是实现全面小康的关键，乡村振兴是赋予新时代农村发展的新方向、新动力，更是实现全面小康的关键步骤。安顺市通过树立典型示范村落，探索出众多乡村振兴发展的实践路径。其中，不乏典型的"塘约经验""大坝经验"

"秀水模式"等。通过对这些经验的总结和推广，助力全市乃至全省的乡村振兴战略，为其他地区的农业发展、农村建设、农民致富等提供宝贵的经验，主要包括以下五个方面：

1. 夯实基层基础，加强基层组织振兴

党建引领村民自治的做法，加强基层组织振兴，具体来说，是以基层党支部和基层村委会建设为抓手，推进乡村组织振兴。2017年安顺市狠抓基层党组织的建设，以整顿和调整为主要手段，排查全市千余个村级组织状况，对存在风气不正、组织涣散等突出问题的基层组织进行彻底重组，重新对组织人员和规章制度等进行布置，激发新的基层组织活力。另外，充分带动村民发挥民主权利，使广大群众能够通过村民代表大会行使民主选举、决策、管理、监督等权利。目前，全市大部分村都通过学习"塘约经验"并结合本村实际制定了村规民约，规范村民行为，树立自觉遵守的理念，营造淳朴向上的文明乡风，从而夯实了村级基层工作的坚实基础。

2. 发展特色产业，助力精准脱贫攻坚

以产业振兴作为乡村振兴的有力抓手。一是选择合理产业。大力开展农村产业革命，产业结构调整是重点，适当调减传统作物种植面积，发展高效替代产业，通过统筹协调，结合县、乡、村的实际情况进行产业布局，形成"一县一业"的分布格局。二是优势产业全参与。安顺市以"公司+合作社+农户"模式为依托，打造村社合一的局面，每户均能参与优势产业的发展，让每位农民都能享受到产业发展的红利。安顺市针对全市178个深度贫困村加大财政扶持力度，设立专项扶贫基金，由村党支部、村委会牵头成立专业化经营公司，结合本村情况和村民意向选择合适的农产品，优势农产品覆盖所有贫困户。三是积极鼓励和引导现有龙头企业和农业大户发挥带头模范作用，通过帮扶开拓市场、解决资金短缺等方式不断使其扩大规模，吸纳更多农民，特别是贫困户实现本地就业，从而实现脱贫致富。四是拓宽销售渠道，加强产销对接。产业规模不断扩大，产品销售成为变现收入的关键，要在强化原有渠道的同时，大力开展电商销售、异地展销等多样化销售方式。五是加强科技服务，加大科技人才下沉力度，通过定期组织专家人才到村级合作社开展技术培训讲座等形式，服务好村级产业的技术升级，不断提高产品产量，增加高质量绿色产品的培育。

3. 推动农村改革，强化利益有效联结

实施以七权同确、合股联营为主线推动农村"三权"促"三变"改革，安顺市以此为借鉴加快农村改革，具体来说：一是加快明确包括土地、林地等在内的各类资源资产的产权权属，同时保障农民在参与合股联营后对集体资产依法享有的权利。二是不断培育经营主体。一方面在本地物色合适人选，特别是种养能手和归乡年轻人员带头创业兴办合作社；另一方面，积极引进大型农业企业，注入资金、技术直接形成可持续生产能力，让农户直接参与进来。大力推动合股联营，充分利用资源优势，积极探索农户、龙头企业、平台公司以及乡镇农业园区之间的两两合作或三方合作等多种形式的合股联营。三是始终以股权为纽带，以农民为主体，将农村、政府和社会资源等各方要素引入产业发展平台，利用平台优势，推动农业产业园区建设，推动特色种植、乡村旅游等融合发展，提升农业生产专业化程度，提升农村发展的丰富度，构建完整的农村产业体系，改善农民收入来源单一的状况，发挥出农村资源的最大价值，加快农村产权交易市场建设。

4. 改善人居环境，提升村民生活质量

安顺市围绕"功能完善、环境优美、文明和谐、管理有序"十六字方针，全面开展"四在农家·美丽乡村"基础设施建设小康寨行动计划，以综合整治农村环境、开展农村"厕所革命"、实施农村清洁行动等为工作重点，不断改善人居环境。具体来说，一是着力加快推进美丽宜居村庄建设，安顺市累计投资6400万元实施农村环境综合整治工程；西秀区、平坝区、普定县基本建成农村生活垃圾收运体系，仅剩余10%的行政村生活垃圾还未纳入统一收运体系；加快推进农村"厕所革命"，加大农村家庭厕所和村级公共厕所的改造力度。二是大力开展村庄清洁行动。通过动员各级群众清理农村卫生死角，对村内水塘、沟渠、畜禽粪污等农业生产废弃物等方式有效进行村庄清洁，提高了全市村庄的整体清洁度。三是着力推进化肥、农药施用量负增长行动。印发了降低化肥使用量和提高耕地质量的相关工作方案，在普定县、镇宁县进行化肥减量增效和保护耕地提升质量的项目试点，打造示范面积达4万亩。四是加大养殖业污染防治。通过安装规模养殖场粪污治理配套设施装备等措施努力提高畜禽养殖粪污综合利用率。

5. 增加农民收入，实现全村共同富裕

安顺市以提高农民收入、改善农民居住环境、完善公共服务、增强农民幸福感为目标，多措并举推进实现共同富裕。以大坝村为例，大坝村作为安顺市先进村典型，率先成立了村级专业合作社，农户以土地入股合作社，由合作社进行统一的经营管理，有效提高了土地集约化程度。全村农户共计5000余亩土地入股。合作社针对贫困户采取倾斜性分红机制，缩小贫富差距。自合作社成立以来，累计分红千万余元，贫困户年均分红7000元，成为脱贫的重要支撑。同时，大坝村通过培育依托种植业发展养殖业、果酒加工业等多项产业业态，有效拓宽农民增收渠道，真正实现了传统农民向职业农民的转变。

总之，随着美丽乡村建设的不断推进，为了让群众有一个舒适的人文和居住环境，安顺市全市的村支"两委"从本地实际出发，制定了形式多样的村规民约；按照拆旧建新的原则，依山就势开展美丽乡村规划建设。安顺市全市三级医疗体系不断完善，村镇学校不断建设，村镇主要公共场所实现网络覆盖，依托文化组织和阵地，结合少数民族传统民俗开展丰富多彩的文化活动。将基层党组织建设、改善人居环境、弘扬乡风文明、发展特色产业等与乡村振兴全部统筹起来，整体提高农民幸福感，让全村群众走上共同富裕的道路。

三 平坝区塘约村"塘约经验"模式的典型案例分析

塘约村地处安顺市平坝区乐平镇西北部，共有11个村民组，总人口3000余人，耕地面积近5000亩，森林覆盖率达54.41%。2013年，农民人均可支配收入为3940元，村级集体经济不足4万元，有贫困人口138户600人，青壮年几乎全部外出务工，是一个典型的"村穷、民弱、地撂荒"的国家级二类贫困村，土地撂荒率达30%以上。2014年,一场特大洪涝灾害摧毁了本就脆弱的农业基础设施,很多农户更加贫困。在这个关键时刻,村支部书记左文学站了出来,在上级党委政府支持下,一边组织恢复生产、重建家园,一边思考穷则思变的良方。"要发展,就得改革,要改革,就得众志成城,全村党员群众拧成一股绳。"村党支部书记左文学说:"虽然塘约确定了走村社一体的发展思路,但这条路,周边村寨没有走过,群众观望的较多,必须让党员带头,让群众看到希望,才能增强群众的发展信心。"此后,他便从抓党员教育管理入手,建强村党支部,利用党组织引领全体村民共同发展。因此,塘约村以一个有力的基层党组织为"领头羊",抓住了农村改革的时代契机,创造出获得党中央肯定的乡村振兴发展的"塘约经验",主要包括:

一是充分做好农村产权制度改革,用"地"激发乡村发展活力。塘约村实行七权同确,让分散的资源聚集化、模糊的产权清晰化、集体的资产市场化;同时,壮大集体经济,增加农民财产性收入。包括以下几个步骤:第一步,摸清家底、确权颁证。通过精准丈量、"七权"同确来摸清家底,同时通过"确权议事会"来化解乡村在土地确权当中面临的矛盾。第二步,盘活资产、折价入股。通过土地入股和水权入股,充分调动村里资源参与市场经济。第三步,户户入社、户户带股。村支"两委"与合作社是"一套人马、三块牌子",接受国家财政直接补助和他人捐赠形式的集体资产,平均量化到每个成员,并进行民主管理,建立股权管理制度。第四步,集体经营,防范风险。集体合作社形成土地流转中心"1+6"一体化服务体系,实行资金统一核算、土地统一规划、农产品统一销售、红白喜事统一操办以及其他本地创业就业服务。

二是充分做好农业经营制度改革,用"制"实现收益按劳分配。塘约村的"村社一体"是一种新型的村集体组织,其特征就是,在党的领导下,坚持农村土地的集体所有制,以自愿互利为原则,实行按份共有和共同共有相结合,实行"合作社30%、村集体30%、村民40%"的分配机制。并从以下几个方面,解决了农村发展的关键问题:第一,解决了农村"三留守""空心化"问题,并为农村弱势群体提供了村集体的相关保障。第二，解决了老年农业、妇女农业的就业难题，充分利用好撂荒的土地使得村民不用外出打工，实现了本地就业。第三，塘约村"村社一体"平台的搭建实现了多赢。群众有了监督的兴趣，党组织和共产党员有了发挥作用的阵地，合作经济有了聚合人心的平台，小农户也有了对接现代农业发展的界面。

三是充分做好永续受益机制建设，用"人"促进乡村治理有效开展。农村发展关键在于让农民获得持续稳定的收益。农民安居乐业，乡村治理才会更有成效。通过"村社一体"的经营模式，集体想"统"无抓手、农户单干无出路的状况改变了，土地向集体合作社流转、合股联营从而实现价值，更进一步形成了"规模牵引—产业牵引—技术牵引—人才牵引—开放牵引"的模式，把农民积极性调动到村里的产业建设之中，实现自身劳动就业脱贫，在产业发展中寻找稳定收益点，充分发挥广大农民群众的智慧力量，参与到村里的有效发展中。

总之，"塘约经验"模式重点是抓好基层党组织的模范带头作用，并从土地确权入手，推动本村的土地改革，盘活土地资源，由党员带领村民按照"党总支+合作社+公司+农户"的发展模式，将土地流转入或土地入股合作社，经营所得收益按照合作社30%、村集体30%、村民40%的模式进行分成。一方面农户自家耕作的零散土地被集中起来发展，另一方面夯实乡村产业发展的利益分配基础，保障了农民的积极性。同时，引进金融机构入驻塘约村，每年从村集体分红中抽取20%作为村级金融担保基金，探索"3+X"信贷模式，推动农村产权交易，全体村民抱团发展，使塘约村在贵州农村产业革命中展现生机，并在乡村振兴发展中走出自己的特色之路。

四 安顺市乡村振兴发展的启示

自党中央提出实施乡村振兴战略以来，安顺市立足自身优势，通过培育塘约村、大坝村等先进典型乡村，从产业兴旺、生态宜居、乡风文明、治理有效、生活富裕五个方面全面推进乡村建设，从过去几年的发展历程，可以总结出几点启示。

1. 产业兴则乡村兴

以推进农业产业结构调整,转变农村发展新方式为工作重点,扭转农业效益低下、缺乏竞争力的局面。通过因地制宜发展高效农业带动乡村产业振兴,产业旺才有乡村旺,通过将当地资源条件和政府规划引导相结合,使每个县、乡、村都有可依托的产业,通过合理规划、资本注入、科技支撑、产销对接等一系列举措快速有效提高农民收入,让每一个贫困户享受集体合作社发展的红利,从而实现农民脱贫、产业兴旺的良好局面。因此,坚实的产业基础是实现最终共同富裕目标的经济保障。

2. 生态好则好宜居

实现生态宜居要从理念和行动两方面入手。理念上要实现两个变化,要摒弃经济比环境重要的传统思维定式和要转变发展方式。以绿色生态为保障的农业政策加以引领,形成高效集约的农业生产方式。着力开展四项行动:一是明确农业生态保护红线。二是完善农业生态系统保障体系。三是建立完整的生态补偿市场机制。四是在绿色生态发展中寻找新的增长点。

3. 文化扬则乡风明

弘扬乡村优秀传统文化,对乡风文明建设十分有利。在整个乡村振兴过程中,文化建设应摆在与产业发展同等重要的位置。实现乡风文明主要从以下几点落实:一是营造农村、农民积极向上的文化氛围,加强对传统文化的传承,不断发掘继承、创新发展优秀乡土文化。二是通过挖掘具有本地农耕特色、民族特色的各类文化遗产,转化为优势旅游资源。三是加速推进农村陋习等不健康文化的整治,努力构建农村公共文化服务机制,形成现代与传统有机结合的文化体系。

4. 组织强则力量足

加强农村基层组织建设是实现乡村振兴的有力支撑。以农村基层工作和基础工作为主要方向,以"双基"工作奠定农村治理的坚实基础。始终坚持党的领导,以村民自治和村务监督组织为依托,通过利用农业合作社等集体经济体将农民串联,构建出一个有组织领导、有全民参与的农村治理体系。

5. 生活富则村民安

生活富裕是乡村振兴的最终目标和根本要求，也是让村民安居乐业的重要衡量标准。让每位农民都参与到现代化进程中，参与到农村建设、农业发展的各个方面，享受农业现代化发展的红利。通过拓宽农民的收入渠道、加强农村基础设施建设、开展村庄的人居环境整治等手段，在实现经济上富裕的同时，提高农民整体的幸福感、获得感和安全感。

五 本节小结

自党中央提出乡村振兴战略以来，安顺市始终坚持把调整农村产业结构、落实生态环境保护、构建农村文化体系、加强基层党组织建设和多渠道提高农民生活质量等重点工作，作为开展乡村振兴工作的主线，涌现出平坝区塘约村的"塘约经验"模式。在2020年全面建成小康社会的关键之年，继续发挥先进村落的带头示范作用，将"产业兴则乡村兴、生态好则好宜居、文化扬则乡风明、组织强则力量足、生活富则村民安"的安顺经验，打造成为乡村振兴战略贵州实践的一张亮丽名片。

第四节 铜仁市乡村振兴发展的实践与启示

一 铜仁市乡村振兴发展的现状

铜仁市位于贵州省东北部，武陵山中心，地形少平原多山地，向东接连湖南，向北毗邻重庆，被称为黔东门户，也是云贵高原和中部、东部沿海地区相连的关键城市。铜仁市总面积18003平方千米，共辖2个市辖区、4个县、4个自治县，在市内有30多个民族，包括汉族、苗族、侗族、土家族等，属于多民族聚集的地区，少数民族占据了该市总人数的70%。铜仁市深入推动农村产业革命"八要素"在"三农"领域聚变，坚决依据政策指导，进行工作部署、引导干部培训，加强对工作的督促检查，实行问责制，有效保证工作开展，从调整农村产业结构、推进乡村社会治理、做好精准扶贫脱贫、统筹城乡协调发展和加强生态文明建设五个方面来落实乡村振兴战略。

1. 农村产业升级方面

一是促进农林牧渔产值增加。铜仁市以党的指导和党的政策为基础，跟随时代的脚步实施农业市场发展战略，结合相关建设目标，积极抓住农业结构建设的工作任务，做好农林牧渔四大产业的建设，实现产值逐年增加。如表6-6所示，除2016年外其余年份增速均保持在7%左右；2017年全年实现农林牧渔业增加值228.31亿元，较上年增长6.5%；2018年全年实现农林牧渔业增加值253.58亿元，较上年增长6.9%。

表6-6　　　　　2015—2019年铜仁市农林牧渔业增加值

项目	2015年	2016年	2017年	2018年	2019年
农业（亿元）	120.67	130.80	135.49	160.74	262.30
林业（亿元）	7.29	8.15	16.50	18.98	30.22
牧业（亿元）	47.58	54.07	57.53	57.16	98.64
渔业（亿元）	8.34	9.68	10.21	5.63	10.00
农林牧渔服务业（亿元）	7.21	10.50	11.32	13.10	26.83
合计（亿元）	191.10	213.20	228.31	253.58	427.99
较上年增长（%）	6.7	5.8	6.5	6.9	5.8

资料来源：2015—2019年《铜仁市国民经济和社会发展统计公报》。

二是做好农业供给侧结构性改革。铜仁市将农业供给侧结构性改革作为工作主线，长期坚持因地制宜的思想，积极调优产业结构。面对山地多于耕地，耕地面积较少的现实条件，全市灵活调整农业种植发展的方向，汇聚生态茶、中药材、畜牧业、瓜果种植业以及生物产业的发展，做好当地产业、乡村品牌以及乡村特产的建设，对于一些附加值相对较低，市场缺乏潜力的传统作物调减种植面积，促进传统农业向现代农业转型，优化农业产业结构。依据铜仁市统计局公布的数据显示，2018年，全市完成了农业产业结构调整面积达到了200万余亩，累计调减玉米种植面积达到了79.6万亩，今年全市结构调整达到了147.64万亩，调减玉米种植20万余亩，并在五月底完成预期目标。

三是建成现代农业生产体系。现代农业生产体系是先进科学技术与生产过程的有机结合，是衡量现代农业生产力发展水平的主要标志（李含琳，2017）。铜仁市通过实施良种化、延长产业链、储藏包装、流通和销售等环节的有机结合，提升农业产业的价值链，发展高层次农产品，壮大农业新产业和新业态，提高农业质量效益和整体竞争力，构建现代农业生产体系，提高农业良种化、信息化、机械化、科技化、标准化水平。

2. 社会治理推进方面

一是认真贯彻上级指示精神。铜仁市认真贯彻党中央和省委省政府有关指示批示精神，积极践行执政治理的有效方略，坚持以人民为本为百姓谋福利，坚持以德治为基础，以法治建设为目标，高水平高水准筹划自己的治理发展目标，正确处理好乡村治理和村委会的关系，发挥组织在乡村治理中的能动作用，巩固好乡镇、党委以及村委会等治理的地位，并下发关于治理模式的相关文件，要求地方政府抓好相关建设工作，在经验试点的基础上，成立乡贤会，制定发展章程，并在地区成立基层工作组织，负责沟通和监督。

二是做好乡村善治宣传工作。为调动村民参与村委事务管理的积极性，铜仁市通过加大宣传力度，宣传乡村善治的工作方案，实现基层创新，采取传统和新型宣传手段并举的方式，深入基层，对已经开始试点的村落进行集中宣传，利用多媒体、微博、微信等宣讲来造势，向老百姓宣传该项制度落实的根本价值，调动群众的参与积极性，让村民有共谋发展的动力。

三是充分调动乡村民间力量。铜仁市在市级范围内已经建设了大量的乡贤会，并且有上万余名成员入驻，帮助群众处理要务5000多件，援助资金达到了4000万元以上，有500多个帮扶项目。在该市发展乡村治理的过程中，建设并完善了"铜仁道路"和"铜仁经验"，实现了小矛盾秒解决，大矛盾不用愁的制度优势，并且建设了公平公正公开的社会服务制度，开辟阳光下的信访渠道，建设法制化城市，提升社会和谐度。

3. 精准扶贫脱贫方面

一是减少全市绝对贫困人口。铜仁市切实建强"指挥部"、配强"战斗员"、派强"突击队"，确保"精锐"出战，攻坚必胜。按照"合力补位"，成立市级督导组，选派科级干部挂任深度贫困村，成立"尖刀班"专攻弱村差村，同时充分整合参战部门、企业、协会、商会等力量，形成"专项扶贫、行业扶贫、社会扶贫"互为补充的大扶贫格局，5年全市减少绝对贫困人口达到74万人，实施贫困村摘帽行动，巩固多个贫困乡镇的建设成果。

二是做好精准扶贫目标定位。根据目标定位，精准项目投入，实现资金精准化投入使用，并坚决执行落实到每户的精准扶贫战略。自2012年以来，铜仁市精准扶贫指数呈现出快速发展的趋势，在年度增长率上实现了稳步提升，实现了预期目标。

三是加快解决扶贫突出问题。首先，贫困家庭孩子上学问题。2019年，全年预计资助学生98.25万人次，资助资金达12.34亿元；小学、初中辍学率均控制在省定标准以内，无因贫辍学的情况。农村建档立卡的贫困人口受教育率100%。其次，贫困村落公共卫生问题。行政村公共卫生室实现公共卫生服务全覆盖，保证了村容村貌整洁。再次，易地扶贫搬迁就业问题。农村易地扶贫集体搬迁项目后续资金扶持管理工作有序地开展，助力搬迁户就业问题的解决。最后，贫困户危房改造问题。2019年，铜仁市农村保障性危房改造的实施工作基本提前完成，老旧保障性住房透风漏雨的改造全部顺利竣工。

4. 统筹城乡发展方面

一是加强示范效应，保障村落建设。坚持按照城镇建设标准努力完善乡村村民基本生活所需的功能，推进标准卫生场所、村民广场、污水垃圾处理和农村市场乃至幼儿园寄宿学校等多类型的项目的建设。争取能够获得专项的贴补资金0.9亿元左右，实现累计投资量达到155亿元。铜仁市多个小镇被评为国家建设特色小镇，而且多个村落被列入了《中国传统村落》名录，由国家安排专项资金进行保护。据铜仁市人民政府数据显示，2019年全市新建并且重建传统乡村项目达到了1600多个，累计投资实现了4亿元。

二是重视住房安全，改造住房条件。坚持按照城镇住房标准解决村民住房安全问题，坚决担负起住房安全保障的责任，让村民住房得到保障。据铜仁市人民政府数据显示，2018年，全市改造城镇破落危房达到13万余户，农村老房治理完成7000余户，农村住房安全评估达到了27万余户，争取各项补助资金达到16亿元。

三是推进产城一体，辐射乡村发展。铜仁市为确保城市功能、产业功能、生态功能互动推进，以产城一体化推动城乡协调发展。例如，碧江区把城市规划为"一城五区"，即铜仁老城区、碧江新城区、川硐教育园区、大兴科技工业园区、碧江经济开发区，先后完成了滨江大道入口至火车站广场东侧和茅溪片区、碧江新城区、铜仁城市快速路南段两侧区域、川硐教育片区、寨桂片区等城市区域控制性详细规划，城区控制性规划覆盖率达到了84.3%。

5. 生态文明建设方面

一是牢记"两山"理念。铜仁市牢固树立"绿水青山就是金山银山"的理念，树立大局意识，坚持借自然之手，推动绿色发展，助力乡村振兴。2018年，铜仁市实现了多个城区污水治理项目合同的签约，并且完成了多个建制村的农村环境综合治理，同时着手建立农村新型化厕所，新建公厕接近千座，投资超过4亿元。2018年，梵净山成功被列入世界遗产，并且成为国家级景区，实现绿化建设达到了100万余亩，森林的覆盖率超过六成，在全省位居第二。同步开展的水源净化工作，让居民喝上了健康水，一些医药产业逐渐实现了高速发展，各类产业齐头并进，让经济发展和生态发展能够互利共赢。

二是坚持农村污染治理。铜仁市大力开展农业农村污染治理攻坚行动，助力农村生活垃圾污水处理设施建设，实现43个建制村的年农村环境整治任务，实现生态乡镇及市级生态农村建设。铜仁市在全市范围内开展了村庄清洁活动，据铜仁市人民政府相关数据显示，2019年的乡村清洁行动涵盖了全市2400余个村落，实现了群众的全员出动，清理了近万吨的生活垃圾、10000余条渠道的淤泥。2019年的劳动节期间，铜仁市全市又开展了清洁整洁活动，在梵净山世界自然遗产产地试验区、乌江干流沿岸、靖江干流沿岸以及舞阳河干流沿岸等村落进行了重点污染治理。

三是大力发展绿色经济。铜仁市重视绿色经济对全市经济的带动作用，在农村地区大力发展绿色经济，让生态产业遍地开花。为了充分保障绿色经济的有效发展，铜仁市着力培育绿色文化、绿色产业和生态旅游，依托铜仁森林公园、湿地公园、自然保护区、风景名胜区等，着力建设一批绿色文化示范教育基地和旅游度假胜地，打造了一批具有铜仁特色的绿色文化优秀作品，引导全社会增强生态价值观，加快推进绿色崛起。

四是健全绿色发展制度。铜仁市还着力健全绿色发展制度，结合实际编制完成《铜仁市生态文明建设规划（2016—2025）》《铜仁市创建新时代绿色发展先行示范区规划》《全域旅游发展总体规划》等，出台《铜仁市生态文明建设（创建绿色发展先行示范区）目标评价考核办法（试行）》《铜仁市环境保护"党政同责、一岗双责"责任制考核办法》及其实施细则等，制定实施《铜仁市梵净山保护条例》和《铜仁市锦江流域保护条例》，让爱绿护绿植绿成为普遍共识和共同行动。

二 铜仁市乡村振兴发展的实践路径

1. 狠抓龙头企业培育，提升重点产业综合竞争力

铜仁市重视龙头企业的培育，利用优惠政策和现有的社会资源，鼓励引进外部人员，开展生产和经营服务培训，鼓励市级以上的龙头企业扩大生产规模以及经营范围。根据铜仁市统计局的相关数据显示，当前市级以上的龙头企业有400余家，国家级2家，省级73家，市级330家，有大量的农民专业合作社，并且相关的经营主体数目也相对较大，注册资金达200多亿元，当前有效帮扶贫困农户15.48万户，近4万名贫困户被带动，各类的家庭休闲生态农业和特色生态绿色产业的经营主体有近800个，市级以上的经营合作社主体640余家。

2. 狠抓主题品牌建设，提升铜仁绿色产品知名度

铜仁市围绕梵净山关于养生的公共品牌建设，积极探索绿色产品

的营销出路，着力显示当地的绿色生态以及安全品质营养健康的有机产品优势，在有机农产品的更新、品质的塑造和品牌的确立上下了很大的功夫，进行了无公害产品的改良及绿色产品品质化的建设，不断提升绿色产品的质量。铜仁市利用相关农产品交易博览会，积极组织各种绿色农产品的经营主体参与交易会，将梵净山的优质产品旗号打出去，实现产业的升级和产业市场的开拓，同时也提高了有关铜仁绿色产品知名度，实现产品收益的大幅度提升。

3. 狠抓利益联结措施，促进农民可持续收入提高

铜仁市通过发展乡村产业来做好精准扶贫工作，并制定了贫困户利益联结机制，利用订单生产、入股、分红等方式保障贫困户能够在工资收入的基础上得到企业分红或股份，使贫困农户成为企业利益分配的重要角色。铜仁市还积极宣传先富带后富的做法，要求龙头企业发挥带头作用，推广"龙头企业＋贫困户"这一生产组织模式，让龙头企业为消除贫困户出一份力。最后，铜仁市基层自治组织还与农户形成了共享收益、共担风险的利益联结机制，为农户带来了众多致富机会。2019 年，铜仁市 70 多家省级以上农业龙头企业销售收入 19.8 亿元，电商销售收入 0.14 亿元，创汇 0.13 亿元，利润总额 1.94 亿元，带动农户 11.4 万户，其中贫困户 1.8 万户。

4. 狠抓产销渠道对接，促进农产品市场开拓

铜仁市力争推动农业产业发展，力争完善农产品供销网络，以"四个市场"为着力点，通过开发壮大市场来带动农业产业发展升级。首先，做强本地市场。铜仁市为了做好农村扶贫工作，加大了政策上的支持力度，市县的党委、政府打造了"农校对接""农社对接"等对接机制，使农产品能够打通渠道，顺利进入各大学校、当地医院与社区。农产品打开了销路，获得优厚的市场利润，为农村、农户带来直接经济利益。其次，拓展省外市场。铜仁市农产品不断向省外辐射，当地区县、企业都致力于向外省推介本地的农产品，铜仁市的茶叶企业在北京开办万人品茗活动，还积极参加广东现代农业博览会等展会，在多次参加展会、活动之后，铜仁市累计签约农业产业项目资金突破 50 亿元。最后，做好线上市场。铜仁市农村电子商务通过多

种类、多层次的农业信息化服务机构，逐步发展壮大，使"互联网+现代农业"真正进入当地农村，2019年，铜仁市已有900家电子商务企业，这些企业的涉农产品销售额达4.1亿元。

5. 狠抓农业科技支撑，加快农村生产方式科技化

为打好脱贫攻坚战，不仅需要农民的努力，还需要农业科技支撑。铜仁市选拔了100余位专业技术人才，结成10个专家小组，为分散在各贫困农村的科技与新兴产业提供集中的技术指导。此外，还召集了众多热衷扶贫事业的优秀志愿者及热心专家学者，组成了十余个"三农专家团"，这些专家团被安排到不同的村落中，一对一地帮助农村解决各自的问题。例如，铜仁市积极与南京农业大学、华中农业大学等知名高校进行了对接，不仅使农业企业切实地学习到了优秀技术，也使农学院校的研究方向能够更贴合我国农业产业实际，惠及多方。

6. 狠抓数据科学服务，重视大数据技术推广运用

铜仁市鼓励农村产业、乡村旅游业与大数据深度融合，建设智慧农业和智慧旅游项目，打造农业信息化综合服务平台，利用大数据、云计算等技术，为农村龙头企业、农村电商提供精确、科学的统计数据，并为这些企业提供监测服务、指导服务，当地农村电子商务和企业的发展不再盲目，而是有了科学数据的引导与支持，农业生产也逐渐走向精准化与数字化。同时，依靠大数据大力建设农业园区物联网。铜仁市现已打造了12个物联网农业园区，其中以石阡龙塘高效农业园区、九丰农业综合体最为突出。

三 江口县云舍村"党建振兴"模式的典型案例研究

铜仁市江口县云舍村，坐落于巍峨的梵净山下，"天堂河谷"太平河畔，村庄总面积约4平方千米，常住人口1700余人。云舍村土家族独特的民族风情和传统习惯风俗被保留至今，因此该村素有"中国土家第一村"的美称。近年来，云舍村实行村集体带头，以农村党建为载体，积极开发当地独特的民族文化资源，大力发展乡村旅游产业，先后被贵州省旅游局和国家旅游局设为"省乡村旅游示范点""全国农业旅游示范点"，云舍村也先后获得"中国历史文化名村"

"中国最美村镇""全国特色景观旅游名镇名村"等称号,实现了乡村党建与经济发展互惠互赢,实现了乡村振兴发展。云舍村取得的成就与当地村委村集体的不懈探索努力有着密不可分的关系。近年来,云舍村紧紧围绕"民心党建+"的统领思想,沿着"民心党建+""三社"融合促"三变"和春晖社"三位一体"的农村改革路线将综合改革向纵深方向拓展。云舍村村集体通过一系列举措,灵活运用智慧党建工作,积极推动乡村旅游发展,目标定于高端民宿开发,推动民族传统风情再次散发独特的魅力,为云舍村乡村振兴发展迎来快速发展的春天,包括:

一是破釜沉舟,活用党建激发"后进"支部。曾经的云舍村面临不少难题,部分干部工作乏力,支部工作难以开展,干群面面相觑,群众抱怨声重,使云舍村发展频频受挫。近年来,村集体班子在镇党委的指导下积极自查问题,主动开展党群民主评议会,对自身存在的问题以及未来的发展道路进行深刻的分析和研讨,经过多年的不懈努力,云舍村终于在2018年摘掉了贫困村的"旧帽子"。然而,解决了基本的贫困问题后,村庄应该如何进一步向前发展,如何彻底摘掉"后进"党支部的"新帽子"就成了摆在大家面前的棘手新问题。因此,该村第一步进行抓党建,定下目标,努力让"后进"变"前进"。

二是民心党建,团结村民发挥党员无畏精神。在镇党委的支持指导下,云舍村坚持不懈探索"民心党建+"的新发展模式,首先将目光聚焦于组织内部,重点提高支部的组织工作效率,加强干部群众的凝聚力,突出党员的先锋模范作用,真正将"后发赶超,摘帽争先"的口号落到实处,发挥党员"创业干事敢担当"的精神。铜仁市智慧党建在线平台的启用,为"支部—党员"的交流沟通铺设起了绿色通道,支部管理员利用这一新兴的党建载体大大加强党员干部的联系,党员干部通过平台勤沟通、话诉求,工作效率也得到极大的提升。云舍村将党员活动、三会一课等与民心工程串联在一起,有效发挥了党的组织作用,支部有了动力、群众有了向心力、村庄发展有了生命力!通过这种全面清单管理的模式,结合数据动态量化的分析考评,云舍村成功注销两条负面清单,党员干部进行多次专题培训,有效提升了群众的满意度。最终，云舍村在2019年将"后进"的"帽子"一举"摘掉"，实现了向美丽新农村的大跨越，为实现乡村振兴发展打下了坚实的组织基础。

三是万事俱备，巧借乡村旅游产业加速振兴。乡村振兴，组织振兴是重中之重，产业振兴是强劲动力。近年来，村党支部委员会、村民委员会、村务监督委员会的成员紧跟"民心党建+"的发展模式，积极融入发展乡村旅游的热潮，开发土家族文化传统办好农家乐旅游，同时培训当地村民进行民族风情展示，既推动了乡村旅游的发展，又为当地村民创造了就业岗位、增加了家庭收入，集中群众智慧汇集群众力量，为打好精准脱贫攻坚的战役做好了充实的物质基础准备。云舍村村民"不等不靠"，积极发掘自身发展潜力，在脱贫攻坚战役最困难的阶段，当地村集体迅速组织人员，成立一支有决心有组织有效率的"尖刀部队"，他们的行动印证了"打铁还需自身硬"的老话，交出了打赢脱贫攻坚战的满意的答卷。2018年成功申遗的梵净山，将全世界游客的目光吸引到这个小山村；梵净山太平河湿地公园的开放，博得大家的肯定和喝彩。云舍村以土家少数民族文化特色为良好基础，深入挖掘土家族筒子屋、龙灯、傩戏、金钱杆等特色民俗文化，将乡村旅游不断改良升级，相继推出"云上仙舍""游在乡村·乐在农家·亲近自然"等一系列特色文化旅游项目，向外界展示了一幅光彩夺目的自然画卷。目前，云舍村现有农家乐40余家，特色民宿18家，日接待游客3000余人次；旅游产业带动当地就业500余人，每年为村民创造的人均可支配收入达到万元以上。云舍村从一个无人问津的小山村变成了远近闻名的美丽村寨，云舍人在乡村振兴道路上不断收获着喜悦。

四是巡诊问效，引领村民昂首迈入全面小康。"居有所归，心有所依。"住房问题一直是老百姓最为关注的问题，也是乡村振兴发展过程中不容忽视的关键性问题。曾经的云舍村民居问题严重，住房紧缺、违规搭建、危房众多，从而使政府威信在人民心中大打折扣、干群关系出现矛盾、信访问题难以化解，这也成了云舍人难言的顽疾和痛处。为解决这一问题，太平镇派出代表前往浙江安吉参加全国乡村民宿现场交流会,学习了全国各地发展乡村民宿的宝贵经验,对旅游市场发展的广大需求高度重视,向发展高端民宿行业寻找突破口,提出发展梵净山精品民宿汇集区的战略构想,通过发展乡村民宿从而缓解乡村住房问题,同时带动村民创业增收推动乡村发展。

总之,云舍村党建振兴模式不仅体现出中国特色社会主义制度的优越性,更体现出在实践中充分发挥共产党人干事创业精神的模范性。党建兴则万事兴,人心齐则振兴达。围绕县委县政府的决策要求,云舍村大力发展以"高端民宿、自然休养、特色民俗"为主题的高端旅游项目,探索出"民心党建+产业引资+高端民宿"的创新发展模式。通过这样一种方式,云舍村传统村寨的特色民族文化气息被完整地保留下来,同时村民搬出了山村,住进了城市,增加了收入,化解了住房矛盾。云舍村带领着村民共同致富,开辟出了乡村振兴发展的新天地。

四 铜仁市乡村振兴发展的启示

1. 实现乡村振兴,产业兴旺是基石

乡村振兴要依靠乡村产业带来经济基础,农民脱贫也有了可持续的生计来源。铜仁市深知这一点,花费了很多精力振兴本地的乡村产业。产业扶贫是做好精准扶贫的重点内容,也能有效为贫困村带来发展的驱动力。铜仁市立足于本地特色,使乡村产业向当地特色靠拢,致力于打造新兴特色产业,使本地的特色产业形成规模,形成品牌。如此一来,铜仁市乡村产业便能形成良性循环,在产业发展壮大的过程中也能吸收更多农村劳动力,再加上政策的倾斜,使贫困农户都能够有工作、有脱贫门路。

2. 实现乡村振兴,生态宜居是保证

社会主义新农村必然是环境优美、生态健康的乡村。铜仁市重视搞好农业科技,依靠科技力量提升农村的基础设施质量,比如引进优质的水利设施、做好农村的水利工程建设,进一步节约水源、防止污染及水土流失。此外,一些农村还存在秸秆被胡乱地丢在地上,焚烧秸秆的不良现象,有了科技化机械能够将农作物秸秆进行粉碎,改善空气污染及村容村貌"脏乱"情况,总之,农村要通过提升科技支撑能力来有力保障乡村生态宜居。

3. 实现乡村振兴，乡风文明是灵魂

新农村建设的一个重要方面就是乡风文明建设。农民不仅要追求物质上的富裕，还要追求精神上的富裕，大力发展农村科学文化事业、农民精神文明、生活服务，才真正称得上"实现了农民全面发展和城乡协调发展"。铜仁市发挥群众的主体作用，在不强制农民群众的前提下鼓励他们、教育他们，引导更多农民群众逐渐摒弃那些与社会主义新农村建设格格不入的不良风俗与陋习，形成健康有益、积极向上的思想。此外，还要发挥村集体组织的宣传作用。村委会可以将村规民约中的文明建设摆在重点，在一次次的村集体活动中宣传思想与道德建设，使乡风文明建设落在实处。最后要发挥典型的引领作用。基层组织可以选拔精神态度端正、思想高尚的农民，在众多农民中树立好榜样，农民也能在榜样的领导下规范自己的思想，改变不端举止，最终使乡村的精神面貌焕然一新，乡风更加文明、健康，新农村建设得也越来越好。

4. 实现乡村振兴，治理有效是核心

治理有效是乡村振兴战略的实施要求，也是乡村治理的目标之一，要通过有效的乡村治理来实现乡村善治，不仅需要德治更需要法治。铜仁市发挥"德法兼济"在乡村治理中的"助推器"作用，助推"德治""法治"相结合共同服务于乡村自治，通过健全村民参与自治机制，创新村民参与自治方式方法，搭建乡村乡民自治平台，强化村民在乡村中的"主人翁"意识，积极参与乡村社区的建设与治理。激发参与管理的主观能动性。努力提升村民自身法治意识，规范自治组织的行为、规范合理的参与机制。同时，强化村民法律意识，学会用、善于用法律保障自身合法权益，化解乡村中各类矛盾，形成一种法治的思维方式和行为理念。最终，在乡村进行有效的德治引导，规范农民的思想道德，使道德在无形中约束村民的行为，保障农村的治理有效。

5. 实现乡村振兴，生活富裕是目标

"小康不小康，关键看老乡。"为打好脱贫攻坚战，让农民也走上小康之路，需要以发挥龙头企业带动作用、带领农户发家致富为指导方针，保证贫困农民在乡村企业中的收入与份额。铜仁市改变原有不公平不协调的组织模式，更新农村的生产组织形式，发展"龙头企业+农户"或者"龙头企业+农村合作社+农户"等形式，这样的形式能使企业与农民共享收益、共担风险，大大增强企业与农民的紧密度，先富带后富的愿望也能得以实现，贫困农民脱贫的目标更是指日可待。最后，还要完善农村基层设施建设，农村公路是首要的重点，另外还要完善农村物流体系和电网电信建设，有了基础设施，农村才能吸引到新投资，农民的生活环境也能更加舒适，切实实现乡村振兴。

五　本节小结

铜仁市在农业部的引导下，力争做好农业、农村、农民三方面的改革，按照政策计划、工作安排、干部培训、检查监督、追责问责这五步，从调整农村产业结构、推进乡村社会治理、做好精准扶贫脱贫、统筹城乡协调发展、加强生态文明建设等方面，推进乡村振兴战略的落实，在基层党组织的带领下，涌现出江口县云舍村的"党建振兴"模式，体现了基层党组织引领乡村振兴发展的关键作用。铜仁市乡村振兴因地制宜符合新时代发展要求，走出治理有效的乡村发展模式，为其他地区的乡村发展提供了宝贵的借鉴经验。

第五节　毕节市乡村振兴发展的实践与启示

一　毕节市乡村振兴发展的现状

毕节市位于贵州省西北部，把守着四川、云南和贵州三省的交通要道，是乌江、北盘江以及赤水河的发源地。就其特有的地形地貌，适宜的气候以及丰富的自然资源而言，毕节市具有广阔的开发前景。截至2018年年底，毕节市辖七星关区、赫章县、威宁彝族回族苗族自治县、纳雍县、织金县、黔西县、金沙县、大方县、百里杜鹃管委会、金海湖新区7县、1区、1管委会、1新区，包括105个镇，35

个街道办事处，101个乡（其中75个民族乡），152个居民委员会，64个社区，3557个村民委员会，32226个村民小组。毕节市要实现乡村振兴离不开产业振兴。近几年，毕节市紧紧抓住国务院批准建立的"开发扶贫、生态建设"试验区的机会，与精准扶贫深度结合，进行了一场深刻的农村产业革命，落实了乡村振兴战略。

1. 农村产业升级方面

毕节市按照"113攻坚战"总体部署，以超常规举措担当作为，认真以"五步工作法"，全面深入践行农村产业革命"八要素"，以调减传统农业比例和推动新型农业多元发展为指导，聚焦"一县一业"，初步形成了各具特色的县区产业布局，有效促进农村经济稳步增长。另外，2018年，毕节市蔬菜新增40.2万亩，产量达136.91万吨；果园新增57.3万亩、水果产量9.96万吨；中药材、茶园、花卉种植分别新增19.7万亩、15.4万亩和10万亩；食用菌和肉类总产量分别高达6.11万吨和24.25万吨。2019年毕节市总结上年的发展经验，提出农村农业发展应注重抓"关键少数"。其农业农村局获得"全国农业农村系统先进集体"称号。农作物中经济作物占比较上年增加2%，占到62%。全年调减低效玉米202.93万亩，收购烟叶114.9万担，上等烟占比72.72%，较上年增加9.16%。如表6-7所示，2019年毕节市农林牧渔业增加值464.4亿元，同比增长5.7%。分行业看，种植业增加值319.9亿元、同比增长8.5%，林业增加值22.8亿元、同比增长8%，畜牧业增加值94.8亿元、同比下降1.4%，渔业增加值1.8亿元、同比下降5.6%，农林牧渔服务业增加值25.1亿元、同比增长5.5%。

表6-7　　　　2016—2018年毕节市农林牧渔业增加值

项目	2015年	2016年	2017年	2018年	2019年
农林牧渔业增加值（亿元）	324.7	365.5	401.5	439.6	464.4
种植业增加值（亿元）	204.4	227.5	254.6	293.4	319.9
畜牧业增加值（亿元）	83.3	96.1	100.8	98.2	94.8
林业增加值（亿元）	15.8	18.4	20.6	20.9	22.8

续表

项目	2015年	2016年	2017年	2018年	2019年
渔业增加值（亿元）	1.9	2.3	2.7	2.2	1.8
农林牧渔服务业增加值（亿元）	19.4	21.1	22.9	24.8	25.1

资料来源：毕节市统计局官网，2016—2020年。

2. 社会治理推进方面

一是打造爱农新型人才治理队伍。毕节市在乡村社会治理推进中致力于以农村基层党组织为核心，优化农村基层干部队伍结构，为乡村振兴事业培养出一批既爱农村农民又懂农村农业的新型人才队伍。

二是创建农村治理有效法治毕节。2017年毕节市政府开始致力于创建法治毕节，为提升社会治理能力，在乡村儿童问题上采取了一系列措施。一方面，为2000多万留守儿童提供电话手表，解决其对外沟通问题，降低独处风险。另一方面，加强对监护人的监管，对于不履行自身法定监护职责的儿童家长，一经证实将移送司法机关进行处置。

三是强化文体事业协同治理模式。2018年，毕节市文体事业得到快速发展，在综合文化站、综合文化服务中心和农民体育健身工程等方面实现乡、镇、村或街道、社区的全覆盖。在文体事业协同发展下，村民闲暇时间能够有效参与社会活动，提升自我修养的能力。

四是坚持做好扫黑除恶的治理手段。2019年，毕节市进行了有力有效的"扫黑除恶"工作，毕节市统计局数据显示群众安全感满意度明显提升，在全省年末分别上升到第六位和第五位，高达98.89%和98.25%。

3. 精准扶贫脱贫方面

一是优秀干部驻村抓扶贫。毕节市大力推动优秀干部驻村抓扶贫，解决长期困扰毕节农村发展的贫困问题。例如，2017年，毕节市城乡规划局派出优秀干部到帮扶点纳雍县开展村容整治、慰问留守儿童、村活动场所建设项目规划设计等工作，并取得明显成绩。

二是重视乡镇高质量发展。毕节市认真梳理全市20个极贫乡镇

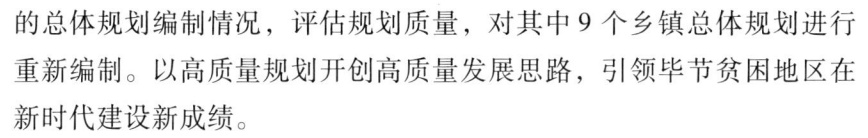

的总体规划编制情况，评估规划质量，对其中9个乡镇总体规划进行重新编制。以高质量规划开创高质量发展思路，引领毕节贫困地区在新时代建设新成绩。

三是精准扶贫做出新成绩。据毕节市统计局数据显示，2018年毕节市深入开展精准扶贫脱贫攻坚行动，以农村产业精准扶贫为抓手，扶贫产业覆盖贫困人口65.7万人，并在完善乡村公路交通，实现贫困人口饮水安全，安置易地扶贫搬迁群众，资助贫困家庭学生，保障贫困人口教育，实现贫困人口全部参保，保障贫困人口医疗以及完成农村"危改""三改"等方面取得显著成效。2019年，毕节市脱贫攻坚战又取得了新成绩，新增三个县区达到脱贫"摘帽"标准，新增脱贫人口32万，贫困发生率进一步下降，预计实现441个贫困村出列。

4. 城乡统筹发展方面

一是创新特色山地新型城镇化发展。近年来，为促进城乡协调发展，推进城乡融合发展，毕节市在推进乡村振兴战略的同时，不断促进特色山地新型城镇化发展。按照这一思路，毕节市新增城区，使城镇化率得到提高，城市新区提质升级的同时，乡村面貌逐步改变，城乡规划不断完善。

二是构建村镇联动谋求新发展。通过镇村联动创建示范小镇和示范乡村，促进乡村人文环境居住条件的提升，谋求乡村发展新路。据毕节市统计局数据显示，毕节市全年共完成6.2万户乡村居民居住条件的改造，实施乡村建设相关项目共4000多个，其中包括150多个绿色村庄的建设。改造过程中百里杜鹃景区迎丰村和大方县木寨社区等七个村被评为"第二批中国少数民族特色村寨"。

三是掀起公共卫生建设新高潮。按照农村公共卫生建设的标准，积极开展农村公共卫生建设，深入农村卫生治理，在乡村庭院和村庄卫生方面取得新成效。在各个乡村进行"厕所革命"，促成各个乡村公共厕所以及村民自家厕所的更新改造。

5. 生态文明建设方面

一是乡村振兴始终坚持生态优先。近年来，毕节市追求振兴发展的同时生态环境逐步改善，人民居住环境得到提升。2017年环境保护措施扎实落实，从垃圾治理，污水处理以及农业污染治理等方面入手，全面推进相关环保政策的实施与整改。毕节市政府工作报告显示，2017年不管是在中心城区还是在周边县区，空气质量优良天数在全年中均高达95%左右，环保成效较为明显。以赫章县为例，该县不仅被选作适应气候变化的试点城市，且该县所产樱桃得到了国家地理标志的认证。

二是实抓污染预防以及生态治理。2018年，毕节市在生态环境污染预防与治理方面有了新的进展。首先，开始启动污染防治三年攻坚行动计划。政府工作报告表明，空气质量较上一年有所提升，全年优良比例均超过96%。在污水治理方面，各地通过建立污水处理厂以及启动污水处理项目等方式，提前完成饮用水水源整改，水质实现百分百达标。在垃圾处理方面，各地积极推进垃圾发电项目，达成了乡村垃圾收集运输全覆盖目标。该项目实现速度比预期快了两年。其次，通过植树造林、治理石漠化和治理水土流失等措施筑牢生态屏障，提升森林覆盖率。2019年毕节市生态建设再次升级。在林地治理方面，各地积极实施森林草地和山水湖田的修复与保护工作，森林覆盖率进一步提升，石漠化和水土流失的面积减少。最后，重视大气、固态、液体等污染源的防治。与上一年相比，各地区空气质量优良的天数在全年中占比提升1%左右，整体超过97%。饮用水方面，维持上一年成果，饮用水水源达标率依旧是100%。垃圾处理方面，在乡村垃圾收集运输实现全覆盖的基础上，开始在部分城区启动试点项目，对内进行生活垃圾分类处理，对外参与长江经济带污染的治理项目。

三是发展生态农业促进乡村振兴。在推进乡村振兴方面，毕节市发展生态农业产业，激发农业绿色经济活力，明确1县12乡130村作为乡村振兴示范工程试点，发展蔬菜、马铃薯、生态畜牧业等12个优势特色产业，全市县级以上龙头企业390家，实现销售收入44.33亿元，利润总额3.92亿元，带动农户28.17万户，其中3.91万户贫困户实现可持续生计收益。同时，毕节市263个乡镇2027个村开展"三变"改革，带动37.82万农民入股，增加收益5.33亿元，生态农业得以快速推进。

二 毕节市乡村振兴发展的实践路径

1. 注重主体培育，促进产业结构升级

毕节市依托新时代农民讲习所开展的各类农业知识培训，据毕节日报报道，截至2019年10月，仅在坝区覆盖范围内，就累计完成农民综合素质提升培训63.95万人次、农民技能培训9.8万人次。以毕节市赫章县平山乡为例，为提升农民种植技术，聘请了山东农业技术专家进行集中培训，"手把手"培训农户高效蔬菜种植、自动化灌溉等实用技术，通过投资、流转土地、建成高效蔬菜大棚并分由每个农户管理等方式为农民创收，彻底解决"空壳村"问题。同时，把引进农业龙头企业和培育农村合作社作为促进农业结构调整的重要措施。而大方县和威宁自治县等地区则注重发挥农民合作社的作用，为促进地方食用菌、中药材等优势特色产业的发展，专门培育相关人才并建立了一批具有相对实力的农村合作社。

2. 注重模式创新，促进乡村经济发展

为推动新型农村产业发展，各地区提出多种经营模式。比如，引进龙头公司的模式：龙头公司与合作社或其他经营主体、基地以及农户相合作；或者公司与村集体、合作社以及农户合作；合作社模式：村社一体合作社、农民专业合作社联合会等；还有部分地区创新推广"一田多用""一季多收""一物多用"等模式。以大方县箐口村为例。该村联动周边几个村采取村社一体合作社的模式，把专业的合作社与村集体社团组织起来共同经营，选择猕猴桃、布朗李等经济果林作为特色产业共同发展，经营收入按比例在合作社与村集体以及农民之间进行分配，使当地农民实现增收。而赫章县松林坡乡则创新使用了"一季多收"的模式。该模式的选择主要是结合了当地特有的冷凉气候优势以及所选特色农作物香葱的生长特点。在此基础上，又采取"政府+企业（合作社）+农户"的模式，引进贵州新农汇生态农业发展有限公司，通过种植多季香葱，不仅促进当地经济发展，而且辐射带动毕节全市数万亩香葱种植，产品销往北京、上海、广州、重庆等地。不仅提供了部分稳定的务工岗位而且精准带动当地数千人实现脱贫。

3. 注重利益联结，促进农民增收脱贫

贫困户在产业、利益和价值链等各环节中利益的保障与落实，不仅能够使包括贫困户在内的农户在农村产业发展中实现增收，而且能够有效提高农民参与乡村振兴建设的积极性。例如，纳雍县阳长镇街建成蔬菜基地，采用"龙头企业+合作社+贫困户基地"帮扶模式，实现"供、产、销"一体化经营，按照"一户一棚"的利益联结机制，带动当地贫困村民稳定脱贫。金沙县西洛街道则在发展中积极尝试了多种联结机制。有入股式的利益联结机制，如土地入股基本金和"特惠贷"入股。也有根据最终利润直接进行分红或者通过雇佣关系直接用劳务换取薪金等方式。纳雍县勺窝镇有农民专业合作社采用公司与合作社、农户相结合的模式，重点发展猕猴桃种植。在利益联结方面，该合作社使用入股式的利益联结机制，让农民变股民，将农户的资金集中起来，变成合资股金投入产业经营，使农民的利益得到保障。

4. 注重功能延伸，促进乡村产业融合

乡村发展中不仅要促进地方特色产业发展，形成标准的规模型产业，而且要注重产业的纵横延伸，促进农业由传统向现代化转变。在培训农民，提升农业生产技术、提质增产的基础上，围绕产业发展通过功能分区促进产业专业化发展，促进第一产业与第二、第三产业融合发展。例如，威宁鼎诚魔芋科技有限公司与其在哈喇河乡的种养殖专业合作社采用了复合种植方式，基于作物本身特性，在大片种植魔芋的同时，种植部分荞麦，并在紧邻公路区域沿线打造向日葵景观带。此举在增加了生态多样性的同时促进了农业与旅游业的融合发展。大方县核桃乡木寨社区通过打造一系列旅游文化品牌、举办旅游节等方式，重点发展乡村特色旅游。在此基础上，当地综合发展生态餐厅、野外拓训基地、开心农场和儿童乐园等项目促进多产业一体化发展。纳雍县则是充分挖掘当地的红色文化底蕴，结合特有的民族风情以及自然风光，将山区成功转变为景区，农民种植作物从粮食转变为蔬果，人均收入增加。

5. 注重品牌建设，促进乡村绿色发展

近年来，毕节市一直致力于打造全省第一个农特产品领域公共品牌。目前，品牌可应用于部分生产粮油、茶叶、辣椒、蔬菜、经果、畜牧和中药材等农特产品的企业。品牌的建设促使全市优质农特产品生产规模的扩大，市场竞争力进一步提升。其中，金沙县被农业部纳入了全国优质油菜标准化生产示范县，而且诞生了"威宁洋芋""威宁苹果"等优质的果品区域公用品牌。毕节市七星关区青杠村致力于绿色无公害蔬菜种植，并通过"公司+合作社+基地+农户"的创新发展模式，以有机萝卜为主导，实现农业和旅游业一体化发展。

6. 注重产销衔接，促进农产品"走出去"

为促进产销衔接，解决农产品销路问题，让毕节农产品"走出去"，毕节市政府将乡村振兴与扶贫攻坚相联系，利用扶贫机制中的东西部协作扶贫，将部分销路指向了东部地区。例如，2018年，毕节市引进千喜鹤集团，成立专业合作社联合会。2019年，毕节市举办产销对接活动，助推毕节菜进入京渝粤等国内地区以及越南迪拜等国外地区。农产品有效外销的同时，推动品牌建设，达成品牌效应。同时，积极引进国内知名企业到毕节发展，带动当地相关产业发展的同时，建立直接的销售渠道。

三 普底乡永兴村"村社一体"模式的典型案例分析

百里杜鹃管理区普底乡永兴村在乡村振兴发展中，利用地理位置优势，通过政府引导，村民积极进行自主发展，激发了乡村集体经济的活力。永兴村位于毕节市百里杜鹃旅游景区腹地，随着该旅游景区的发展，永兴村部分村民开始通过为游客提供食宿等方式获得农业以外的收入，在保护美好乡村环境的同时，已经取得明显发展成效。这个成效来自"村社一体"模式的支撑，包括：

一是村社融合，解决零散经营问题，发挥集体经营力量。永兴村自2016年开始采取新的发展模式，即"支部+合作社+农户"。该村"两委"带头，成立了旅游发展有限公司、旅游服务专业合作社、农民养殖专业合作社和秋实种植专业合作社。在合作社的带动下，该村整合资金修建了1个大型停车场和1个四星级大型旅游服务综合体；

新建、改造107栋民居,打造农家乐、农家旅馆等20余家;同时,由少数民族党员牵头成立3支乌蒙欢歌演绎队和3支芦笙、花坡和腰鼓队,促进当地彝族、苗族文化与乡村旅游发展进一步融合,发挥村集体经营力量。

二是村社共商,解决主导产业问题,培育乡村特色产业。在积极引导培育优势产业的基础上,通过创新联结机制促使村民积极参与到乡村创新发展建设中,形成村社"共建"的局面。从旅游优质服务入手,重视对从业村民的专业培训,抓好旅游客源市场的建设,同时对村民进行旅游政策宣传,鼓励村民积极参与,打造良好的"共治"机制。除此之外,重视与村民的座谈交流,了解村民的需求,并且与高校合作推动相关技术服务入村,支持特色农业、旅游产业、住宿餐饮等经营性产业发展,提升乡村经济活力。

三是村社同心,解决客源市场问题,积极开展对外合作。村民与村"两委"一起通过对接川渝方向旅游市场,与知名旅行社签订游客定期输送协议,积极开展对外合作,为永兴村带来了大量的人流、物流、信息流。开辟了杜鹃花旺季之外的休闲度假游、避暑游和民族文化游等市场,保证了农家旅社、农家乐长期客源不断,营造了"淡季不淡、旺季更旺"的良好市场氛围。游客的增多还促进了该村蜂蜜、黄粑、豆腐干、辣椒等农特产品供需两旺,带动不少群众发展生态养蜂和农特产品加工业。

四是村社齐力,解决基本村容问题,重视建设美丽乡村。在合作社的带动下,该村整合"一事一议"财政奖补资金,修建1个大型停车场和1个四星级大型旅游服务综合体,逐步完善乡村公共基础设施。并且普府乡永兴村以"美丽乡村"创建为契机,新建、改造107栋民居,打造农家乐、农家旅馆等20余家,对乡村外观环境进行了综合整治。同时,由少数民族党员牵头成立3支乌蒙欢歌演绎队和3支芦笙、花坡和腰鼓队,促进当地彝族、苗族文化与乡村旅游发展进一步融合,把乡村打造成为一个有文化特色,有美丽村容,有生活韵味的特色小康乡村。总之,在"村社一体"模式之下,永兴村优势发展资源得到集中,群众参与干事创业的积极性高涨,当地旅游服务业日渐兴盛，随处可见装潢别致的特色食宿店面，越来越多的农民当起了名副其实的老板。永兴村乡村环境得到很大改变，振兴繁荣指日可待。

四 毕节市乡村振兴发展的启示

1. 聚焦产业兴旺，深化农村产业革命

一方面，充分发挥地方资源优势，发展优势主导产业。立足于毕节良好的生态环境和气候优势，聚焦白菜、白萝卜、莲花白等优势单品，形成"以短养长、长短结合"的农业产业结构。另一方面，促进产销衔接，贯通农产品市场。积极推进"互联网+现代农业"平台应用，通过建立有效品牌，开展推介会，引进公司等方式，形成稳定成熟的农产品市场，巩固农业产业革命成果，更好地实现乡村振兴。

2. 聚焦乡风文明，加强文化建设

聚焦乡风文明建设，一方面提高农民自主发展意识，帮助农民掌握农业知识与技能，提升种植效率，助力农村产业革命中的产业转型。另一方面，在乡村振兴统筹城乡发展时，不仅要致力于缩小城乡经济差距做强村庄，同时应提升城镇建设发展高度、服务厚度、文化温度，做美村庄。通过制度规范乡村风俗文化，形成道德约束，与乡村治理相结合，形成自治、法治与德治相辅相成的治理格局。

3. 聚焦生态宜居，坚持绿色生态

聚焦乡村生态宜居规划管理，提升乡村建设规范性与合理性。乡村建设过程中，应遵循习近平总书记的指示，与山水相融，以自然为美。规划本身应以人为本，考虑到人文居住生活需求，以打造宜居生态环境为目标。同时，规划要与当地实际情况相结合，具有实际可操作性，符合当地发展需求。通过规划，引导乡村建设沿着绿色可持续发展的道路进行，既要促进建设规范发展，又要与当地山水相结合，发展绿色乡村产业。

4. 聚焦治理有效，坚持共建共享

毕节市坚持基层党委领导、政府负责、社会协同、公众参与、法治保障的现代乡村社会治理体制的建设，从健全自治、法治、德治相结合的乡村治理体系入手，以农村基层基础工作为突破口，深化村民自治实践，进一步处理好党群、干群关系，有效协调农户利益与集体利益、短期利益与长期利益，以及乡村社会发展过程中出现的人民内部矛盾，确保乡村社会充满活力、和谐有序，实现多元主体参与乡村发展，鼓励乡村振兴路上的共建共享。

5. 聚焦生活富裕，提升生活水平

乡村振兴关键是要实现农民生活富裕，提升农民生活水平。毕节市通过推动农村农民创业创新，激发农民增收增产潜能，拓宽农民收入渠道等方式促进农村农民就业增收。同时，加快提升农村自我持续发展的能力，寻找农村特色发展定位点，走好特色农业经济路。除此之外，在加强农村社会保障体系建设的基础上，注重提升农村教育水平，加强教育资源投入，推进乡村经济与社会可持续发展。

五 本节小结

毕节市乡村振兴战略实施以来，围绕乡村振兴20字方针，在农村产业、农村生态、农村文化、农民收入等方面的发展上取得了显著进步。毕节市利用其生态环境及气候优势，科学地进行农村产业革命，因地制宜发展蔬菜等优势产业，不仅形成了具有借鉴意义的毕节经验，而且在发展过程中注重人文建设及生态保护，促进其农村经济绿色健康可持续发展。其中，普底乡永兴村的"村社一体"模式，有效促进优势资源的集中，群众参与干事创业的积极性高涨，调动了村民参与乡村振兴发展的积极性。总之，在坚持推进乡村振兴发展的过程中，毕节市在现有的经验基础上，坚持绿色健康发展，坚持文明治理建设，坚持做好乡村建设规划布局，坚持做大做强主导产业，借助毕节试验区建设的大好机会，走好新时代乡村振兴的平坦大道。

第六节 六盘水市乡村振兴发展的实践与启示

一 六盘水市乡村振兴发展的现状

六盘水市又称"中国凉都"，位于贵州省西部。因处于低纬度高海拔地区，昼夜温差大，冬暖夏凉，气候宜人。六盘水市平均海拔1400—1900米，山地占比97%，独特的地理位置与地形地貌制约了当地传统农作物的种植面积与产量，玉米等作物在当地种植耗费大量成本的同时，收成欠佳。六盘水市政府积极贯彻党的十九大精神，全面部署、因地制宜，提出发展新型山地特色优势农业。在农业种植方面，六盘水市政府大力倡导农户种植猕猴桃、刺梨等特色山地农产品，从而减少传统粮食的种植面积。在自然资源方面，六盘水市素有"江南煤都"之称，同时也是西南地区重要的煤炭钢铁工业基地。六盘水市拥有众多少数民族，其中以苗族和彝族为代表的少数民族占当地总人口的27%，当地政府根据不同民族的文化特点、民俗习惯、地域分布将其划分为不同的特色文化带。六盘水市作为贵州省脱贫攻坚的"主战场"，当地政府面临着更多的压力与责任，为贯彻落实党中央指示实现2020年全面进入小康社会的伟大目标，六盘水市积极通过转变思想观念、转变产业发展方式、转变工作作风推进产业扶贫、促进产业振兴。

1. 农村产业升级方面

一是转变农民农业发展思想。2017年，贵州省大力倡导当地缩减玉米农作物种植面积，但是成效甚微，全年只减少玉米种植面积37.57万亩，究其原因在于当地农民思想并未完全转变，当地政府通过实地调研及信息整理，切实地发现问题、解决问题，提出了要想推动农村产业革命的深入发展，必须先开展一场解放旧思想的革命，让当地农民认识到山地特色作物所能带来的巨大经济效益。六盘水市政府利用丰富的坝区资源，依照减少低效籽粒玉米种植面积、扩大高效经济作物规模的原则，重点发展特色蔬菜、山地中药、猕猴桃等产业。

二是协调多方资源进行共建。在政府协调资源，各方共同努力下，贵州省2018年减少了785万公顷的低效玉米种植，替代种植蔬菜、水果、中药材、茶叶、食用菌等经济作物667万亩。同时，六盘水市通过多方努力，促进山地特色农业蓬勃发展，第一产业增加值增速已经连续10个季度排名全省第一，粮食与经济作物比也从之前的

70∶30调整为32∶68，整体呈现出从规模扩张到效益凸显的蓬勃发展态势。

三是合理调整农业产业结构。六盘水市种植业产业结构调整取得明显成效。当地按照"一退一补一休一融合"思路开展结构调整，积极发展猕猴桃、刺梨、核桃等山地特色优势农作物种植。在保证传统农作物种植面积和产量的同时，大力种植当地特色经济作物，如山地药材、山地蔬菜等，提高作物单位产出水平和经济效益。大力推进山地特色现代农业向生产规模化、经营集约化、产业连片化发展，全面提高农业产业现代化水平，实现农业提质增效、转型升级。由表6-8可知，六盘水市农林牧渔业增加值均呈现逐年增长的特点，年均增长率可稳定至6.5%左右。2018年种植业的增加值达到了102.56万元，合计较上年增长155.16万元。2019年粮食种植面积为267.31万亩，同比下降5.3%。其中，2019年小麦种植面积27.76万亩，稻谷种植面积19.45万亩，玉米种植面积78.98万亩。

表6-8　　　　2015—2019年六盘水市农林牧渔业增加值

项目	2015年	2016年	2017年	2018年	2019年
种植业（亿元）	71.69	82.25	89.18	102.56	109.5
林业（亿元）	8.03	9.14	9.87	10.65	11.82
畜牧业（亿元）	29.43	33.65	35.26	34.44	33.1
渔业（亿元）	0.20	0.46	0.5	0.29	0.33
农林牧渔服务业（亿元）	5.16	5.91	6.80	7.22	9.35
合计（亿元）	114.51	131.40	141.61	155.16	164.11
较上年增长（%）	6.9%	6.3%	6.5%	6.8%	5.8%

资料来源：《贵州省统计年鉴》（2016—2020）。

2. 社会治理推进方面

六盘水市协调各方力量，统筹地区资源，不断完善资源变资产、资金变股金、市民变股民的"三变"制度建设，启动山地、森林等自

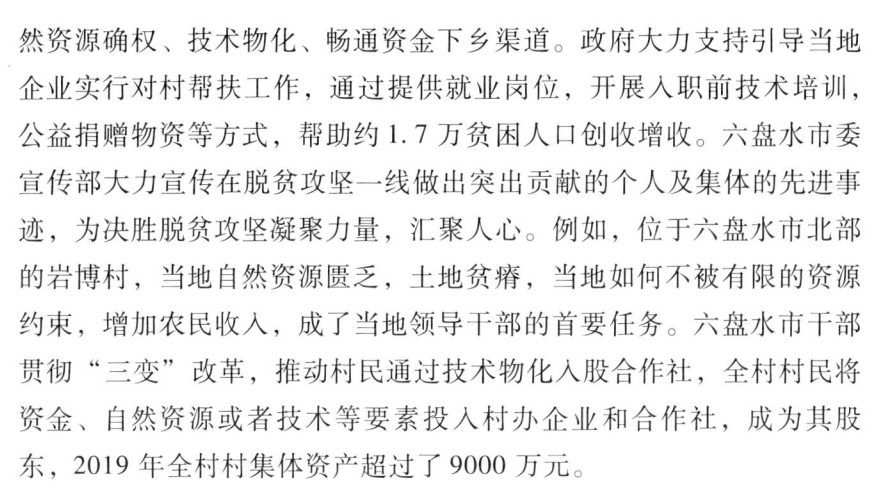

然资源确权、技术物化、畅通资金下乡渠道。政府大力支持引导当地企业实行对村帮扶工作，通过提供就业岗位，开展入职前技术培训，公益捐赠物资等方式，帮助约1.7万贫困人口创收增收。六盘水市委宣传部大力宣传在脱贫攻坚一线做出突出贡献的个人及集体的先进事迹，为决胜脱贫攻坚凝聚力量，汇聚人心。例如，位于六盘水市北部的岩博村，当地自然资源匮乏，土地贫瘠，当地如何不被有限的资源约束，增加农民收入，成了当地领导干部的首要任务。六盘水市干部贯彻"三变"改革，推动村民通过技术物化入股合作社，全村村民将资金、自然资源或者技术等要素投入村办企业和合作社，成为其股东，2019年全村村集体资产超过了9000万元。

3. 精准扶贫脱贫方面

一是市级政府高度重视。作为贵州省脱贫攻坚的"主战场"，六盘水市拥有3个国家扶贫开发重点县、1个省定扶贫开发县，贫困发生率比全国高达4.24个百分点。2018年年底，全市还有贫困人口9.5万人，贫困人口多分布在自然环境恶劣、地理位置偏僻的深山区、石山区、石漠化等特困地区。六盘水市政府深入贯彻习近平新时代中国特色社会主义思想，将精准扶贫、精准脱贫作为脱贫攻坚工作的基本原则，按照"四个切实""六个精准"的总要求大力实施"大扶贫战略行动"，坚持推行五步工作法，落实"八个精准"，实施"五个一批"，凝聚全市上下干部群众的力量和智慧，力争在2020年与全国全省同步全面建成小康社会。

二是积极开展东西协作。2018年以来，六盘水市积极开展东西部协作助力脱贫活动，主动与对口帮扶城市大连市密切协作，为决胜脱贫攻坚工作增强了动力。两市在劳务人口流动、产业互补、医疗完善、义务教育等方面深化交流合作，助推脱贫工作积极开展。投入大量资金，引进人才对精准脱贫项目进行大力扶持，力争帮助更多的贫困人口脱贫，助力两市人民增收创收。例如，截至2018年年底，大连市对口帮扶六盘水市累计投入援助资金4.87亿元，实施超过600个脱贫项目，帮助新建和改造乡村公路400千米，学校124所，乡镇卫生院、村卫生室78所。两市多方位、立体化的合作取得丰硕成果，累计帮助超过1万人脱贫，约3万贫困人口实现扩大收入渠道，增加收入的目标，因为基础设施的逐渐完善，也让一些贫苦居民的难题得到了解决，进一步提升了当地居民的生活水平。

三是确保打赢脱贫战役。2019年4月24日至2020年3月3日，六盘水市开始了脱贫攻坚的战略决战，并在"战役"中取得丰硕成果。据六盘水市扶贫开发办公室数据显示，2019年，六盘水市减少贫困人口8.4万人，136个贫困村出列。系统锁定后全市剩余贫困人口1.26万人，按照国家、省按时高质量打赢脱贫攻坚战要求，2020年计划减少贫困人口1.26万人，届时将实现整市脱贫壮举，迈入同步小康社会。

4. 城乡统筹发展方面

一是明确统筹城乡发展目标。贵州省委密切关注六盘水市城乡发展状况，2016年贵州省委常委会议中强调要将六盘水市建设为统筹城乡改革和发展的先行市。近些年来，六盘水市政府紧扣省委赋予本市的新定位，积极贯彻党中央指示，坚持以改革促发展，牢固树立五大新发展理念。六盘水市结合本市发展经验，弘扬"艰苦创业、无私奉献、团结协作、勇于创新"的"三线"精神，深化"三变"改革，深入实施大扶贫、大数据、大生态"三大战略行动"。

二是完善城乡发展基础设施。完善基础设施，是充分保障人民切身利益，积极推进城乡一体化发展，实现发展成果共享的重要环节。六盘水市加快开展"组组通"乡村路面硬化工作，全力实现经济社会发展新跨越。综合整治本地破碎农田，推动高效农业发展，在推进农田水利工作及电网升级改造方面取得新突破，针对本地特色农产品进行招商引资，将项目资金投入坝区建设，进一步完善坝区基础设施，同步扩大节能环保型灌溉方式，使资金"活"起来，带动本地经济循环可持续发展。截至2019年，六盘水市城乡基础设施建设取得巨大进展，成为全国首批5G应用示范城市，新建成田间公路58.4千米，机耕道路350千米，坝区水电设施进一步完善，当地政府对电网及通信设施进行全面升级改造，保障坝区生产用电，实现全区通信信号覆盖；同年，在该市修建了440千米的高速公路，力求建设更完善的高速公路网络，致力于构建高速、高铁以及机场为一体的立体化交通系统。

三是做好美丽城乡建设工作。六盘水市重视"四在农家·美丽乡村"建设，采取示范先行、统筹推进的方式，每年确定20个市级示范点，由点连线、连线成片，形成滚动发展模式，从美丽乡村覆盖城镇建设。六盘水市2014年、2015年连续两年在全省排名前列，今年截至目前已完成投资373474.24万元，占年度计划81.22%，六盘水全市行政村通达率、安全饮水、电、信、邮政等基础设施得到较大改善。通过六项行动计划的实施，将公共基础设施向农村延伸，推动城乡公共资源均衡配置。

5. 生态文明建设方面

一是打造绿色工业体系。六盘水市是西南地区有名的"煤都"，但是随着自然资源的枯竭和采煤对绿水青山的破坏，全市重视深化工业生态化改革，将"绿色+"融入经济和社会发展的各个方面，建立绿色环保的可持续发展经济体系，将项目资金引入绿色产业，推动绿色工业体系的形成。

二是落实环保责任制度。六盘水市积极做好环保加减法，加法即增加城市绿化覆盖面积，扩大乡村经济林种植面积，治理特殊地区石漠化等；减法即本市大力开展净空、净气、净水行动，环保部门严格执法查处违规排放"三废"的企业，对本市的污水处理厂，垃圾焚烧厂等进行更严格的监督工作。坚决淘汰落后产能，落实责任到人，对重点区域进行分区分片管控，构建当地政府，主管部门，问题企业"三位一体"的责任制度，实现污染源源头可追溯。当地居民积极响应政府号召，城乡居民环保意识增强，保护生态环境，义务植树造林成为当地干部群众共同的认识和行动。

三是做好生态恢复工作。六盘水市正在逐步治理因煤炭资源过度开采造成的荒山、荒坡、荒沟，一路向"绿"前行。2017年，人社部、国家林业局授予六盘水市"全国集体林权制度改革先进集体""全国林业系统先进集体"称号。六盘水市林业"三变"改革取得巨大成效，全年新增森林面积60万亩，石漠化治理面积达60平方千米。森林资源方面，2018年全市森林总面积和活立木总蓄积分别为875万亩和1650万立方米，森林覆盖率达到58%，森林产值超过200亿元。空气净化方面，全市空气质量指数优良率为94%，中心城区为92.9%。河流污染治理方面，突出抓好重点流域水污染防治，在乌江、北盘江和南盘江实行"河长制""湖长制"，对集中式饮用水水源地进行实时监测，开展城镇污水配套管网建设攻坚，实施4条中小河流治理工程。在当地干部群众的共同努力下，2018年六盘水市获批创建国家级森林城市。

二 六盘水市乡村振兴发展的实践路径

1. 提升知名度，推动农业品牌宣传

六盘水市着力打造"贵州绿色农产品"整体品牌，集中展示县、乡、村的发展成果，实现当地绿色农产品"优质优价"，助力脱贫攻坚。六盘水市不断开发当地的产业，更新并提升本市品牌的影响力，用优质的服务和低廉的价格换得消费者的认可，让口碑转化成为经济效益。2019年9月，六盘水市开办农民丰收节，利用丰收节作为窗口，向外界展示了六盘水市的发展成果：当地农业产业结构调整取得了战略性成果、六盘水市城市化建设取得新进展、当地农业产品以及现代化农业建设逐渐完善，并且大力分享当地农业农村结构化建设的成功经验，提升当地优质农产品的质量，扩大农业产业的竞争力，提升本地商品的知名度。

2. 加强规模化，优化农业生产体系

一方面，重视不同作物种植时间上的长短差异。六盘水市以猕猴桃以及刺梨等商品的发展为主，又积极佐以发展像生物制药这样的短线企业，通过长短结合，力争实现以短期产业供养长期产业，实现资源之间的互补，促进当地的山地特色产业的健康化发展。根据六盘水市农业委员会工作报告显示，2018年实现了320万亩的"3155工程"的建设，其中投入并实现产出的面积达152万亩，在盘州等地区有专门的产业基地，并且有15个万亩以上的产业基地建立了猕猴桃生产产业链。另一方面，利用种养结合的方式来推动当地产业的可持续发展。六盘水市生态环境比较好、森林绿地的覆盖面积较大、草山和草

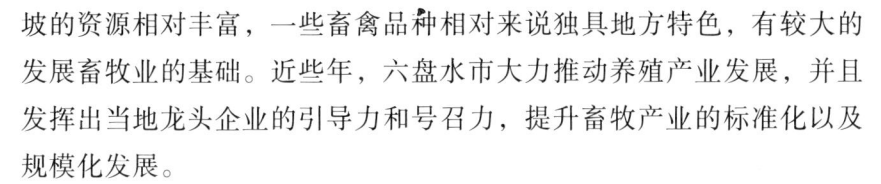

坡的资源相对丰富，一些畜禽品种相对来说独具地方特色，有较大的发展畜牧业的基础。近些年，六盘水市大力推动养殖产业发展，并且发挥出当地龙头企业的引导力和号召力，提升畜牧产业的标准化以及规模化发展。

3. 提高组织化，健全农业产业体系

六盘水市依据政府确立的发展思路，不断实现营商环境的优化，促进经营主体的多元化发展，龙头企业的入驻，实现了发展专业的生产大户以及家庭性质的农村产业，开展农民专业合作社，实现了对贫困农村的大面积覆盖以及贫困人口的整体性覆盖等。当前县市级以上的农业产业园区的高端企业达到了240余家，其中在省级属于重点产业的有88家，农民专业合作社产业有4181个，包含15个国家级示范社、20余个省级示范社、80余家市级产业，其中不乏诸多高水平高素质的养殖公司以及以农业生产和经营为主的法人主体，也涌现出诸如贵州天刺力、宏兴公司为代表的全产业链的现代企业集团。

4. 提升专业化，助力专业人才培养

认真贯彻以人为本的发展思想，利用多种产业升级活动。通过与新时期的农民讲习机构以及培训企业之间进行合作，开展农业专家的定向帮扶工作，利用"三送三促"活动，开展校企合作，推动加强培训机构和著名院校的合作，提升培训成效。对于企业拟定招录的一些符合要求和条件的人员，鼓励其和培训机构合作，针对猕猴桃、刺梨、茶叶等比较有代表性的特色化产业进行专业化培训。对于制鞋、制衣等加工产业和各工业园区所必需的技术种类，由培训机构直接聘用的企业技术人员或者外地的培训师进行培训，利用双方的优势资源，结合产业和企业的用工需求，加强理论与实践的结合。将培训课堂开设到车间和田间，提升培训的质量和培训的效率。

5. 提升配套化，完善农业服务体系

首先，完善基础设施。建设美丽乡村，建立农业园区，完善水、电、公路、生产道路等基础设施建设，并改善当前的生产经营条件，提升冷链物流发展水平，让农业产业实现智能化、网络化以及在线化发展，并建立了多家猕猴桃产业基地，以及高效农业科技示范园等物联网项目。

其次,强化科技支撑。组织农业专家进驻农村,建立农业产业指导员制度,结合实际情况,因人施教、因材施教,并鼓励农业技术人员、驻村干部、驻村工作队伍以及致富带头人等利用新时代农民的教育学堂,利用各种专业形式,向农户传授农业种养技术,培育新型农民,解决产业链发展中的技术困局。同时注重与工业类院校之间的合作和沟通,积极同研究所或者研究院之间展开合作交流,并围绕产业的管护以及制定标准,对新产品进行试验和示范,实现农产品加工技术上的高难度突破,强化农业产业科技水平的提升。

最后,深化农村改革。接连实施农村的产权制度改革,组织开展土地流转以及新型经营主体之间的培养等,逐渐理顺并开拓农业发展机制。例如,2017年,水城县成为全国百家农村集体产权的制度改革试点县之一。2018年,六盘水市逐渐成为在全国内整体推动农业集体产权制度的改革试点城市,借助政策的相关便利进一步实现清晰化、产权完整以及制度化的体系建设,利用三变改革来实现纵深发展,积极推动新增试点的工作建设。在落实农村土地权益分置、农村集体经营资产股权量化、财政扶贫资金量化入股以及风险防范、利益联系等多个方面实现攻坚的突破。

三 普古乡舍烹村"三变改革"模式的典型案例分析

普古乡舍烹村位于普古乡东部,距普古乡政府所在地21千米,东靠普古乡厂上村、噶木村,南连普古乡卧落村、天桥村,西接普古乡新寨村。全村地貌山高谷深,西高东低,全年最高气温达38.3度,最低气温零下2.1度,无霜期长。辖区总面积9255亩,其中林业用地面积3401亩,森林覆盖率28.98%,最低海拔1255米,最高海拔2080米,平均海拔1660米。全村林业占23%,耕地占57%,水田占15%,其他占14%。舍烹村境内主要以坡地为主,水资源较缺乏,生物多样性突出,无矿产资源。2019年12月12日,舍烹村入选2019年中国美丽休闲乡村名单。六盘水市普古乡舍烹村位于乌蒙山深处,地理环境恶劣,山高沟深,耕地零碎,生态脆弱,脱贫攻坚任务十分艰巨。围绕这些难题,当地干部创造性地提出了农村资源变资产,资金变股金，农民变股东的"三变"改革，其总体思路是发挥政府主导作用，扩大龙头企业与合作社的带动作用，构建以农民为主体的产业发展平台，主要包括：

一是资源变资产。资源变资产指村集体以集体土地、森林、草地、荒山、滩涂、水域等自然资源性资产和房屋、建设用地（物）、基础设施等可经营性资产的使用权评估折价变为资产，通过合同或者协议方式，以资本的形式投资入股企业、合作社、家庭农场等经营主体（以下简称"经营主体"），享有股份权利。

二是资金变股金。资金变股金包括财政资金变股金、村集体资金变股金及村民自有资金变股金。其中，财政资金包含各级财政投入到农村的发展类、扶持类资金等（补贴类、救济类、应急类资金除外），在不改变资金姓"农"的前提下，原则上可量化为村集体或农民持有的股金，通过民主议事和协商等方式，投资入股经营主体，享有股份权利。主要包括五个方面：生产发展类资金、农村设施建设类资金、生态修复和治理类资金、财政扶贫发展类资金、支持村集体发展类资金。

三是农民变股东。农民变股东指农民自愿以自有耕地、林地的承包经营权、宅基地的使用权，以及资金（物）、技术等，通过合同或者协议方式，投资入股经营主体，享有股份权利。这种方式激活了农民参与建设的积极性，盘活了村集体经济，促进乡村立足资源优势，探索发展资产租赁型、生产服务型、企业股份型、联合发展型、农业开发型等多种形式的集体经济。

总之，舍烹村的"三变"实践，打开了六盘水市土地制度改革的思路。六盘水市政府按照产业兴旺、生态宜居、乡风文明、治理有效、生活富裕的总体要求，紧紧围绕脱贫攻坚总目标，建立城乡资源合理流动的政策机制，让更多的城市资源助力农村发展。让"三变"改革进城镇、进园区、进企业，增加农民财产性收益，充分发挥"三变"改革的综合效益，为脱贫攻坚和同步小康谱写改革的新篇章。根据各地实际"三变＋N"等多种形式迅速推开，"三变"改革以来，全市共整合110多万亩集体土地、荒地和农民承包地入股经营主体，撬动整合资金44.1亿元,建成了37个农业园区,培育了280个合作社,带动了22万贫困群众脱贫。2017年,六盘水市"三变"改革荣获中国"三农"十大创新奖。同年,六盘水市获批全国农村改革试验区,贵州开始在全省范围推广"三变"改革经验,实现县城全覆盖,乡镇全覆盖。通过"三变"改革,促进农村产业结构的调整,解放农村生产力,激活农村发展的内生动力,拓宽农村贫困人口脱贫致富的路子。

四 六盘水市乡村振兴发展的启示

1. 乡村振兴离不开"三变"改革制度创新

起源于六盘水市的"三变"改革,是当地干部和群众解放思想、敢于尝试、勤劳奋斗的结果,不仅被写入了2017年的国务院文件,也成为全国农村脱贫攻坚创造收入的一个样本,给各个贫困地区提供了发展的新思路和新方法。六盘水市的"三变"改革经验也是对习近平总书记讲话精神的贯彻和落实,是"绿水青山就是金山银山"理念的直接体现,改革是发展的根本动力,勇于实现改革和创新,实现敢想敢做,就能在新时期实现新发展,在新时代走向新道路。根据市政府的有关数据,六盘水市的地方财政和各县区的财政每年各安排5000万元,主要依赖平台公司的金融杠杆来吸引社会资本,提升资金利用效率,当前在市内有十几家平台公司,农民的分散资金达到了5.07亿元,社会资金有44.98亿元,这些资金都入股到各种类型的经营主体当中,集中投入各种类型的产业发展。客观而言,如果政府融资平台缺失,一部分惠及民生的有关政策也难以实现,很多工程只能被扼杀在摇篮中。

2. 乡村振兴离不开农村三大产业融合发展

实施农村产业的融合发展,主要目的在于对当地的资源和现状进行分析,并且因地制宜地实施产业发展策略。在产业扶贫阶段,六盘水市立足现实情况,按照当地的资源优势,找到生态发展带来经济收益的途径,在不同的海拔高度上种植不同的特色农产品,比如茶叶、核桃以及各项精品水果等,将各种资源优势转变为经济优势,坚持种养结合,精准定位并合理筹谋产业的发展情况,打造产业发展的蓝图，给扶贫产业带来希望，并让扶贫产业能够看到切实可行的收益。站在当地乡村代表性成功经验的基础上，积极拓展龙头企业带头发展的作用，认真研读脱贫攻坚的策略，并坚持落实好强化特色化产业的建设，形成产业的示范作用，扩大特色化产业的发展规模，提升产业的效益，坚持村有产业的发展，引领一些金融机构、大型企业以及优质种植户前来带动发展，发展优势产业，做大产业发展的成果。

3. 乡村振兴离不开人力资源全面支撑

重视农业技术人员的培训和管理，在一些实践场所，比如田地和技工车间等领域，组织专业技术人员来对农户进行培训和管理，让群众可以在学习的基础上提升实践技术水平。在基层政府的引导下做好精细化监督和管理，各个合作机构也应当依据管理标准来进行管制，农业服务中心和合作社之间按照相关标准开展工作，并积极采用新型的信息技术等，在产业基地当中建立起综合的病虫害防治系统，通过手机就能够观察到虫害情况，降低劳动资源的浪费，并采用遥感检测，以及实地调研的方式，结合基地的种植情况和有关的种植品种，实现农业产业数字化建设，提升可视化发展水平。

4. 乡村振兴离不开体制机制变革创新

通过"农超对接+农商互联"，不断革新产销对接体系，推动农产品出山，采用"超市+合作社+农户"的模式，积极参与各个地区、超市以及商铺和农业市场的对接合作。利用微信、农村淘宝等电商平台销售渠道，将一些村里面生产的生态产品卖到海外，综合应用互联网、云计算和大数据技术等，在网络上以及实体店中双管齐下地销售，和市场、商家以及消费者之间实现严密协作，推动产业的发展。以"三变"改革为主要的攻克点，采用多级联动的产业运营模式，让贫困户能够积极参与到产业发展中，提升个人的收益，实现脱贫致富。

5. 乡村振兴离不开乡风文明建设

改善农村人居环境，这也是实施乡村发展战略的关键举措。为了更好地打赢脱贫攻坚这场硬仗，六盘水市积极引导村民看待事物的视角，提高村民的问题意识，从村民最关切的角度以及最需要的物质需求入手，积极对农户进行帮扶引导，开展群众动员大会，激发村民勤劳肯干的精神面貌，让群众和干部之间形成严密纽带，实现个人思想的转变，建设好生态适宜的农村，全面建设新时代贵州乡村乡风文明的新面貌。

五 本节小结

六盘水市在深入开展集体产权制度改革的基础上，推动当前的资源向资产转变，让资金成为股金，农民成为股东，采用多渠道联动的发展方式，实现股份合作的贯彻落实，聚焦脱贫攻坚战略，实现"三变"改革。普古乡舍烹村的"三变改革"模式，已经走出了一条康庄大道，让精准扶贫成为乡村改革的初心，推进了乡村振兴事业的发展。在未来的日子里，六盘水市在这一政策改革的经验基础上，将继续加大自我改革实践的力度，努力成为长期的标杆，继续谱写贵州发展的新局面，开创百姓富足以及生态美好的多彩贵州新未来。

第七节 黔东南州乡村振兴发展的实践与启示

一 黔东南州乡村振兴发展的现状

黔东南苗族侗族自治州，简称黔东南州，位于贵州省东南部，下辖16县市，州府凯里，多民族聚居。根据对黔东南州人民政府官网"州情"栏目的整理得知，截至2018年年末，黔东南州常住人口353.83万人。苗族、侗族是该地占比最高的少数民族群体，合计占比约达到常住人口总体的75%。黔东南州积极探索乡村振兴高效路径，提出"五个振兴"法走出新时代乡村振兴特色发展之路。充分利用黔东南州乡村两个"宝贝"，即黔东南州乡村丰富的自然资源和宝贵的原生态特色民族文化资源，多措并举，实现乡村文化、产业繁荣兴盛。黔东南州立足于"让农业成为有奔头的高效产业，让农民成为大家眼中有吸引力的优秀职业，让农村真正成为使人安居乐业的美好家园"三大理念，加快农村发展，加快乡村振兴进程。

1. 农村产业升级方面

一是农村产业革命向纵深推进。黔东南州按照乡村振兴战略目标进行系统规划，加强顶层设计，根据产业结构调整"八要素"深入推进农村产业革命，深度挖掘潜力，运用乡村资源。围绕十二大特色农业产业，调整产业布局、优化产业结构，农产品质量得到显著提升。由黔东南州农业农村局官网资料整理得知，2019年以来，全州调减玉米种植57万亩改种附加值高的经济作物，粮经比调整为32∶68。据黔东南州统计局资料显示，2018年黔东南州全年农林牧渔业增加值221.74亿元，比上年增长6.7%。其中，种植业增加值122.86亿元，增长8.4%；林业增加值33.43亿元，增长5.3%；畜牧业增加值49.01亿元，增长5.1%；渔业增加值6.02亿元，增长1.5%；农林牧渔服务业增加值10.44亿元，增长6.1%。近五年黔东南州农林牧渔业发展情况如表6-9所示。

表6-9　　　　2016—2019年黔东南州农林牧渔业增加值

项目	2015年	2016年	2017年	2018年	2019年
农林牧渔业增加值（亿元）	179.7	190.5	205.51	221.74	234.39
种植业增加值（亿元）	93.96	100.22	106.77	122.86	133.79
林业增加值（亿元）	26.70	28.57	30.76	33.43	36.13
畜牧业增加值（亿元）	46.37	48.09	50.55	49.01	47.28
渔业增加值（亿元）	6.60	7.20	7.78	6.02	6.52
农林牧渔服务业增加值（亿元）	6.01	6.40	9.64	10.44	10.66

资料来源：《黔东南州2016—2020年统计年鉴》。

二是农民人均可支配收入提高。通过整理近五年黔东南州国民经济和《社会发展统计公报》可知，2018年，黔东南州农村居民人均可支配收入9227元，同比增长10.0%；2015年到2018年黔东南州农村居民可支配收入年均增长约800元/年，如图6-2所示。

三是农民生活质量与水平提升。随着收入提升，农村交通改造升级，农村居民对美好生活的向往更加强烈，农民消费结构发生显著变化，每百户农村居民家庭拥有耐用品数量增速稳步提高，极大地提高了农村居民的生活质量。通过整理 2015—2018 年黔东南州国民经济和社会发展统计公报可知，2018 年同比 2015 年，黔东南州农村居民耐用品消费中家用汽车每百户拥有数量近乎翻了一番；农村居民每百户拥有移动电话数量提高 10%；农村居民每百户拥有洗衣机数量提高 13%；2018 年农村居民每百户拥有冰箱数量提高 7%。如表 6 – 10 所示。

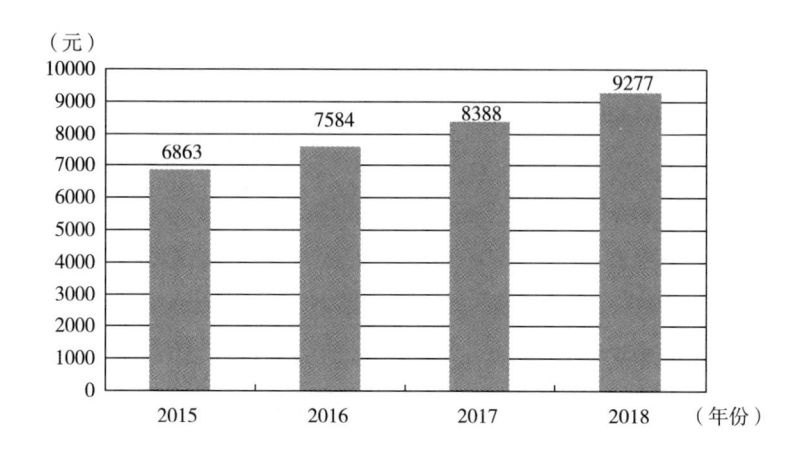

图 6 – 2　黔东南州农村居民人均可支配收入

资料来源：《黔东南州 2015—2018 年统计公报》。

表 6 – 10　　　黔东南州每百户农村居民家庭耐用品拥有量

指标（台）	2015 年	2016 年	2017 年	2018 年
冰箱	93	93	96	100
洗衣机	82	86	88	93
家用汽车	12	17	17	22
移动电话	288	299	308	319

资料来源：《黔东南州 2015—2018 年国民经济和社会发展统计公报》。

2. 社会治理推进方面

乡村社会治理有效，契合乡村振兴的美好图景，顺应让广大农民群众过上更加幸福美好新生活的美好期待，是乡村振兴战略"20 字"

要求的具体体现。当前，黔东南州通过进一步加强基层民主建设，把自治、德治、法治三者有机结合起来共同发力，推动全州乡村治理顺利进行。根据《黔东南日报》相关新闻讯息，2018年，黔东南州共有1870名驻村人员被选派到最基层乡村，帮助乡村基层建设，其中第一书记1559名，有效地加强了乡村基层组织建设。同时，建立农村党员和"两委"班子成员定期培训机制，有效地提升了基层干部的学识和文化经验，打造出懂"三农"、爱农村的优秀基层队伍，发挥出党组织的优势。把党组织建设和脱贫攻坚事业牢牢绑在一起，发挥党组织带头作用，以特色产业为纽带，实现农村产业一起帮，文明乡村一起创的良好局面。大力推进乡村法制建设工作，提高基层民主法治水平，据黔东南州人民政府官网新闻报道，截至2020年1月，黔东南州已实现"一村一法律顾问"全覆盖，有12个村建设成为国家级民主法治示范村，省级示范村高达110个。

3. 精准扶贫脱贫方面

乡村振兴战略和精准扶贫脱贫的内在要求是一致的。近年来，黔东南州深入贯彻中央和省委的指导思想，依托政策倾斜和自主奋斗精神，坚决落实精准脱贫基础工作，将精确脱贫目标做实做细，确保"摘帽"不返，"摘帽"县精彩出列，做出了一系列优秀成果。据黔东南州扶贫开发办公室资料显示，截至2019年年初，全州贫困人口数为28.6万人，同比2016年贫困人口减少56万人，贫困发生率同样大大降低，贫困村现存894个，同比2016年年初减少950个。据州信息公开年报可知，2019年，黔东南州6个贫困县"摘帽"，13.7万人异地搬迁脱贫顺利进行，农村公路建设里程提升至约6千千米，实施了路面硬化，夜间亮化工程，建成60座水库，解决贫困农村人口20余万人健康饮水问题，电力总装机容量达到358万千瓦，实现网络基站建设覆盖85%的村寨地区。黔东南州剑河县按照本地资源优势实施《剑河县精准扶贫产业三年行动计划》，明确产业扶贫主体，通过打造特色优势茶产业，建立专业合作社，吸收安置流动劳动力和返乡民工，带动农户，覆盖建档立卡贫困户一百余人。通过线上线下结合的发展模式，借力"互联网+"，把生态产业做强，带动更多贫困户脱贫致富。黔东南州高质量实践脱贫攻坚目标任务，为实现农业农民农村健康有序发展打下坚实基础，契合乡村振兴的内在要求，符合共同富裕的目标。

4. 城乡统筹发展方面

近年来，黔东南州聚焦城乡统筹发展，以乡村振兴战略为抓手，大力促进城乡融合发展，各市县取得优异成绩。例如，剑河县通过强化规划统筹城乡发展，发挥小城镇带动作用。根据黔东南州新闻网相关讯息可知，2019年，剑河县委托省城乡规划设计院高级设计师和教授专家对县城整体进行规划，将93个村寨、11个乡镇、29个传统村落纳入规划和编制工作，规划至2030年县区城建面积拓展，城区新增10余万人。统筹城乡公路建设方面，2018年，黔东南州实施33个重大交通项目，改善国省干线、县乡公路通行能力，提升景区和市区的便利度，近日通行的荔榕高速，使月亮山等景区、大小孔景区间通行时间压缩为原先的1/3。2018年，黔东南州黎平县以"户籍改革惠民生城乡统筹促发展"为主题，加大宣传，向群众答疑解决户籍制度集中改革条文，贴近村民生活。黎平县2018年户籍制度改革以来，对推动农业人口市民化，保障城镇居民原有公共权益，起到了良好作用。截至2019年年初，黎平县城区面积拓展至13平方千米，城区人口达13万人，常住人口城镇化率达40%。

5. 生态文明建设方面

生态文明建设的本质是为了人和自然的可持续发展，加快推进生态文明建设，既是黔东南州乡村振兴战略的应有之义，也是实现农业健康发展，农村农民安居乐业的必然要求。近年来，黔东南州生态文明建设取得优异成果。2016年，省发改委对全省生态文明建设进行目标考核，构建绿色指标体系，发布绿色发展指数，结果显示，黔东南州生态文明建设公众满意度全省第一，该成果极大地激励了黔东南州进一步地加强推进生态文明建设各项工作。

一是让天更蓝。据黔东南新闻网相关数据显示，"十二五"期间，黔东南州减排减污成效位居省内前列，四项严重污染物指标排放相比"十一五"期间分别约下降11%、3%、7%和3%，共完成135项减

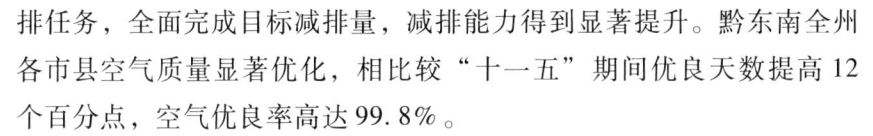

排任务，全面完成目标减排量，减排能力得到显著提升。黔东南全州各市县空气质量显著优化，相比较"十一五"期间优良天数提高12个百分点，空气优良率高达99.8%。

二是让水更清。黔东南州早在2014年度便制定了《生态文明示范规划2014—2020年》，系统指导、推进生态环境建设。到"十二五"末，全州内，集中式饮用水水源地水质与"两江一河"出境断面水质均得到显著提升，达标率高达100%。

三是让村更美。黔东南州花大力气综合整治传统村落生态环境。据黔东南州新闻网数据显示，截至2019年年初，全州内共实施了528个农村综合环境整治项目，传统村落环境整治项目276个，覆盖了州内全部传统村落的环境整治，实现了黔东南州传统村落环境生态文明建设的升级优化。

二　黔东南州乡村振兴发展的实践路径

1. 区域化布局，发挥主导产业优势

区域化布局主导产业方面，黔东南州充分发挥自身资源禀赋优势，因地制宜培育和发展主导产业，带动当地经济发展，增进农民收入，加速第一、第二、第三产业融合，为乡村振兴提供有力支撑。黎平县布局茶产业作为主导产业，黎平县是春茶开采最早的地区，得益于其得天独厚的自然气候，平均海拔160米，年平均气温18℃，因地制宜布局主导产业，投产茶园1500亩，2019年收益农户1000余户，茶产业作为劳动力密集的富农产业，年均带动16.5万余人增收。榕江县发展特色主导产业，不断强化品牌建设，榕江县小香鸡产业发展得到进一步巩固。2019年全县完成小香鸡饲养100余万只，出栏90万只，带动2000户以上贫困户脱贫。丹寨县在实现脱贫攻坚与乡村振兴工程中因地制宜布局发展主导产业，坚持三带模式，依靠主导产业发力盘活整体，积极改变传统单一的农业模式，大力引进中药材、食用菌、蓝莓等适合山区地形特征的种植产业。目前已形成以有机蓝莓为主导产业，各种特色农产品种植大棚为补充的种植产业，有效带动贫困户通过务工、土地流转和资金技术分红等方式增收脱贫。

2. 人才化推进，突出人才助力作用

人才是强农村富农民的根本，黔东南州创新人力资本引进模式和开发利用机制，高效实现乡村振兴战略的人才支撑。黔东南州将专家才智和农村发展紧密联系起来。据黔东南州科技局资料显示，2019年上半年州科技局组织300余名"三区"科技人才和科技特派员深入农村，为全州贫困村提供技术指导，为农村贫困劳动力指导就业方向，对全州重点特色产业茶叶、中药材等提供技术支撑。根据黔东南州人民政府门户网站资料显示，截至2019年5月，全州举办了新时代大讲堂学习55期，累计参与7000余人次；积极借助东部与西部协作契机，挑选各行各业优秀人才走出去学习深造，带回先进技术和经验，不断提高干部和广大技术人才综合素养，为脱贫攻坚和乡村振兴战略提供人才保障，强化优化人才队伍。经州商务局统计，2019年上半年全县引进急需紧缺人才31名，涵盖水利、农业、卫生、教育等行业，优化人才队伍结构，壮大人才队伍总量。

3. 特色化定位，联合打造精品乡镇

国家发改委城市和小城镇改革中心政策研究院院长范毅曾指出："以特色小镇为载体，加快乡村振兴进程。"黔东南州丹寨万达小镇率先做出了"行业标杆"。充分发挥特色小城镇的桥梁和纽带作用，连接大中小城市和乡村，以推进小城镇建设发展为重要抓手和突破口，大力带动乡村发展，实现乡村振兴战略目标，集中体现乡村和特色小城镇共同发展，互相促进的作用。丹寨万达小镇实施"企业包县，整体脱贫"创新扶贫建设方式，拓宽扶贫面，不仅致力于提高地方收入水平，更是对贫困地区教育、产业、人才整体进行改造和提升。丹寨万达小镇创新民营企业参与特色小镇扶贫新模式，以丹寨万达小镇传统苗族、侗族建筑风格为基础，引进现代化吃喝住游一体消费模式，以非物质文化遗产和少数民族文化内核为核心加深旅游吸引力。根据丹寨万达小镇发展报告和万达集团官网新闻中心最新动态栏目资料可知，小镇引入丹寨县7个国家级和17个省级非物质文化遗产，结合数十家民宿酒店和200多个商家品牌，带动全县旅游业发展，直接和间接带动黔东南州丹寨县周边就业十余万人。截至2019年7月，实

现旅游收入 20 余亿元，为实现乡村振兴提供大力支撑。

4. 旅游化开发，发展乡村旅游经济

黔东南州乡村旅游将自然资源和人文资源有机融合，把传统农业、农耕活动与现代化乡土文化和休闲农业联结，能有效促进第一、第二、第三产业融合，是提高农村居民收入，助推乡村振兴的有力抓手。黔东南州在此基础上结合自身特点，采取针对性措施对乡村旅游发展提质增效，充分挖掘自身潜能，在最广范围内带动当地村民参与，切实提高乡村旅游发展质量，助推乡村振兴。黔东南州各市县乡村旅游以民族文化为依托，统筹农业、文化与旅游的融合发展，发掘特殊自然景观优势。例如，黔东南州雷山县郎德上寨最先走上乡村旅游之路，郎德上寨将村民人力和资源整合，推出富有民族村寨特色的歌舞表演节目和最早期新鲜感十足的农家乐，乡村旅游获得高质量发展。黔东南州从江岜沙苗寨积极广泛发动当地村民，尤其是地区特别贫困人群参与乡村旅游开发，发展包括种植、农家乐、民宿和民族工艺品加工等独具特色的旅游产品，当地村民涉及乡村旅游从业者超过 400 人。从江高华瑶寨抓住乡村旅游发展契机，将自家房屋改造，用来接待洗瑶浴旅客，村寨建起洗浴房一百余间，带动全村上百户农民参与，并扩展产业链，进行瑶浴药材种植加工，目前每年接待游客 2 万人，全村村民人均可支配收入超过 6000 元。

5. 全民化动员，挖掘千村百节资源

黔东南州节日众多，被称为"百节之乡"，从 2013 年黎平县首先开展千村百节活动，2016 年之后全州开始全面推广，活跃广大少数民族地区文化生活。乡村原生文化是乡村振兴凝心聚力的黏合剂和发动机，是乡愁记忆和故园情怀的精神纽带（索晓霞，2018）。黔东南州结合州情实际，摸索出以"千村百节"的方式推进乡村文化振兴，丰富少数民族地区群众文化生活，打造百姓精神家园。黔东南州通过打造百姓大舞台、苗年、百村侗歌大赛等重大节庆平台，切实满足黔东南州农村居民对文化欣赏、文化参与、文化创造的需求。根据黔东南州人民政府门户网站新闻资讯栏目可知，截至 2019 年 9 月，黔东南州在全州 1968 个行政村，全部开通多彩贵州广电云信号，建成乡村广播电视综合服务站127个。各村寨建成踩鼓场、歌堂等娱乐休闲文化中心,从民间基础设施方面完善村民开展娱乐活动需求。例如,从江县组织村校开展文艺辅导,对"第三届侗族大歌传承保护发展百村歌唱大赛暨第十三届原生态侗族大歌节"进行指导,同时培养了一大批优秀戏师。三穗县抽调县区人才着力打造"二月二"祭桥节民族民间歌舞,充满浓郁地方民族特色的歌舞在寨头村开幕式演出中受到一致好评。依托"千村百节"系列活动,极大地丰富了少数民族地区村民精神生活,拉近了村寨间联系,加强了民族文化传承,有力地推动了乡村文化繁荣、振兴。

三 黎平县中平村"自主意识"模式的典型案例分析

中平村,位于黎平县地坪镇东南部,全村人口269户1271人,贫困户73户338人。自脱贫攻坚工作开展以来,该村紧扣"一达标、两不愁、三保障"政策,通过扶贫产业、危房改造、劳务输出等方式拔穷根、战贫困。该村村民在实现乡村振兴战略的道路上充分发挥了村民自主意识提升,积极主动参与的优势,把握发展契机,提升了中平村乡村经济发展质量,助力乡村振兴战略发展。在村支书和村长带领下,该村村民的"自主意识"振兴乡村,主要包括"四个主动":

一是解放思想。主动转变思想理念和发展方式,巩固产业发展兴旺成果,保障村民收入持续稳步提升,乡村发展质量稳步提高。据时代先锋网资料显示,2019年年底中平村原先贫困户73户中已脱贫62户,达311人,脱贫发生率降低到2.1%。多年来,一直被贫困困扰的中平村,在发展中主动求变、寻找发展活力,找出了适合本村发展的道路。

二是挖掘产业。主动挖掘传统产业潜力,主动参与市场。中平村往年经济收入形式单一,以外出务工为主,亟须拓展收入来源,增加收入,村主任石国旦在此基础上,调研市场进行深度分析,积极收集市场反馈,发现中平村油茶产业具有比较优势,且在市场上备受青睐,因此拓展出中平村油茶产业致富脱贫新路径,助力乡村振兴战略实施。

三是寻求合作。主动联系实际,寻求多方协作,扩大特色产业生产规模。油茶一直是中平村的传统产业，未被发掘其较高经济价值之前一直罕有问津，在村主任石国旦充分挖掘油茶潜力和种植大户杨金主动扩大种植规模，获得丰富收获后，村委和种植大户以及村民个人互相沟通协作，主动参与中平村油茶产业种植、销售事宜，扩大中平村油茶产业种植规模，同时向外部积极主动联系收购商、合作商，确保种有所收，种有所获，有效地保障了中平村油茶产业健康平稳发展。

四是总结经验。主动总结经验，提炼成效，扩大影响，让更多村民参与。目前，中平村油茶产业种植超过1200亩，2019年油茶产量超过20万斤，产值约200万元。油茶产业的迅速发展拓展了中平村收入渠道，2019年户均增收超过7000元。油茶产业获得迅速发展，村民都得到了实际的好处，村主任石国旦表示，中平村积极总结油茶产业发展经验，在此基础上准备引进百香果产业，充分发挥产业兴旺的带动作用，持续提高村民的参与性，主动实践性。拓宽村民收入渠道，保障村民收入持续稳步提升，巩固脱贫致富成果。

总之，中平村通过调动村民发展的"自主意识"，积极鼓励村民参与乡村产业建设之中，实现依靠产业经济脱贫致富。对于少数民族村寨而言，改变村民发展意识是关键，让村民从传统的小农耕作意识中"走出来"，参与农村产业革命和农村产业规模化，专业化发展，抱团扩大农村产业的市场影响，走出一条乡村产业振兴发展之路。

四 黔东南州乡村振兴发展的启示

1. 以加快农业生产振兴为基础

一是黔东南州乡村产业振兴，更需要以农业生产振兴为基础，需要向农业生产倾斜资源和技术。这是因为：一方面，黔东南州属于典型的山地地貌区域，温度适应、气候良好，适合发展山地特色高效农业，同时其盆地河谷地区，地势平坦，土壤、水资源适合发展现代农业。另一方面，需要转变农业生产经营方式，集中向规模化生产过度。二是现代农业发展的显著特点就是适度规模化经营，提高农业发展效率，黔东南州适度提高农业生产规模化，适度调整土地经营流转规模化有利于释放生产潜能，推动农业生产高质量发展。三是黔东南州应牢牢树立"两山"理念,建立农业生产发展市场准入制度,进行绿色无公害农产品特色品牌构建,延长农产品产业链,提高农产品附加值。

2. 以推进农产品深加工为手段

农产品深加工是提高农产品附加值,提高农村居民收入,综合发展乡村区域经济的重要内容。黔东南州农产品加工业已初具规模,但是当前仍然有一些方面发展不足,主要表现在农产品加工业产业化发展不足、市场渠道狭窄,农产品加工业链条相对较短等。因此,一方面,需要尽快鼓励深加工企业深入农村农业生产,扩大覆盖范围,支撑民营企业和国有深加工企业合力发展,完善农产品深加工环节延长产业链。另一方面,需要积极开展校企合作,推进产学研一体化发展,推广技术运用,鼓励企业加大研发力度,积极进行品牌建设,打造高素质经营、管理人才队伍,打开市场提高乡村振兴质量。

3. 以加强农旅融合发展为动力

黔东南州具有丰富的绿色生态资源和独特的优秀民族文化传承,是发挥"农业+文创+旅游"一体化发展的优秀载体。一是激活农村经济活力,黔东南州离不开优一接二联三的发展路径,尤其是第三产业文创和旅游业与农业的深度融合发展。黔东南州凯里云谷田园园林休闲生态农业体验、剑河温泉康体等项目已经做出了显著成效,然而想要推动农文旅更深层次地融合发展,黔东南州乡村还需提高思想认识,把解决不充分不平衡的发展同居民日益提高的精神文化需求同通过农文旅一体化发展促进乡村面貌升级、乡村经济发展、乡村产业结构优化联系起来,融入各级领导干部和企业家的思维里。二是优化营商环境,引导农文旅经营者、从业者主动积极实践,开发黔东南州的旅游资源,促进文化价值再生,完善服务体系,形成农业、旅游部门协调合作的良好政策环境。三是完善基础建设,引导思维意识转变,构建农业、文创、旅游业一体化高度融合发展模式,高效推动实现黔东南州乡村振兴战略。

4. 以做好人才建设为重要保障

人才是乡村振兴发展的关键。近些年,大量农村劳动力和高素质人才流失，乡村发展的人力资源和技术支持受到限制，黔东南州通过留住本地人才和外引人才的方式保障农村人才供给。为了乡村振兴更好更快发展，应该更多注重乡村人才的开发利用紧密结合乡村经济和文化的发展。一方面，乡村振兴发展不应该单纯以学历论才干，而应该根据不同地区乡村产业和文化振兴的需要，结合实际培养和选拔专门人才。另一方面，对农民进行培训，对农村农民人力资源再开发再利用是极其符合生产实际和提高生产力的有效途径。另外，应大力促进和鼓励能人、高才生反流回乡创业，建设家乡，接续人才队伍为乡村振兴战略服务。

5. 以传承民族文化为重要依托

文化振兴是乡村振兴的重要内容，黔东南州作为典型的少数民族地区，民族文化深厚。黔东南州在进行乡村发展的同时要着力经济建设和民族文化传承弘扬并举。比如，现代工业对黔东南民族手工艺品的发展保护造成冲击，很多传统技艺传承需要完善保护，同时需要加强创新，增加民族手工艺品竞争力；另一方面，促进传统文化和时代进步顺应结合，共同发展，将民族文化传承汇入时代发展的浪潮里，创新传承机制，集中保护民族文化产业。例如侗族大歌、苗族服饰制作工艺等众多少数民族文化遗产更应该适度挖掘和妥善保护。

五　本节小结

实施乡村振兴战略是我国广大农村发展，实现共同富裕的必然要求，更是解决民族地区城乡社会矛盾的重要抓手。黔东南州多民族聚居，以苗族侗族为主要民族，传统文化深厚，自然资源丰富，在脱贫攻坚和实践乡村振兴战略的大背景下，不断探索乡村振兴的长效机制，创新模式。黎平县中平村的"自主意识"模式，也是黔东南州人民解放思想，探索新路，从大山中走出乡村振兴自信的缩影。随着乡村振兴战略的不断深入发展，黔东南州乡村经济发展必然会得到极大提升，村民整体素质得到锻炼和提高，先进的思想理念和新认识不断融入乡村振兴战略的实施，融入民族地区的发展。

第八节　黔西南州乡村振兴发展的实践与启示

一　黔西南州乡村振兴发展的现状

黔西南布依族苗族自治州，简称黔西南州，位于广西、贵州与云南三省（区）的交界处，与广西的田林、乐业等三个县仅一江之隔，西面则紧邻云南省的罗平县、富源县。黔西南州属典型的低纬度高海拔山区。整个地形西高东低、北高南低。全州境内自然资源主要包括水资源、矿产资源和生物资源。州内居住着汉、布依、苗、彝、回等35个民族。2018年年末，户籍人口365.17万人，人口自然增长率为10.9‰。2018年，全州地区生产总值为1163.77亿元。其中，第一产业占比接近一半，为49.4%，第三产业仅占比18.3%（黔西南州统计局，2019）。长久以来，黔西南州作为贵州的农业大州，面积广阔，贫困人口众多，农业基础设施不足等诸多问题都制约着其发展。乡村振兴战略是黔西南州摆脱经济落后现状，实现经济长足进步的机遇。近年来，全州坚持深化农业供给侧结构性改革，按照"五步工作法"切实有效地让农村产业革命"八要素"在黔西南开花结果，在新时代乡村振兴上走出了符合自身情况的特色道路。

1. 农村产业升级方面

一是保持农业产值的稳步增长。黔西南州自2015年以来，农业产值逐年上升，增长率平稳保持在6.5%左右。其中2018年增长率达到了6.9%，农林牧渔增加值达到了226亿元，占全州GDP的19.42%（黔西南州2018年GDP为1163.77亿元）。农业产值整体上呈现稳定增长状态，但将农业具体细化为种植业、林业、畜牧业、渔业、相关服务业5个行业，却各有升降。其中，种植业自2015年以来产值持续上升，于2018年达到了139.3亿元，比上年增长了9.7%；而渔业呈现先增后减的趋势，2017年实现了9.9%的增长达到了8.69亿元，2018年又回落了30%，为6.3亿元；同时林业、畜牧业和农林牧渔服务业产值都有所提升，如表6-11所示。

表 6-11　　　　　　2015—2019 年农林牧渔增加值　　　　　单位：亿元

	年份	2015 年	2016 年	2017 年	2018 年	2019 年
农林牧渔增加值	种植业	102.02	118.7	128.4	139.3	152.28
	林业	8.75	10.35	13.01	16.5	21.98
	畜牧业	42.58	52.07	53.98	50.9	50.16
	渔业	6.63	7.72	8.69	6.3	2.47
	农林牧渔服务业	8.33	10.36	10.97	13.1	13.13

资料来源：《黔西南州人民政府网统计公报》（2015—2019 年）。

二是做大做强农业种植业领域。黔西南州农业种植业各年增加值平稳保持在 60% 左右，超过了农业增加值的一半，其中 2018 年为 61.64%，相对 2017 年上升了 2 个百分点；而畜牧业所占比重排在第二位，2015—2017 年基本保持在 25% 左右，但 2018 年有所下降，为 22.52%；林业相对有所上升，由 2017 年的 6.05% 增长到了 7.3%；渔业和农林牧渔服务业于 2018 年分别达到了 2.79% 和 5.8%，对比 2017 年，渔业下降了大约 1 个百分点，而农林牧渔服务业有微量上升。黔西南州粮食作物种植面积 2017 年下调了 1.4%，而 2018 年更是下降了 13.3%，已经下降到了 210 千公顷；蔬菜种植面积 2016 年为 74.5 千公顷，2017 年上升到了 86.08 千公顷，比上年增长 15.5%，在 2019 年增长率虽然有所下降，但也达到了 12.1%，蔬菜种植面积达到了 92.67 千公顷；油料作物和中药也实现了逐年稳步上升。说明：黔西南州的农业产业结构日渐趋于合理，减少玉米、小麦等低附加值作物，将解绑的资源用于蔬菜、中药和茶叶等高效的作物。截至 2018 年，茶叶种植面积达到 24.87 千公顷、果园面积达到 40.27 千公顷，相对 2015 年增长了 1.28 倍，如表 6-12 所示。

三是打造一批现代高效农业园。如表 6-13 所示，园林水果和蔬菜在 2016 年的产量分别为 10 万吨和 133.67 万吨，而在 2017 年两者分别实现了 52.4% 和 16% 的增速，到 2018 年两者的产量已经分别达到了 23.8 万吨和 192.2 万吨，其增速分别为 49.3% 和 13.2%。之所以经济作物能在数年里保持持续的高增长，一个不可或缺的原因是黔西南州长期以来坚持完善农业基础设施建设，强调科学技术在农村产业振兴中的强大作用，逐渐打造了一批现代化的科技示范园。如贞丰县鲁容乡的3000亩杧果科技示范园。正是这批示范园，极大地提升了经济作物的产值。

表6-12　黔西南州主要农作物种植面积及其增长速度　　单位：千公顷

项目	2015年 面积	2016年 面积	比上年增长率	2017年 面积	比上年增长率	2018年 面积	比上年增长率
粮食作物	253.49	258.14	1.80%	254.62	-1.40%	210.6	-13.3%
油料作物	37.33	40.14	7.50%	41.7	3.90%		
烤烟	23.78	23.49	-1.20%	20.78	-11.6%		
蔬菜	67.88	74.5	9.70%	86.08	15.50%	92.67	12.10%
中药	13.38	13.9	3.90%	19	36.60%		
年末茶园	20.38	20.62	1.20%	23.86	15.70%	24.87	13.50%
年末果园	17.67	18.8	6.40%	30.8	63.90%	40.27	53.60%

资料来源：《黔西南州人民政府网统计公报》（2015—2019年）。

表6-13　　2015—2018年主要农作物产量及其增长率　　单位：万吨

项目		2015年 产量	2016年 产量	增长率	2017年 产量	增长率	2018年 产量	增长率
主要粮食作物	总量	103.5	106.4	2.80%	104.72	-1.60%	101.5	-3.08%
	稻谷	35.64	36.45	2.30%	35.9	-1.50%	34	-5.29%
	玉米	39.59	39.5	-0.20%	38.48	-2.60%	32.9	-14.5%
主要经济作物	蔬菜及食用菌	133.67	146.37	9.50%	169.79	16%	192.2	13.20%
	园林水果	10	10.46	4.60%	15.94	52.40%	23.8	49.30%
	茶叶	0.46	0.52	12.00%	0.71	37.70%	0.8	13.00%

资料来源：《黔西南州人民政府网统计公报》（2015—2019年）。

2. 社会治理推进方面

黔西南州坚决打好防范化解重大风险攻坚战，加快推进社会治理现代化，打造共治共享的社会治理格局，有效提升乡村社会治理能力。

一是充分发挥基层党建作用。发挥基层党组织直接面对群众的特点，充分听取群众的声音，加强基层党建的合力。例如，普安县高棉乡积极推进了基层干部参与到"两学一做"活动当中，在2018年组织党课学习50多次，组织了座谈会形式的学习200余次。基层干部的思想素养得到了进一步的提升，责任意识进一步加强。

二是坚决做好扫黑除恶工作。党建基础的牢固为扫黑除恶工作的开展提供了坚实的基础，黑恶势力一直以来都是造成和谐社会的不稳定因素，被人民群众所厌恶，因此扫黑工作一直都是公安机关工作的重点。经数据统计，州内公安机关截至2018年，接到了涉黑线索100条以上，而经过分析排查以及核实，有效的线索达到了1/4，在这些线索的帮助下，公安机关摧毁了29个涉黑团伙，抓获的犯罪嫌疑人接近400人。可以说公安机关在不遗余力营造安全和谐的社会环境。

三是加快推进法治普及宣传。全区累计开展宪法专题学习120余场次，举办宪法专题宣传60余场次，开展宪法宣讲278场次，发放宣传资料80000余份；积极组织全区4501名干部职工参加宪法知识在线竞答活动。

3. 精准扶贫脱贫方面

习近平总书记在中央政治局集体学习时强调，在乡村振兴战略的实施工作当中，最重要的就是脱贫攻坚，两者并不是分割的关系，而是战略上相辅相成，相得益彰。黔西南州深刻理解中央会议精神，积极实现乡村振兴与脱贫攻坚的有机衔接。黔西南州贫困人口和贫困发生率在整体上显现出逐年递减的趋势，贫困人口从2015年的43.23万人下降到2018年的15.86万人，贫困发生率自2015年来，4年里实现了大约9个百分点的降幅，2020年力争实现全面脱贫奔小康。全州上下一心，极力推进"春风行动"和"夏秋攻势"，在脱贫攻坚工作上取得有效进展，打出了精彩的一仗。

一是补齐农村基础设施"短板"。在基础设施建设方面，实施农村"组组通"公路建设项目，全州2018年共修筑硬化公路2831.253千米，完成投资17.486亿元。截至2018年9月，饮水安全覆盖人口数量达到了 2.77 万人，其中有一万人实现了建档立卡，完成投资 7920 万元。另外，黔西南州还积极推进贫困村基础设施建设，如今已经为深度贫困村完成农网升级改造项目 140 个，总投资超过了两千万元。

二是做好异地扶贫搬迁工作。在异地扶贫搬迁工作方面，截至 2018 年年末，黔西南州已经完成了上一年与当年的所有搬迁工作，2018 年度 156297 人搬迁入住任务全部完成，标志着黔西南州"十三五"期间 338506 人搬迁入住任务提前完成。

三是深入推进农村产业革命。黔西南州积极推进农村产业革命，2018 年 9 月，整个地区蔬菜种植的占地达到了 116.3 万亩，相较于去年，蔬菜产量提高了 1.5 个百分点。中国大鲵的饲养面积甚至达到了 4390 平方千米，养殖量共 2822 千克，共计生产价值达到 70.28 万元。全州共有 118 个无公害绿色农产品认证的申报文件、140 个无公害绿色农产品产地认证申报达到 100.1 万亩。

4. 城乡统筹发展方面

城乡统筹发展就是要将农村与城市的发展紧密结合，统一协调，形成良性互动。黔西南州因地制宜，大力推进乡村综合治理，突出乡村特色，强调构建美丽乡村。新能源公交车自 2017 年就开始投入使用，黔西南州南区交通路网完成并开始通车，县级地区为整体加速城镇建设的步伐，全年的投资额达到了 35.2 亿元，城镇率达到了 49.56%。除此之外，全州城镇化进程仍在不断推动，截至 2018 年，该地区的城区面积（县城）增加至 117.08 平方千米，相较于 2012 年，增加 33.36 平方千米。在这些发展的城镇里，兴义市市中心占地扩大了 13.82 平方千米。跟随政府政策的决定，该地区人民积极地从乡村转至城市、将乡村改造成城市，推动城镇化进程。2012 年，该地区街道只有 14 个，城镇 77 个，乡村 49 个；2018 年，该地区街道数则增至 26 个，城镇数量达到 83 个，乡村仅有 17 个。较为典型的如兴仁 2018 年成功实现"撤县设市"。

5. 生态文明建设方面

黔西南州深学笃用习近平生态文明思想，认真落实省委决策部署,坚定不移推进大生态战略行动,结合脱贫攻坚和乡村振兴,着力加强绿色治理、着力发展绿色经济、着力建设绿色生态、着力深化绿色改革。

一是完善林长制。黔西南州完善了以往的林长制管理制度,并且以此为基础形成了四级林长制管理体系,希望能够推进依法治林观念的普及,切实地实现森林资源的有效保护。这一政策的实施背景下,经统计黔西南州的森林覆盖率已经接近60%,并且还呈现上升趋势。

二是治理水污染。黔西南州在水污染的防控工作方面也做出了许多努力,仅在2017年就完成了15个环境问题的整治工作,而在2018年更是完成了50个突出环境问题的整治,为了进一步推进水资源保护,2019年黔西南州将全州内所有的农村水源都进行了保护区划分,对水源进行了科学调整,裁撤了部分不满足饮用水要求的水源。与此同时,全州也推进了生活污水处理厂的建设,现在全州的日处理污水能力已经超过了20万吨,达到了22.97万吨,建成了污水管网927.33千米。

三是防止土污染。黔西南州还加强了对于企业用地的审查力度,完成了76家企业、122个项目的污染地块核实,推进了回龙镇重金属治理示范项目的落地,进一步防止土地污染,实现土壤修复。

二 黔西南州乡村振兴发展的实践路径

1. 因地制宜加快农村产业变革

黔西南州充分利用山地资源并且结合本地气候特点,将"两江一河"的地理条件优势充分发挥,开发出一套以中海拔地区产业集聚带、高海拔地区产业集聚带、绿色蔬果产业集聚带为核心的地区特色发展战略,在一个县创办一个高产产业的基础上,推进一个乡一个特色和一个坝一个品牌的发展,结合地区气候、地理特征栽植适宜作物。通过大力推进规模化、标准化、品牌化和市场化建设,使一个村(或几个村)拥有一个(或几个)市场潜力大、区域特色明显、附加值高的主导产品和产业。

2. 多方参与创新农业经营模式

乡村振兴的关键一环就在于解决"小农户"和"大市场"的矛

盾，从事农业生产的农户经营规模过小，无法实现标准化和规模化生产，自然无法满足市场的需求。而解决这个矛盾的关键抓手在于培育新型经营主体，创新经营模式。黔西南州充分考虑到乡村振兴的矛盾，并结合黔西南州基本状况，提出了"公司+合作社+农户""公司+政府平台公司（代表贫困户）+合作社（农户）+基地"和"公司+合作社+基地+农户+专卖店"等多种农业生产经营模式。

3. 校农结合拓宽产销对接路径

黔西南州颁布的《深化"校农结合"助推农村产业革命和脱贫攻坚方案》，不但促进了该州贫困地区农业产业产量的增长，而且为产品的售卖对接提供了保障。出台的方案从各校学生餐食原材料的质量和安全需要出发，结合黔西南州当地义务教育学生、学前教育孩子的营养改善方案，为促进脱贫，首先购置贫困地区产品，同时搭建起当地农产品售卖市场及网络，促进"校农结合"产业园区（合作社）的发展，提高了黔西南州农产品产值，扩大产业规模。"营养餐，金州产"项目于2019年创办，该项目是为了让黔西南州所有学校食堂对该州的农产品购置比例达到70%，并于2020年实现90%。

4. 树立形象加强农业品牌建设

近年来，黔西南州以乡村产业振兴，助力脱贫攻坚为总抓手，以农业供给侧改革为主线，全力打造其绿色无公害有机农产品总品牌，建设一批农产品公共品牌，支持各县、市和新区培育区域性公共品牌，鼓励企业创建自有品牌，从而促进黔西南州产品的品牌形象树立以及市场竞争能力提升。支持培育一批农产品种植（养殖）和加工龙头企业、专业大户，形成产业规模和品牌集聚效应，不断提升地理标志商标价值，以实现一个地理标志商标打造一个产业、带动一批农民致富、促进一方经济社会发展的目标。

5. 发展电商产业助力黔货出山

黔西南州利用现代电商线上销售的能力，发展电商产业助力黔货出山。例如，从2017年起至今，贞丰县将乡村电商发展作为工作重点，大力打造乡村电商三级体系，将特色有机农业的发展作为工作主线，树立了贞丰小黄姜、糯食系列产品、顶潭花椒、金谷黄鸡等产品的市场优秀品牌形象,大部分当地小产业产品通过电商途径,出售数量不断增长。如今贞丰县打造出1个中心、14个站、80个点的电商产业链,真正达到三位一体、三级联动,该地区的电商创业、从业人数在2017年一年便超过了1200人,该地电商的产业交易量于2017年也达到5000万元,同时解决了农民工作就业、脱贫致富两大问题。

三 安龙县坝盘村"古村保护"模式的典型案例分析

坝盘村位于黔西南州安龙县万峰湖镇东南部,是布依族古寨,据说村寨形成于明代。坝盘村平均海拔620米,年平均气温18℃,年降水量1350毫米,距兴义市区36千米,距安龙县城75千米,与广西隆林县交界,属天生桥一级电站施工移民区,位于天生桥一级电站与二级电站之间,是大坝建成蓄水后南盘江上游生态原貌保存最完好的民族村寨之一,自然环境保护良好,风景优美。全村分为三个村民小组,共146户620人(2017年统计数据)。土地面积约为4.32平方千米,有耕地220余亩,林地2600多亩。2015年,全村贫困人口有26户65人,为国家1类贫困村。2016年实现贫困村"摘帽"。坝盘村通过"古村保护"模式,发展文化和旅游融合产业,实现了乡村振兴,主要包括:

一是挖掘古法造纸新价值,打造乡村核心产业。坝盘村依山傍水,是一个布依族聚居的村寨,风景优美,民族风情浓郁。长期以来,坝盘村村民利用寨中盛产的竹子为原材料,探索出了一套传统的造纸工艺,并一直流传至今。该工艺从原料到成品纸,要经过切竹去皮、浸泡、制浆、抄纸、晾晒等多道工序。目前,投资15万元的坝盘村古法造纸项目已建设完成。新建造纸作坊6个共198平方米,修复造纸作坊4个共141平方米,硬化地面137平方米,新建浸泡池8个,新建生产通道100米,维修晾纸房一栋120平方米。基础设施的进一步完善及工艺的不断改进,有效地提高了纸品的质量,提升了经济效益。坝盘村古法造纸现涉及农户22户,每户生产的纸年销售收入达2万元,古法造纸在得到有效传承的基础上,逐渐成为村民增收的产业。

二是保护传统村寨好风景,营造旅游发展环境。坝盘村是一个古老的纯布依族村寨,民族风情浓郁,古朴典雅的吊脚楼、奇特的"小三峡"风光、神秘的溶洞、粗壮的古榕树、茂密的翠竹林,构建了一幅优美的民族生活画卷。坝盘建筑群布局都是以减少对山地自然环境的最小改变为出发点。以"小""散""隐"的布局手法,将建筑化整为零,分散布置,尽量隐蔽在山林中,使建筑与山地植被、山石和溪流等肌理融合,顺应山势,使建筑与自然相互渗透。传统村寨好风景为乡村旅游发展奠定了基础。

三是传承农耕文化真精髓,做好生态农业种植。为了实现农村经济可持续发展,全村先后发展200亩早熟蔬菜和100余亩"老干妈"辣椒种植基地,通过传统农耕文化种植,发挥农业生产无污染的生态价值,做出精品和无公害农产品,支持市场发展。除此之外,通过生态农业种植,支持乡村旅游发展,形成"农业+旅游+工艺品"的村级经济发展态势。这种发展方式,不仅对村寨传统文化进行了保护和传承,而且带动了村民脱贫致富。

坝盘村通过古村保护模式,留住了乡愁,把传统文化和产业发展融为一体,因地制宜彰显了"四古"特色,整合资源突出产业支撑,把农村当作一个整体来规划,把村庄当作一个景点来建设,把农户当作一个盆景来打造,抓点、建线、带面,把"一个个盆景"打造成"一路路风景",推进人与自然、人与社会、人与历史、人与文化、人与产业协调发展。坝盘村生态、文化、特色产业的优势推动,催生出一个具有特色产业、生态旅游和传统文化的新村。

四 黔西南州乡村振兴发展的启示

1. 因地制宜,发展优势产业

黔西南州在乡村战略的实施过程中,充分考虑本地的山地气候、多民族聚集地等特点,因地制宜地对第一产业进行结构调整,响应农业供给侧改革,不断促进农业产业结构合理化。从全局出发,全环节、全流程地推进结构调整,注重长短结合,突出短平快,大幅调减低效作物种植面积,将玉米调减工作作为一项基本任务来落实。在这项工作开展的基础上,黔西南州要进一步扩大自身特色相关产业的规模,如食用菌、中药材等产业,实现规模化经营,为经济发展注入充足的活力。

2. 脱贫攻坚，提升农民收入

大力推广"公司+合作社+基地+农户"的经营模式，为农户提供充足的工作劳务岗位，而且农户只管种植，不管销售，不用承担市场风险，稳定增加收入。在这种模式当中，群众可以灵活地通过多种方式来实现自身收入的增加，如土地荒山入股。贞丰县万亩花椒产业扶贫示范基地正是采用这种模式，这一基地主要从事的是花椒产业，种植其收益每亩可达4万元左右，在这一基地当中，流转的土地面积有7000亩，种植面积则有5000亩。这一产业基地的建立为1000多人解决了工作问题，涉及的贫困户接近600户，可以说在脱贫致富方面做出了突出的贡献。

3. 乡风文明，加强文化建设

将乡村振兴战略和加强乡风文明建设有机结合起来，以社会主义核心价值观为基础，通过新时代农民讲习所、道德讲堂等载体，不断强化农民的主人翁意识，同时激发群众主动脱贫的决心和信念。除此之外，政府以及社会组织还要积极地推进当地的文化建设，现在黔西南州已经在农村地区建设了600多所少年宫，文化服务中心更是达到了2300所，为精神文明建设活动的开展奠定了基础。

4. 重视两山，推进生态文明

黔西南州在乡村振兴的实践过程中，深入贯彻习近平总书记"绿水青山就是金山银山"的发展理念，合理地利用农业资源，注重保护农业生态环境，牢牢守好了发展和生态两条底线。发展绿色农业、生态农业，避免粗放型发展，为美丽乡村的建设提供坚实的基础。

5. 做好治理，实现发展稳定

紧扣乡村有效治理，积极破解农村社区治理难题，是乡村振兴战略的有力措施，黔西南州先后出台了一系列措施，以这些措施为基础建立起了全方面、全员参与的新型农村治理体系，希望能够通过这一体系的建立，促进乡村治理能力的提升，为乡村治理格局带来新的思路，为乡村振兴战略的落实打下坚实的基础。推进基层组织的建设，坚持在党的领导下，构建一支素质过硬的工作队伍，进而实现乡村社会治理水平提高这一目标。

五　本节小结

黔西南州在探索乡村振兴的道路上，结合其特有的产业和文化环境，因地制宜地调减低效农作物种植面积，集中力量发展高附加值的经济作物。不断创新经营模式，实施"公司+合作社+农户"的农业经营方法，有效地增加了农户的就业岗位，助力全州脱贫攻坚的开展。同时，将乡村振兴、脱贫攻坚、生态文明建设有机结合起来，严防死守经济和生态两条底线，既要金山银山，也要绿水青山。加强党的基层建设，把党建触角延伸到产业革命第一线，涉及方方面面，发挥其"领路人"角色。安龙县坝盘村的"古村保护"模式已经充分说明，自乡村振兴战略实施以来，黔西南州乡村经济已经取得了瞩目的成绩，同时生态文明和乡风文化建设效果良好，有效地推动了农村的可持续发展。

第九节　黔南州乡村振兴发展的实践与启示

一　黔南州乡村振兴发展的现状

黔南布依族苗族自治州，简称黔南州，位于贵州省南部的丘陵山区，境内为喀斯特岩溶地貌，多峡谷，地势起伏大。地势西北高，东南低，是贵州南下两广的水陆通道。黔南州具有丰富的自然资源和人文资源，有汉、布依、苗、水、瑶、壮、侗、毛南、仡佬等37种民族成分，在贵州的文化和旅游中素有"南大门"的美称。据2017年的人口统计报告显示，该地区的农业人口约252万，约占其总人口的74%。2018年以来，黔南州以农业供给侧结构性改革为主线，紧紧围绕农村产业发展"八要素"，用好"五步工作法"，接续开展了脱贫攻坚春风行动和夏秋攻势，狠抓农业结构调整，促进绿色农产品"泉涌"发展，农业综合产能持续稳步提升，农业和农村经济发展势头良好，为农村产业兴旺奠定了坚实的基础，不断开创黔南州乡村发展新局面。

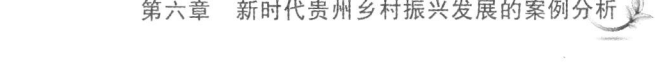

1. 农村产业升级方面

一是加快农业结构调整。2018年《贵州省调减玉米种植三年行动方案（2018—2020年）》《关于打赢种植业结构战略性调整攻坚战的通知》等文件相继出台。2019年，黔南州根据"稳粮优经"的原则，以调结构增效益为工作重心，在坚守粮食生产安全红线的基础上，新增调减玉米等低效作物约42.09万亩，改为种植高效经济作物，如茶叶、蔬菜等。从表6-14中可以看出粮食作物种植面积、蔬菜种植面积、茶园面积等近五年的具体情况。粮食作物面积从2017年开始逐渐呈现下降趋势；茶叶、蔬菜等经济作物种植面积呈现逐年上升趋势，这与预期情况大体保持一致。

二是发展特色优势农业。黔南州政府积极落实"185提升工程"与绿色农产品的"泉涌工程"，大力发展12大农业特色产业，农业综合生产能力稳步增强。茶叶、蔬菜等12大农业特色产业逐渐成为黔南州脱贫攻坚和乡村振兴的核心产业。仅2019年一年，在黔南州政府和社会各界力量的共同努力下，成功签约农业招商引资项目83个，开工建设76个，签约资金144.75亿元，到位资金23.47亿元。

表6-14　2015—2019年黔南州农业发展相关数据统计汇总

项目	2015年	2016年	2017年	2018年	2019年
州级以上农业园区（个）	50	70	94	95	92
农业产业化龙头企业（个）	276	568	735	755	755
农民专业合作社（个）	3369	4532	5636	6660	—
农业实现增加值（亿元）	158.31	192.2	212.72	228.04	242.18
全年粮食作物种植面积（万亩）	47.4	472.5	467.15	337.4	—
油料作物面积（万亩）	113.55	117.2	118.3	121.95	
蔬菜种植面积（万亩）	166.65	182.7	195.4	259.2	
茶园面积（万亩）	129.3	144.5	166.4	166.9	
粮食总产量（万吨）	127.21	127.31	125.53	110.74	118.06
农机总动力（万千瓦）	320.31	311	317.27	324.29	

资料来源：《黔南州2015—2019年国民经济和社会发展统计公报》。

三是大力建设现代农业。小农户逐步向现代农业发展是实现乡村振兴的重要推手。黔南州政府出台《黔南州推行"村社合一"发展壮大农村集体经济组织的指导意见》，根据"村社合一"的工作原则，带动小农户流转土地，将闲散土地统一集中，适度扩大经营规模，推动农村产业发展，让农户切实增收。2019年黔南州农村特色产业辐射带动贫困人口67.32万人，人均增收1752.82元。

2. 社会治理推进方面

一是优化农村基层干部队伍结构。2019年黔南州积极整顿131个农村基层党组织，落实1132名基层领导班子和村级组织交叉任职工作。

二是坚持落实"志智"双扶模式。开展最美乡村系列评比活动，表彰在乡村振兴战略实施中的乡村先进人物，激励农民为实现全面小康而努力奋斗。

三是积极推进自治与法治相结合。2019年黔南州配备了1409名村级法制教育专员，招聘了186名农村法律顾问，积极协助各村委会完善村规民约。福泉市入选全国乡村治理体系建设首批试点单位，惠水县好花红镇被评选为全国100个乡村治理示范乡镇，同时荣获全国100个乡村治理示范村。荣获全国100个乡村治理示范村的还有独山百泉镇百泉湖村、罗甸沫阳镇麻怀村。

3. 精准扶贫脱贫方面

2018年黔南州始终把脱贫攻坚作为工作重心，"春风行动""夏秋攻势"等工作成效显著，减贫"摘帽"连战连捷。黔南州全年农村脱贫达到21.15万人，比预期超量完成5.8万人顺利脱贫；285个村庄摘下了贫困村的"帽子"，比预期超量完成73个村的脱贫工作。黔南州2017年农村贫困发生率为9.95%，而2018年下降至4.65%。按照国际贫困县的标准，瓮安、龙里已摘掉了贫困县的"帽子"，脱贫攻坚取得了关键之年决定性胜利。2020年3月，黔南州实现所有贫困县整体出列，420万黔南人民告别贫困历史。黔南州贫困人口发生率从2014年的24.12%降至0.68%，历史性低于全省平均水平；三都、罗甸两个深度贫困县提前一年出列，在全省3个自治州中率先实现贫困县全部"摘帽"。

4. 城乡统筹发展方面

一是城乡基础设施日益健全。黔南州城乡基础设施与配套的公共服务不断完善，城乡道路增加约101千米，配备的停车位增加1.23万个，相关城市项目建成约14个。

二是城乡配套管理日趋精细。黔南州深入推进针对城镇管理的行政执法改革，成立了城市管理相应的执法机构单位，执法单位的管理力度更加到位、管辖范围更加清晰、管理区域不断扩大；依托城市管理的大数据平台，管理效率不断提升。

三是乡村规划范围逐步扩展。黔南州有序推进"四在农家·美丽乡村"工作，坚决落实民族特色乡村的保护项目，坚决落实完成农村垃圾、污水处理等系列工程，卫生厕所修缮2.61万户，小康完工2700户，农村垃圾收运站建设达4446个。

5. 生态文明建设方面

2018年黔南州政府始终把生态环境问题放在工作的重要位置，聚焦重点区域的大气污染问题、水质污染问题，有效地保护了黔南州的生态环境。

一是以渣定产方式的治理。针对磷化工污染企业，采用"以渣定产"的管制方式，治理成效尤为显著，极大地提高了综合利用率，综合利用率在全省处于领先水平。

二是国家森林城市的建设。黔南州大力建设国家森林城市，全州森林覆盖率达64.2%。县域环境空气质量优良率达98.7%，县城及以上城市集中式饮用水水源地水质达标率100%。

三是农村人居环境的整治。2019年，黔南州农村环境整治涉及的范围由点到面式地大面积铺开。一方面，推进农村"厕所革命"。新建修缮农村户用厕所达到4.5万户，修建农村公厕394个。"厕所革命"成效显著，2019年黔南农村户用厕所普及率达到85%。另一方面，做好农村清洁工作。黔南州6个县（市）全面构建农村生活垃圾回收体系，58个乡镇按期建成垃圾回收配套设施，3221个村寨完成垃圾回收设施配备。黔南州农村生活垃圾清洁工作效果明显，同时农村生活污水治理工作也在有效推进中。

二 黔南州乡村振兴发展的实践路径

1. 突出优势特色，培育壮大乡村产业

黔南州从满足市场需求与促进农户增收这两大基本点出发，充分发挥自身的资源优势，以产业为关键突破口，精准选择特色优势农产品，全面规划产业布局，扩大产品规模；以地区特色为支撑点，大力发展主营项目，初步探索出"一县一品"的发展模式，坚持落实"各乡镇有自己的招牌特色产业，各村落有自己的特色产品"战略。精准挑选特色产业，重点发展特色产品，坚持集中化管理、规模化发展，逐步实现从自给自足向现代化市场经济转变、从种植低效农产品向高效农产品转变、从粗放量小向集约规模转变。例如，荔波县玉屏街道采取长短产业相结合的政策方针。玉屏大力发展当地的优势产业，如桑蚕、黄金百香果、仿野生铁皮石斛等；长线产业，如油茶、刺梨等；短平快的养殖业，如小龙虾、牛蛙等。"长短产业"相结合的产业选择模式激发了当地的经济活力，切实提高了农户的收入，"长短结合"极大地推动了玉屏的脱贫攻坚事业的发展。

2. 促进产业融合，增强乡村产业实力

一是坚持产业深度融合发展。瑶山的瑶族乡，以白裤瑶的特色文化为依托，发挥旅游扶贫优势，通过"三用三送"模式，大力创办扶贫一条街，推动第一、第二、第三产业深度融合发展，推出瑶绣、陀螺等具有瑶族特色的旅游商品，使农特产品、民族手工艺品"身价"倍增，带动群众创业就业增收，强力推进脱贫攻坚工作进行。

二是调整产业结构升级优化。黔南州紧扣产业革命"八要素"，因地制宜调结构。朝阳镇的百香果种植，以其原生态的景致受到了观赏者的一致好评。朝阳镇以此为契机，把百香果种植作为产业结构调整的重要抓手，依托自身的区位优势，积极创建百香果基地，推出果园实地采摘项目，为游客提供了集体验、观赏于一体的休闲好去处。依托于百香果基地，当地农户收入不仅稳定，而且增收效果明显。

三是探索产业合作创新模式。例如，甲良村的食用菌种植基地，大力种植优势农产品黑木耳，运用"龙头企业+种植基地+合作社+

受益贫困户"的商业模式,为甲良村的脱贫攻坚事业贡献一份力量。又如,梅桃村的黄金百香果种植基地,主要种植百香果,采取"企业+基地+贫困户"的运行模式,带动更多群众脱贫致富。

3. 以市场为导向,构建产销对接机制

黔南州充分发挥市场这双"无形手"对经济的拉动作用,及时向农户告知市场需求信息,积极指导农户生产与市场需求相适应的农产品。通过建立产销信息发布平台,积极推动小生产商与市场的有效对接。例如,湾滩河镇是全省豌豆尖种植示范基地,初期也遇到过销路问题,滞销给农户的生产生活带来了极大影响,基本生活都难以得到保障。在龙里产销专班的积极对接下,广西南宁市的一个公司保底收购了全镇豌豆尖,不仅解决了农户的销路问题,也为南宁市场提供了充分的产品供给。黔南州以广州对口帮扶为突破口,及时高效地落实"黔货送粤"项目。广州江南市场的黔南粤港澳大湾区"菜篮子"平台的启动,为黔南有机蔬菜向大湾区市民供给提供了可能。

4. 重视技术培训,打造高标准农产品

黔南州政府注重对农户的技术培训,积极引导农产品种植相关的技术人员对农民进行技术指导,大力推动标准化、规范化的生产模式,重点发展绿色有机农业,打造高标准农产品,不断提升农产品的竞争力。例如,瓮安县在新建茶园时提出"宁要草,不要草甘膦",严格以欧盟标准来组织生产农产品,其产品成功进入欧洲市场。

5. 延长产业链条,推动农民增收致富

延长农业产业链条,全面推动农民增收致富。例如,贵州恒力源天然生物科技有限公司,位于龙里农产品加工园区,生产"刺梨浓缩汁、刺梨原浆、刺梨饮料、功能性饮料、保健品"等一系列产品。龙里农产品加工园区积极引进深加工企业从事农产品精深加工,围绕农产品特色精加工,延长产业链,拓宽产业幅,促进农产品产前、产中、产后各环节融合发展,帮助农民融入产业链条,为农村富余劳动力提供了大量的就业机会,有力地促进了农民增收致富。该公司与多家农民合作社及刺梨种植大户签订刺梨收购合作协议,并与龙里县谷脚镇茶香村及洗马镇猫寨村签订种植及刺梨收购合作协议,带动多户贫困户就业增收。

三 荔波县水甫村"协同推进"模式的典型案例分析

水甫村位于荔波县北面，距玉屏镇政府10千米，东与三都县九阡镇水昔村相连，距独荔公路仅3千米，荔波至三都公路贯穿村中心，其他各组已有简易公路相通，交通十分便利。水甫村属茂兰喀斯特森林延伸区，位居樟江河上游，地形总体趋势是北高南低，全村海拔高度在650—1000米。境内山峦起伏、地形破碎，构成了以山地为主的地貌景观，河谷纵横交错，属东南部丘陵河谷地貌。水甫村辖10个村民小组288户1254人，劳动力660人，主要居住有水族、布依族、汉族等民族，60%是水族。水甫村各类土地面积45860亩，耕地面积2391亩，其中田1195亩，土地1196亩，人均耕地面积1.9亩。近年来，水甫村在上级党委和有关部门的正确领导下，全面落实科学发展观，团结和带领全体村民，聚精会神搞建设，一心一意谋发展，坚持"经济、政治、社会、文化和党组织建设"的协同推进模式，使水甫村逐渐成为"生产发展、生活宽裕、乡风文明、村容整洁、管理民主"的社会主义新农村，主要包括：

一是经济方面，以旅游经济为抓手，大力改善村容村貌，助力村容整洁。水甫村因地制宜，挖掘自身发展潜力，大力发展乡村旅游、特色种养殖业，已建设了水葩古寨农家乐、珍稀药材铁皮石斛培植基地、特色养牛场及农旅结合产业园区，打造"内洋外土、休闲雅致、宜居宜乐"的乡愁民宿度假庄园。

二是政治方面，以村民民主为抓手，鼓励村民建言献策，参与村里管理。在村"两委"的带领下，全面建立村民监督委员会，加强对日常村务公开、重大村务决策、村干部履行职责和廉洁自律情况，以及党的方针政策、村民会议和村民代表会议的决议决定、村级各项规章制度执行情况的监督，激发了村民参与村里日常事务管理的积极性，让村民有更强的主人翁感和建设发展的获得感。

三是社会方面，以乡风文明为抓手，规范村民村约行为，共同建设村貌。村民村约规范村民不良行为，积极倡导乡风文明的生活方式。村"两委"从干部自我文明行为入手，杜绝腐败，树立行为典范，在村级财务代理制度、村干部勤廉双述双评制度、村级党务村务公开制度、重大事项票决制度、村级财务审批、公章使用和为民服务代理制度等方面，向全村公开透明，引导村民建设文明乡风。

四是文化方面，以保护传承为抓手，挖掘传统文化价值，激励文化传承。水甫村有国家级重点文物保护单位——石棺墓群、国家级非物质文化遗产——水书习俗和马尾绣、贵州省文物保护单位——古建筑群、贵州省非物质文化遗产酿酒技艺和水族卯节等，是中共一大代表邓恩铭的故乡，是中共中央宣传部农村综合文化服务中心示范点，是国家3A级旅游景区，并于2017年入选中国美丽休闲乡村推介名单。正是因为水甫村有这些宝贵的传统文化，该村十分重视对文化的保护和传承，激励更多的年青一代参与到文化价值的挖掘中，实现文化的有效传承。

五是党建方面，以党员带头为抓手，鼓励村里能人带动，发挥集体功能。水甫村做好"党建+"文章，充分发挥基层党组织的堡垒作用，通过能人带动、企业助推、合作社整合等措施，实现了各地一业带动多业发展的良好态势，借此巩固脱贫攻坚成果，助力乡村振兴。

总之，水甫村充分发挥"经济、政治、社会、文化和党组织建设"协同推进优势，整合财政、环保、文广、住建、民宗、交通等部门项目，对村寨进行民居外立面改造、老木房修缮保护、污水处理系统、旅游观光步道、寨内青石板路、民族文化广场、生态停车场等工程建设。使其成为一个集旅游观光、休闲度假、农家接待、民族文化体验为一体的新型乡村旅游示范点，并入选2017年中国美丽休闲乡村推介名单，成为乡村振兴发展的一个典范。

四 黔南州乡村振兴发展的启示

1. 推进农村经济结构调整

一是积极推进农业产业结构调整，发展特色农业。深入推进农村产业革命，积极发展茶、菜、果等特色优势产业，建设一批现代化的农业示范区。二是打通拓展产业链，促进产业融合发展。抓好产业融合发展，提升农产品加工率。在构建产业融合的发展体系中，狠抓打通"资源变资产、资金变股金、农民变股东"的渠道，灵活配置运用各要素，加快发展现代农产品加工业，鼓励支持特色优势产业发展。三是坚定不移扶持强龙头创品牌带农户。大力扶持农民专业合作社发展，鼓励黔南州乡村设立合作社，推广"龙头企业＋合作社＋农户"带动模式。促进新型经营主体与小农户有机结合，把小农生产引入现代农业发展轨道。

2. 建设高水平的人才队伍

一是不断强化黔南农村专业人才队伍建设。构建完善的黔南州专业人才统筹使用制度，提高农村专业人才的服务保障能力。制定落实激励政策，推动优秀校长和骨干教师向乡村学校流动；深入实施村医培养计划。二是培养乡村规划建设人才队伍，多渠道推进规划编制专业人员下乡，制定乡村建筑工匠培养管理意见；积极建立乡村规划所。加强乡村旅游人才队伍建设，提高乡村旅游从业人员整体素质和服务水平。三是高效发挥科技人才支撑作用。加强基层农技推广服务体系建设，构建公益性和商业性农技推广的融合发展机制；完善落实农业科研成果转化应用相关政策，建立健全农业相关领域以知识产权明晰为基础、以知识价值为导向的分配政策。

3. 弘扬优秀传统乡村文化

一是注重农村思想道德建设。坚持以社会主义核心价值观为核心，采取通俗易懂的宣传方式，深入宣讲习近平新时代中国特色社会主义思想和党的十九大精神，大力弘扬民族精神与新时代贵州精神，加强爱国主义、集体主义、社会主义教育。二是传承农村优秀传统文化。加强落实对优秀农耕文化遗产的保护工作，适度利用优秀农耕文化遗产。积极弘扬农耕文化所蕴含的优秀思想，有效发挥其凝聚人心、淳化民风的重要作用。三是加强优秀传统乡村文化的普及宣传。努力让传统优秀乡村文化深入新一代青年心中，做好文化的普及宣传工作，让青年一代明白文化的宝贵价值。

4. 推进农村人居环境治理

一是升级完善农村基础设施。抓好"小康路"建设，优化升级农村公路网络，加强农村公路安全设施建设和营运管护；抓好"小康水"建设，着重解决农村饮水安全问题，提高农业灌溉能力，改善黔南州农村整体的水环境；抓好"小康电"建设，以农村电网改造升级等为主要目标，加快黔南州农村用电公共服务的均等化。二是继续改善农村人居环境。抓好"小康寨"建设，以"道路硬化、卫生净化、村庄亮化、环境美化、生活乐化"为指导，建成美丽宜居的黔南乡村。三是深入推进农村危房改造建设。以功能完善、安全适用、经济美观为准则，保障农民住房安全，发挥自然生态、历史文化的资源优势，提升黔南乡村风貌。

5. 发展农村公共服务事业

一是积极推进农村就业创业和农民增收工作。构建完善的城乡公共就业服务体系，开展丰富的技能培训活动，积极引导农村劳动力多渠道就业，不断提高就业质量。二是深入发展农村教育事业。全面落实九年义务教育经费保障机制，全面改善农村薄弱学校基本办学条件。健全学生资助制度，为黔南农村的潜在劳动力提供更多接受教育的机会。统筹分配城乡的师资力量，确保基本的乡村教育师资力量，不断加强黔南乡村教师队伍的建设。三是做好农村公共卫生医疗事业，确保农民生病有医可看、有保可报，让农民无生病返贫的后顾之忧。

五 本节小结

黔南州乡村振兴发展在农村产业升级、社会治理推进、精准扶贫脱贫、城乡统筹发展、生态文明建设五个方面，已经取得了一定的成绩，探索出优秀示范乡村振兴的实践路径，总结提炼出一个个经过现实考验和淬炼的"黔南经验"，荔波县水甫村的"协同推进"模式是一个可参考的典型案例。2020年后，黔南州乡村振兴将继续坚持以农业供给侧结构性改革为主线，巩固脱贫成果，推进农村经济结构调整、建设高水平的人才队伍、弘扬优秀传统乡村文化、推进农村人居环境治理、发展农村公共服务事业，全面带动农民增收和实现乡村振兴发展。

第十节 贵安新区乡村振兴发展的实践与启示

一 贵安新区乡村振兴发展的现状

贵安新区于2014年1月6日成立，是国务院批准的第八个国家级新区。贵安新区位于贵阳市与安顺市之间，从南到北覆盖安顺市平坝区马场镇、高峰镇、城关镇、天龙镇、白云镇、夏云镇、乐平镇、羊昌乡、十字乡和西秀区的七眼桥镇、大西桥镇、旧州镇、刘官乡、黄腊乡和蔡官镇，贵阳市花溪区的湖潮乡、党武镇、石板镇、麦坪乡，清镇市红枫湖镇（不包括红枫湖水域和国家禁止的其他开发地区）。贵安新区规划控制总面积1795平方千米，人口73万，其中新区直管区包括党武、湖潮、马场和高峰四个乡镇，86个村居和369个自然村，人口约为14.4万；目前新区已打造高峰镇示范小镇，建设完成20个美丽乡村，直辖区已全面脱贫。贵安新区区位优势明显，地势较为平坦，人文生态环境良好，发展潜力巨大，其地势西高东低，平均海拔1200米；气候宜人，年平均气温12.8—16.2℃，常年温度适宜，是人类宜居之地。地貌类型多样，地形以山地为主，但多处平坦位置，地势稳定，有多达14条河流，131个湖泊，515个池塘，219个地下泉眼，有大约24%的湿地面积，有24%的面积属于自然风景区，80%面积处于地表水河流域面，森林覆盖率达42%。贵安新区位于西南出海通道中间位置，是中国"两横三纵"城市化战略格局的西部主要位置。在坚持深化农村产业革命，推进落实乡村振兴方面，贵安新区正在探索一条发展新路。

1. 农村产业升级方面

近年来，贵安新区紧扣"八要素"，积极践行"五步工作法"，探索创新工作机制，形成了适合本区农村产业革命及其发展的一整套工作方法，不断推进产业革命，发展特色产业，书写了农业产业结构调整的新篇章。

一是发挥制度优势,促进农业快速增长。贵安新区把制度优势发挥出来,以各级党组织为工作核心,发挥广大基层干部带头做实事和引领村民发展的积极作用,抓住农村产业革命要核—产业革命调整这个难题和突破口,积极推行"党组织+"模式,努力探索出一条具有本区特色的党组织引领产业革命助力脱贫攻坚,早日实现共奔小康的新方法、新模式、新道路。贵安新区农业发展的目的是实现新区农业产业现代化,以500亩坝区为突破口,狠抓农村产业结构调整难题,促进第一、第二、第三产业融合发展,科学布局"六个万亩"工程,突出发展本区五大优势农产品产业,围绕做大做强3个现代高效农业示范园,加强农村产业革命财政投入,坚定不移将农村产业革命向纵深推进,紧扣产业引领脱贫攻坚这个发展初心,最终实现全区完全脱贫,共奔小康。如表6-15所示,新区全年农林牧渔业增加值为1944.66亿元,比上年增长5.9%。其中种植业增加值1189.20亿元,比上年增长6.8%;林业增加值133.32亿元,增长8.3%;畜牧业增加值480.16亿元,增长2.9%;渔业增加值43.86亿元,增长15.6%;农林牧渔服务业增加值98.12亿元,增长3.7%。

表6-15　　2016年贵安新区农牧业林渔增加值及同比增长率

指标名称	增加值（亿元）	比上年增长（%）
农林渔牧业	1944.66	5.9
种植业	1189.20	6.8
林业	133.32	8.3
畜牧业	480.16	2.9
渔业	43.86	15.6
农林渔牧服务业	98.12	3.7

资料来源:《贵州省国民经济与社会发展统计公报》(2016年)。

如表6-16所示,从2011年到2016年新区全年粮食总体呈现增长趋势,尤其是2014—2016年实现"三连增",创新区建设以来新高。2016年全年粮食总产量1192.38万吨,比上年增长1.1%,其中，夏粮产量257.45万吨，秋粮产量934.93万吨。

表6-16　　　　　　　2011—2016年贵安新区粮食总产量

年份	2011	2012	2013	2014	2015	2016
粮食总产量（万吨）	876.90	1079.50	1029.99	1138.50	1180.00	1192.38

资料来源：《贵州省国民经济与社会发展统计公报》（2011—2016）。

如表6-17所示，2016年新区生猪出栏数比上年减少2%，猪肉同比减少了3.6%；而牛羊出栏数较上年增长较多，分别为5.6%、7.2%，牛羊肉同比增长6.5%、7.1%；禽肉同比增长8.7%；其他肉类也处于增长状态。

表6-17　　　　2016年贵安新区主要畜产品产量及其增长速度

	生产总值（亿元）	同比增长率（%）
肉类总产量	199.28	-1.3
猪肉	154.96	-3.6
牛肉	17.85	6.5
羊肉	4.50	7.1
禽肉	17.72	8.7
其他肉类	4.25	8.3
牛奶（万吨）	6.39	3.1
禽蛋（万吨）	18.30	5.6
生猪出栏（万头）	1759.35	-2.0
牛出栏（万头）	140.72	5.6
羊出栏（万只）	263.86	7.2
家禽出栏（万只）	10397.26	8.1

资料来源：《贵州省国民经济和社会发展统计公报》（2016年）。

如表6-18所示，新区农业产值逐年升高，2015—2016年增长了3.2亿元，同比增长了188.23%；2016—2017年增长了3.76亿元，同比增长了76.73%；2017—2018年增长了5.42亿元，同比增长了

62.58%；这说明乡村经济得到了飞速发展，农村产业革命起到了促进作用，产业结构调整难题得到了有效解决，"三变政策""一化三新"，农村集体产权制度改革，城乡统筹发展等政策得到了保证，新区更加坚定地把农村产业革命推向纵深。

表6-18　2015—2018年贵安新区农业生产总值及其同比增长率

年份	生产总值（亿元）	同比增长率（%）
2015	1.7	0
2016	4.9	188.23
2017	8.66	76.73
2018	14.08	62.58

资料来源：贵安新区政府官网（2015—2018）。

二是推动"三转三变"，促进农业结构调整。贵安新区以"三转三变"为指导思想，以推进农业供给侧结构性改革为主体，以农业园区建设为平台，以农村产业革命为契机，以"六万亩工程"为主体，围绕水果、蔬菜、茶叶、大米、食用菌五大优势产业，把实施乡村振兴战略作为农业和农村工作的总体出发点。新区将进一步推进"三变"改革，全力建设现代农业体制体系，解决"三农"新问题，开创农业建设现代化的新局面，实现由自给自足的农业转型向环保农业、生态农业升级，走上"别东异西"的"都城农业"道路，到2020年，基本实现山区特色高效农业现代化。

三是推进乡村振兴，做好农村产业革命。近年来，贵安新区在振兴农村经济方面进行了深刻的产业革命，以建设500亩坝区为突破口，着力发展典型产业和优势品种，重点扶持，率先突破，推动形成以"专业化、精细化、市场化"为特征的产业发展格局。根据当地情况，将在贵安新区发展蔬菜、水果、茶叶、辣椒和食用菌这五个重点优势特色产业，建设六个大坝区，并规划农业用地面积17989.39亩。贵安新区根据当地情况科学布局，在"贵安山禾"的品牌指导下，发展农产品深加工产业，努力打造品牌化农业产业，种植粮食、茶叶、辣椒、莲藕、淡水鱼、花、果、草、菌类、禽类十种农产品，培育新区农业经营新主体，以扩大加强重点示范园区建设的方式，打造了贵安新区麻线河流域现代高效农业示范园区、马场河流域高效农业示范园区、羊昌河流域高效农业示范园区，带动了周边农业产业发展。农村产业是脱贫的基础，是增强地区实力的根本、致富的根源。

2. 社会治理推进方面

一是创新"党建+"社会治理模式。贵安新区要求党员干部队伍、领导干部冲锋在前以身作则，广大党员紧随其后吃苦耐劳，坚持睡在板房、吃在板房、工作在板房，营造了一流的投资发展环境，解决了投资项目审批难、落地难等问题，凝练成了贵安"板房精神"；"党建+社区"创新模式凝心聚力；建立基层党组织，贴近人民群众生活，发挥党组织堡垒作用、党员先锋模范带头作用，带安置、带服务、带就业、带智慧、带文明，以创建新型智慧社区为目的，培育安全、高效、智能的社区管理服务体系，不断融入社区居民，带动社区居民参与群众性文体娱乐活动，持续增强社区党组织的影响力，为社区居民提供人文化、多元化、社会化的公共服务。

二是建立新时代农民学习讲习所。为贯彻落实党的十九大精神，密切党群关系，培育和弘扬社会主义核心价值观，助力脱贫攻坚，新区组建了新时代农民（市民、工人）讲习所。从区一级到村基层组建师资队伍，区一级邀请各级领导干部、专家学者、知名企业家、专业技术人员、道德模范、省党代表、外聘教师等组成区一级讲习教师，为市民、工人讲解党的十九大精神，并介绍新的技术发展，培育基层群众；各乡镇则邀请一线党组织成员，优秀党员、带富能手、文化和传统工业传承人、脱贫攻坚的土专家、田秀才、乡贤榜样等组成乡镇讲习教师；而各园区、企业则由企业领导层、生产经营管理层、技术标兵、生产能人、劳动模范等人员组成讲习教师，目的是理论联系实践，把党的精神理论、先进的技术理论应用到实际的生活生产中，帮助广大群众学习技术技能，助力脱贫，防止返贫，共奔小康。

三是推动公共法律服务体系建设。随着我国法制体系的完善，新区力争营造自觉守法、遇事找法、解决问题靠法的社会氛围，让广大群众能知法、懂法、守法、用法，整合辖区内的法律服务资源，努力服务人民群众，使辖区内的群众能充分享受到最基本的公共法律服务。创新性提出"一村（居）一法律顾问"政策，整合新区公共法律服务资源，以政府财政补贴的方式，选派律师担任村（居）法律顾问；新区为了推进公共法律服务范围向基层延伸，着力打通法律服务与广大人民群众之间的"最后一公里"，推动法律顾问进村宣法讲法，在其辖区内97个村居实现了"一村（居）一法律顾问"工作的全覆盖，这不仅保障了人民群众的权益，而且为决战脱贫攻坚提供了良好的法律保障。

四是利用大数据来推动社会治理。"一云一网一平台"建设是贵州省委推动的重点工作任务，主要是利用云上贵州"一朵云"实现贵州九个市区的政务数据资源共享，新区为实现早日接入"一朵云"，启动了云上贵州贵安节点的全面建设，贯彻落实了政务资源共享的工作；与此同时，为实现贵安服务事项的"一网通办"的功能，新区整合资源，全面建成了新区政府网、省直属专用网、互联网等网络，编织成了贵安"一张网"；"一平台"指新区建成的贵安政务数据平台，目前已上线试运行，自此实现了在贵安政务数据全网搜索方面的零突破，并且为了统一部署，新区要求各部门自建业务系统，全部接入政务服务平台。

3. 精准扶贫脱贫方面

一是党建引领是动力。从党建引领着手，贵安新区加强组织领导，压实干部责任，全面利用脱贫扶贫资源，加强监督检查，落实"一把手负总责"责任制，切实追责到领导干部职责和部门责任，开展"春季行动"，"夏秋攻势"和"1+5+1"专项治理工作；开展"5321"帮扶活动（厅级干部帮扶5户贫困户，处级干部帮扶3户贫困户，科级干部帮扶2户贫困户，一般干部帮扶1户贫困户），深入基层，解决了扶贫工作中的难点和痛点问题，为赢得脱贫攻坚战"把脉问诊"，为脱贫工作打下坚实的基础。

二是产业扶贫是关键。近年来，贵安新区一直以实施农村振兴战略为重点，做优"长板"，科学合理地制定了诸多"产业发展"的政策，采取多种方式助力产业扶贫。为了补齐发展"短板"，新区开展了一系列乡村基础设施建设，实现了农村公路接入家家户户；为了保障新区群众利益，开展了教育医疗住房摸底建设工作，保证扶贫效果，努力探索出一条符合新区情况的具有贵安特色的精准扶贫新途径。根据新区2017年的数据统计，辖区农村户籍人口为151800人，其中1985户中登记建档的贫困户为7156人（已脱贫为6025人，未脱贫为1131人），贫困发生率为0.74%；2018年，贵安新区登记建档贫困户数为2042户，6226人，通过精准帮扶和精准脱贫，贫困户减少4926人，除了665户1300人处于政策兜底之外，脱贫已经全面实现；2019年，新区又宣布495户贫困户中的1102人实现脱贫。

如表6-19所示，贵安新区城乡居民可支配收入是在逐年增长的，在2015年达到最高，这是新区正式成立第一年，其成绩是可喜的，同比增长率也是最高的，之后新区把扶贫作为第一工作，努力帮助广大农民实现脱贫，而数据也说明了新区政策是卓有成效的，脱贫攻坚工作取得了重大突破。

三是基础设施是前提。为打通脱贫攻坚战"最后一公里"，新区积极开展农村基础设施建设，启动农村公路"组组通户户到"工作，新区计划开工建设108条132千米的乡村群联道路，努力完成道路施工建设，覆盖辖区4万人，其中300人为贫困人口。

表6-19 2015—2018年贵安新区城乡居民可支配收入及同比增长率

年份	农村居民可支配收入值（元）	农村居民可支配收入同比增长率（%）	城镇居民可支配收入（元）	城镇居民可支配收入同比增长率（%）
2015	9600	0	22000	0
2016	11327	15	25317	10
2017	12517	10	27137	9
2018	13700	9	29300	8

资料来源：根据贵安新区政府工作报告整理而得（2015—2018）。

四是教育医疗是保障。新区努力全面覆盖公立学校的学前教育儿童营养改善计划，改善贫困地区义务教育学校的办学条件，建立帮助所有贫困地区贫困家庭扶智扶贫的工作机制，以帮助他们尽快摆脱贫困；实现了建设贫困村卫生室、集中安置的社区卫生室14个、农村中小学卫生室标准化建设的全面覆盖；落实"四重医疗"保障，保证辖区内的所有农村贫困人口全部参加农村医疗保险，贫困人口住院治疗费用的实际补偿比率达到九成以上；开展重大疾病集中治疗，全面提高36种慢性病的安全医治保障水平。

五是金融支持是后盾。新区进一步理顺"特惠贷"申领投资渠道，在自愿的基础上，对建档立卡兜底对象每户5万元"特惠贷"资金整合投入国企经营项目统一经营，按照第一年6%、第二年7%、第三年8%的利率进行分红，保证建档立卡兜底对象稳定增收，确保资金运行安全和发挥最大效益。

4. 城乡统筹发展方面

一是行政村改社区创新管理方式。新区为全面推进智慧城市建设，实行一体化的城乡统筹发展体制，打破城乡差别，让广大农民也能享受到城镇基本公共服务，把直管区行政村改为社区，推进新型城镇化建设，创新城乡发展模式；新区精准选派驻村干部，强化基层管理，各驻村工作组走访群众，召开工作会议，帮助谋思路出点子，协调项目，协调资金，解决群众实际困难；新区社区继续创新管理方式，简化行政审批程序，如茅腾安置小区的"一站式"服务，减少居民办理业务时间，缩短审批程序，让社区居民享受便捷服务；湖潮乡星湖社区主要以汪官、元方、车田、马路和湖潮五个安置村为主，代由集体经济形式合资组建贵州聚欣房地产开发有限公司以接管社区物业，星湖社区服务中心为服务社区居民，创新性地开启了居民"当家做主"的新型管理模式。

二是先安置后搬迁实现城乡协同。为让广大农村农民能脱贫致富、减少负担、改善民生，改变生存环境和发展条件，贵安新区创新性地提出"建房、搬迁、就业、保障、配套、退出"的政策，贵安新区建设了14个新型生态智慧社区，总占地面积约400万平方米，累

187

计投资约120亿元，实现了6万人就地就近城镇化、市民化。2018年14个新型安置社区基本启动完成回迁，安置4159户、房屋8866套，棚户区改造基本建成1400套、新开工600套，实现了农民搬得出、稳得住、能致富的目标。

三是夯实基础培育新型农民工人。新区积极规划，强化培育农业新产业、新业态，目的是把农民转变为"职业农民"。新区积极探索运用大数据技术进行精准扶贫的新途径，并以实现过去"种植散、作物乱、市场小"的传统农业向运用大数据技术支持农业发展的新型农业转型为目的，通过创建"大数据＋标准体系＋农户＋市场"的新模式，培育周边农户，辐射新区农村；新区推广大数据扶贫和扩大市场以推动扶贫，也已取得初步成效，采用"标准化管理＋云上农业学校＋农民农业学校"的方法，线上教学线下指导，把农业学校建到农村，并请知名专家从"云上"走到田间，实地教学，教农民使用农业科学技术，也让经验丰富的"土专家"亲自教授农校农民，使农民可以有效提高管理水平，同时提高新区农业现代化水平，使传统农民成为高素质的专业农民。

四是打造特色小镇推动城乡联结。第一，加强了特色小镇的基础设施建设，以确保有效灌溉和通向田间道路的便利性；第二，调整优化产业结构，抓好五个主导产业，促进农业发展；第三，加强农业科学技术支持，充分利用"万名农业专家服务'三农'"专家数据库的资源，完成农业绿色发展防控农作物覆盖，以及良法和良种覆盖；第四，推广先进的组织方式方法，全年引进和培育五家以上的农业龙头企业，并在五个坝区示范全面覆盖新的农业经营实体；第五，抓紧扩大产品市场，线上线下结合，发展订单农业，加快农村电商发展，树立区域品牌，提高市场占有率；第六，要促进农民收入的持续增长，以"三变"改革为契机，推进"订单收购＋分红""农民参股＋保底收益＋按股分红"等方式，加强培训农民的技术提升、模式创新和创业精神，提高能力和素质，促进附近就地就业，实现农民人均可支配收入的持续增长；第七，高峰镇将努力打造一个示范坝区，以确保王家园村的坝区成为平均产值超过12000元，土地出让（持股）率达到

90%以上、覆盖率达到95%，主要农作物的政策保险覆盖率超过80%的新型经营主体，从而全面建立省级模板。

五是一化三新推动城乡融合发展。贵安新区将紧抓新型城镇化建设任务，以"一化三新"为总体出发点，加快规划指导，优化城镇布局，加快改造城市棚户区、城中危房、城市违建及城中村。以经济欣欣向荣、社会文明灿烂、布局科学合理、环境秀丽优美、人民富足满意的城市建设为目标，全面推进美丽乡村建设，完成生态文明建设和新型城镇化试点任务，打造具有贵州山地特色的新型城镇化国家示范区，鼓足干劲，力争上游，使新区成为生态美丽，人文荟萃，群众富裕的智慧型城市。

5. 生态文明建设方面

一是全面建设美丽乡村。为了引领新区的美丽乡村建设，新区高标准地建设了平寨村、车田村、王家园村等美丽的乡村示范点，展示了美丽乡村的成果，并发挥了很好的领导作用。平寨村积极布局美丽乡村建设，目前已完成污水管道设施的改造，并建设了乡村小型污水处理站，平寨村不仅在道路建设中普及太阳能节能路灯，还联系环卫系统，投放垃圾收集车，并广泛使用新型污水处理设施进行污水集中处理。此外，平寨村98%的村民已能使用清洁能源供暖，天然气也普及到每个家庭。在基础设施建设方面，新区大力实施"六项小康行动"，打通了城乡路网建设难题，实现了新区78个乡村"连城、联村、进组、到户"的道路建设目标，并完成3.2亿元的建设投资；在促进脱贫方面，新区大力推行"授人以渔"的方式，带动贫困家庭一户一人实现就业，以期有劳动能力的贫困家庭都能就业，这些都为新区实施乡村振兴奠定了坚实的基础。到2017年，新区完成了20个村庄的美丽乡村建设，完成了50个未搬迁的行政村和170个自然村的规划，对农村环境进行了全面整治，实施了"八个小康行动计划"，组织对农村农业、道路、水、电、住房、通信、村庄和绿化进行改造升级。

二是坚持"两山"理论实践。贵安新区是唯一一个承担生态文明示范区建设任务的国家级新区，从新区设立以来坚持发展与生态两条底线，牢记"绿水青山是金山银山"的理念，坚持"高端化、绿色化、集约化"的发展思路，紧紧抓住绿色为导航标志，把握绿色发展和生态优先的方向，引领新区探索出一条具有贵安特色的生态文明建设之路，走出一条人文荟萃群众富，生态美丽乡村美的绿色发展新路。首先，新区努力从制度上创建"制度样本"，在《贵安新区直管区生态文明示范区实施方案》政策的基础上，先后出台了《贵安新区直管区基本农田保护制度》《贵安新区直管区生态环境负面清单制度》等九大制度。其次，新区着力改善乡村环境，在农村积极实施"三改"（改厕、改厨、改圈）工作，已完成改厕2607户、改厨2797户、改圈1952户，并完成"煤改气"1.4万户，率先在全省淘汰煤锅炉。四个垃圾转运站将建成投入使用，转运垃圾规模为790吨/日，新区区域内生活垃圾无害化处理率达到95%以上。再次，贵安新区完成了"两湖一河"PPP项目芦官关村污水处理工程建设，5座污水处理厂投入使用，处理规模为11.32万吨/日，处理水质标准不低于国家一级A标准，取缔关停饮用水水源一级保护区排污企业60家，停产或关闭48家位于饮用水源二级保护区的排污企业。

三是实施生态环境工程。新区重点实施生态环境工程，如"十河流百湖泊千池塘"工程、"五地区八走廊百花园"工程、"绿色贵安三年会战"工程、"海绵城市试点"工程等；新区实地走访，积极规划，淘汰130家生产能力落后的污染企业，推动新能源进村工作，完成11000户农村清洁能源建设，坚守绿色生态建设，累计造林达34000亩，完成4个生态公园建设，打造了2条生态景观带。新区根据"一村一特"的政策指示，因地制宜地将人文传承（传统文化、文化观察园）、农业建设（农业园区、生态农业）、乡村风景（园林花卉、乡村风景区）和农家饮食（农家乐）等旅游文化产业融合起来引入美丽的乡村建设中，创建了"四个标准"新型美丽乡村，特点是整合资源打造旅游精品村，民俗体验村，科技创新村，高效农业村等类型的标准村落，探索"美丽的村落+"发展模式，新的发展道路是努力使每个村落形成独特的魅力，突出发展特色产业和区域文化保护，努力避免千篇一律的定型化和一面化，建设美丽村庄打造"一村一品",形成美丽乡村生态文明建设的独特新模式。

二 贵安新区乡村振兴发展的实践路径

近年来,新区在农业供给侧结构性改革和产业革命的主线下,因地制宜,创新各种发展模式助力脱贫攻坚,积极推动"党组织+"的引领带头模式,探索出"双抱团"("村抱村、户抱户,党支部来引路")的发展模式及"政府主导引导、企业主体运作、贫困户参与收益"的扶贫模式;积极实施"公司+农户""公司+集体经济+农户"的创新经营模式,不断壮大农村集体经济,不断提升农户收入;大力培育企业,合作社和家庭农场,采取"企业+基地+农户"和"企业+合作社+农户"的经营模式,以吸引投资,扩大规模,加强竞争,促进农村第一、第二、第三产业融合发展,加强龙头领导作用,创建地区品牌,带动农民增收。贵安新区因地制宜,因势利导,构建农业产业体系、生产体系和经营体系,大力培育新的农业经营主体,建设完善农业支持保护体制,探索建立新的农业社会化服务体系,确保农民利益、增加农民收入、促进农村振兴,助推农村产业革命,围绕农村产业革命,助力新型城镇化乡村建设,决战脱贫攻坚,决胜城乡同步小康。

1. 狠抓企业带动,培育经营主体

新区充分发挥政府在政策指导、投资支持等方面的作用,制定政策,整合新区资源,大力扶持和培育企业主体,扩大消费市场,采取了诸多措施鼓励农户、合作社和企业之间的合作,重点是引进具有明显市场竞争优势的大型有实力的农业企业,并引导一些优秀的国有企业和民营企业进行投资,鼓励扶持企业转型进入农业领域,以发展壮大经营主体。大力扶持合作社,截至目前,新区已建立农民专业合作社307家,实体经营农民专业合作社23家,其中马场镇林卡辣椒种植合作社和高峰王家园水晶葡萄种植合作社是国家级农民专业合作社。据新区统计,进驻贵安新区的六家农业龙头企业有贵澳农业科技有限公司、贵红农业有限公司、贵安尚菊有限公司、华龙公司、粟香生态农业有限公司、南馨茶叶公司,这些农业龙头企业主要以蔬菜、茶叶和精品水果为主,资产总额160868.84万元,固定资产总额

104444.58万元，销售收入总额4811.66万元，企业现有职工286人，直接带动4246户农户增加收入673万元。另外，新区为引进具有优势的农业企业，出台了一系列有关"广招商、招大商"的政策，并取得了明显的投资效果，新区先后与3家农业企业和1家全国500强公司达成投资意向：一是恒大旅游集团；二是云南后谷咖啡有限公司、贵州恒屹投资有限公司；三是贵州柯康俐生物科技股份有限公司。

2. 狠抓品牌建设，提升产品知名度

在主打"贵安山禾"商标的引导下，新区重点发展农产品精深加工产业，努力打造品牌化农业产业，培育粮食、茶叶、辣椒、莲藕、鱼类、花卉、水果、草、食用菌和家禽十大主要农产品，围绕"六个万亩"工程，大力发展有机稻米鱼类、高档古茶、特色蔬菜、优质水果、优质牧草、食用菌、生态禽类等产业，突出打造"一乡一品"和"一村一特"。自2018年以来，贵安新区一方面紧抓品牌发展战略，加强农产品品牌建设，打造了贵安山禾、林卡辣椒、高峰葡萄、羊艾毛峰、贵安古树红茶等一系列优质品牌；另一方面实施农产品质量提升工程，推广"三品一标"认证，并通过"委托服务+以奖代补"的方式进行推行，目前已完成认证28家、75项，产品86个，其中有机认证6项，无公害产品认证27项，无公害产地来源认证44项，无公害认证面积72000余亩。目前，贵安新区已设计出20多种"贵安山禾"产品包装，使"贵安山禾"一系列农特产品逐渐成为绿色特色产品的形象代言人，促进了贵安新型农业科技技术的普及，推动了贵安农产品行销海内外。

3. 狠抓利益联结，互惠互帮互利

在农村"三变"改革的指导下，新区建立健全了财政专项扶贫资金项目的利益联结机制，实现了财政专项扶贫资金投资项目的"三权分离"，可以量化为从村到户，到归村集体的所有权，归经营主体的使用权和归农民的收益权，以及财政扶贫专项资金产生的利润的70%分配给建档立卡的贫困农民。新区通过"党组织+"带头引领，"政府主导引导、企业主体运作、贫困户参与收益"的扶贫模式，以产业带动脱贫为主线，让农户参与进企业，与企业形成互惠的良好氛围。

同时，农民和企业建立了利益联结机制，保障了农民的权益。此外，新区不仅因地制宜创新农村振兴发展方式，而且根据新区情况大力发展订单生产、返租倒包、产业托管、入股分红、资产收益等利益联结方式，目的是确保农户在与企业合作中保有在产业链利益链价值链中的收益和份额。到2018年年底，根据贵安新区龙头企业的统计数据可以看出，各企业实现销售收入4816.16万元，企业从业人员286人，带动农民4246户，农民总收入比上年增加673万元。新区官方数据显示，新区已建成樱桃园10000亩，葡萄种植17000亩，果林种植12000亩，蔬菜种植13000亩，茶园7864亩，古茶树182000株，牧草种植1000亩，水稻种植7万亩，建成3个省级示范农业园区，建成占地面积50300亩的特色农业产业基地，玉米种植面积减少24372亩，改成种植高附加值的农作物，新区改种预计完成种植蔬菜和油菜4万亩（次），新种植和保护的古茶树3000亩，合计禽畜出栏数60万羽（只、头），食用菌种植1000万棒，中药材种植900亩，改良葡萄品种3000亩，特色养殖950亩。

4. 狠抓产销对接，助推产业发展

近年来，新区在农业产业结构调整和产销精准对接方面取得了稳步进展，以"七个抓"政策为工作指导，不断夯实农业产业发展的基础，确保了扶贫事业的稳步前进；以"五大产业"（精品水果、蔬菜、中草药、食用菌和茶）为主要重点，结合线下、线上的生产销售等方式，新区已通过大数据平台进行分析整合，运用订单生产、集中包装配送、收购帮销、自销等方式帮助农民销售农产品，以提高农业效率，增加农民收入。贵安新区狠抓产销对接工作，助推产业发展，主要包括以下几个方面：

一是抓好农业龙头企业培育发展。新区积极采取多种措施大力培育辖区内的农业经营主体，并采取多种方式培养新型职业化农民，以"企业+基地+农户""企业+合作社+农户"的经营方式，推动专业合作社、种植户、家庭农场的发展。据新区统计，新区已建成农民专业合作社252个，有大型种植户224户，家庭农场144个，其中国家级专业合作社2个，促进了产业发展，带动了贫困人口脱贫，提高了农业经营水平的专业化、组织化和社会化。

二是抓好产销对接利益联结机制。新区积极响应省委关于农村"三变"改革的工作，并努力探索了农民、合作社、企业股份合作新机制的可能性，建立和完善了诸如"企业+基地+合作社+贫困人口""最低保底+分红"等一系列的利益联结机制，完成了企业与合作社等利益相关者签署的368个利益联结协议，并把230万元扶贫资金通过小额贷款的方式进行入股，同时量化入股16.3万元的财政专项扶贫资金。

三是抓好"订单式"农业市场发展。新区积极适应市场发展，以市场需求为导向，协调辖区内扶贫乡镇积极与各农产品生产销售企业、超市、学校食堂进行对接，统筹安排新区种植业资源，大力发展"订单式"农业。到目前为止，订单农业占新区农产品生产产量的80%。

四是抓好高标准质量强农工程建设。新区为适应市场发展，不断完善农产品质量建设，主抓质量强农工程，通过"委托服务+以奖代补"的方式推广"三品一标"的企业认证，目前已完成26家企业认证，认证项目75项，产品86个，并打造了如贵安山禾、贵安古树红茶等优秀品牌，促进了"三品一标"认证企业的发展，推动了贵安农产品行销海内外。贵安农产品接下来要在乘大数据发展的东风下，按销售设置生产，按销售促进生产，加强产销互动、扩展流通体系，从而促进"黔货出山"行销天下，带动当地农民增加收入并致富，并为更多农村人民带来利益和便利。

五是抓好电商平台销售全面互动对接。新区加快电商平台建设，以乡一级一个电子商务综合服务站为核心，辐射到村一级有六个综合服务站，培育乡村网店，确保订单落实到产地村、生产户、生产人。新区完善适应电子商务发展所需要的农村快递和冷冻链物流系统，解决好乡村物流的"最后一公里"问题，最终实现贫困村电商网店全覆盖。

六是抓好农业大户与经营户长期合作。新区的一些大型农业种植户和合作社已经与周围的餐饮企业建立了长期合作机制，以固定的地点和固定的销售量运送食材,产生了固定的农产品产销对接渠道。

七是抓好帮扶社会主体拓宽销售渠道。新区帮扶单位审时度势充分发挥主观能动性,积极拓宽销售渠道,不仅帮助了贫困村落和贫困家庭发展产业,而且主动帮忙销售农产品。根据新区的数据统计,新区辖区内的配送中心已经与23家农民专业合作社签订了合约,并且与28所高职院校(包括分校区)开展了食堂配送业务,日均配送量约78吨,主要向学校的食堂配送大米、食用油、家禽、肉类、蔬菜等食物,每天为贫困地区创收46.5万元。

5. 狠抓龙头企业,辐射周边发展

贵安新区以推进农业供给侧结构性改革为主线,不断推动农村产业变革,而深层次农业产业结构变革,就需要一定的技术积累来匹配快速发展的产业结构,并为乡村振兴战略提供支持。因此,要不断加强技术方面研发、累积、扩展、应用和服务,用科技智慧振兴农业,从而实现将技术服务覆盖到每个扶贫产业、每个合作社和每家每户。新区以现代化农业园区建设为平台,突出龙头企业的引领帮扶作用,加快培育农业农村发展新动能、新业态、新经济,运用新科技新技术提高农产品供给体系的质量和效率。例如,贵州贵安新区绿澳农业科技有限公司是第一批入驻新区的农业优势企业,具有深厚的技术积累和积极的创新机制,并根据新区的地理环境在高峰镇狗场村建成了贵澳农业旅游产业示范园。根据新区数据统计,贵澳园区运用线上教学传授线下实操培训的方式,已将周边村民3500余人培训为具有使用一定技术的职业农民,其中有1300余人为贫困人口,实现了精准培训带动脱贫的目的,并和马场镇场边村、松林村、枫林村等周边11个村签订了《大数据农业精准扶持协议》和《种产销协议》,彻底解决了农户农产品销路问题,辐射了新区1000余人增收致富。

6. 狠抓数农结合,推动智慧农业

近年来,借助大数据发展东风,基于大数据先发的优势,贵安新区作为在贵州建立的首个国家大数据综合实验区的主要战场之一,着力于大数据发展和农村地区的振兴,推进大数据与美丽农村建设相结合,以农业供给侧结构性改革和产业转型为重点,以建设现代农业园区为平台,运用"网络云"思维,引领统筹传统农业向智慧农业的转型升级,将促进农业供应质量的不断提高和农村发展总体水平的提升,最终将探索一条脱贫攻坚的"大数据+精准扶贫+农业"模式,以解决脱贫问题,赢得小康社会的完全胜利。

三 马场镇平寨村"三方联合"模式的典型案例分析

贵安新区马场镇平寨村,位于新区直管区的核心位置,地理位置偏马场镇南部,共管理有平寨、龟山、大坝、破塘、新寨、旧寨、克酬等8个自然村寨,村寨天然分布形似北斗七星,因此也得名北斗村寨,村寨辖区面积共9.2平方千米;平寨村处于贵阳与安顺中间,交通便利,黔中大道、兴安大道和贵广公路等新区城市快速干道穿村而过,已由过去两小时出村到贵阳缩短到现在只需半小时;平寨村自然资源丰富,素有"黔中桃源"之称,依山傍水,土壤肥沃,马场河穿村而过,更有风景宜人的北斗湖散落其间,村寨大树参天,绿树成荫,植被覆盖率达98%以上;平寨村中人口以布依族为主,布依风情浓郁,至今还保留有原生态布依文化以及民风民俗,非遗布依蜡染源远流长,银制民族手工艺品传承保留至今,村寨已经发展形成集农家乐、乡村旅馆、酒吧、茶室、民族手工艺品店等休闲娱乐一条龙的服务业态,更积极部署康养避暑、田园观光、水果采摘、农趣体验、亲子体验等业务,以期实现带动周边脱贫致富,贫困人口完全脱贫不返贫的目的。平寨村自2013年作为第一批贵安新区美丽乡村示范点建设以来,获得2016年"中国梦·村镇梦"第四届县市长论坛"中国最美村镇生态奖",入选2019年《第一批入选全省乡村旅游重点村名录乡村名单》,第四批"贵州省少数民族特色村寨",成为贵安新区农村产业革命推动扶贫脱贫的典型例子。

平寨村如何发展成为现今美丽乡村示范典型特例的呢?新区成立至今才6个年头,从发展之初就定下以政府党组织为核心的领导集团,全方位投身到新区城镇建设中去,以新区政府规划的顶层设计作为蓝图,各级党委作为"施工队长",基层党组织和党员作为"施工队员",从最简单的动员到最复杂的各项工程建设,都经过政府统筹安排,也由此产生了"政府主导引导、企业主体运作、贫困户参与收益"的"三方联合"精准扶贫开发模式，探索出政府引领产业结构调整助力脱贫攻坚的新路子，主要开展的工作包括：

一是传统农业产业调整。平寨村在2017年以前，村民都是还以玉米、水稻等传统农业种植为主，收入低，负担大，经由新区政府工作指示，平寨村村委积极求变，实地考察，规划设计，通过与贵红农校合作，由贵红农校提供技术支持，平寨村合作社负责管理维护，指导农民利用科学新技术，把传统农民培训转向职业农民，平寨村因地制宜调减玉米种植面积，转向种植经济作物。一方面从2017年11月开始筹备，平寨村支两委上下争取，在贵安新区相关部门的支持下，600亩苹果林项目在平寨村落地，亦成为全省新年义务植树的主活动现场，2018年由2000余名干部职工、志愿者及当地百姓，在马场镇平寨村旁的600多亩山地种下的2.52万株苹果树苗，大约每亩种植40棵苹果树，预计可收获2000千克苹果。另一方面，平寨村利用村前的一片片泥地洼地，打造荷塘景观带，种植荷花约280亩，改善湿地300亩，促进了美丽乡村建设。

二是美丽乡村基础建设。2013年以前，平寨村没有出村的水泥路，村民出行只能靠步行，到马场镇镇上需要一个小时，到花溪区需要三个小时。而自平寨村入选美丽乡村，重新建设以后，乡村风貌发生了巨大改变，新区统筹规划，打通城乡路网建设难题，实施"六个小康行动"，使平寨村连接到镇、通行到组、直达到户，交通变得更为便利，目前到镇上只需几分钟，到贵阳也只需半小时。平寨村在基础道路建设过程中，遵循绿色环保的原则，积极普及太阳能节能路灯，并推行清洁能源供暖，天然气已普及到每个家庭，联系环卫系统，解决村寨垃圾处理问题，投放垃圾车，广泛使用新型垃圾处理设施进行垃圾集中处理，改善乡村居住环境，同时建设了平寨村小型污水处理站，完成了乡村污水管道设施的改造。为适应乡村旅游的发展，平寨村引进MBR一体化污水处理装置，解决农家乐污水量大、含油量高的问题，并对污水进行"雨污分流"后引流进景观带，起到节约用水的良好效果。

三是农旅结合促进发展。作为新区美丽乡村建设的第一批示范点，随着基础设施建设逐步完善，平寨村利用丰富的自然资源和独具魅力的布依文化，贯彻落实新区"一村一特、一山一品、一水一韵"的发展战略，加快美丽乡村建设，重点把平寨村打造成为集民宿、饮食、休闲、观光为一体的农旅体验地，目前已成为远近闻名的乡村旅游目的地。首先，平寨村积极鼓励农户利用村寨资源，让家家户户都开起了客栈、农家乐，目前已建设有600间乡村民宿，乡村旅游得以快速发展，这里已成为新区特色农旅发展的典型。其次，"乡村游，必须变"，平寨村根据新区在特色景区景点、农旅产品、市场定位等方面的分类指导，鼓励集中连片开发，打造全域旅游综合体，并推动专业合作社组织建设，支持成立专业的旅游公司。再次，引进企业，打造行业标杆，做好精品民宿。2016年10月，平寨村引进贵安新区农投公司，开始着力在村寨规划建设一批精品民宿，以通过经济手段规范民宿乱象，树立民宿标杆，升级民宿软硬件设施，从而使整个平寨村民宿档次得到提升。

四是丰富精神文化活动。近年来，随着基础设施建设的完善，平寨村已经从过去道路不通变成了如今的交通枢纽，使各方游客能便捷到达平寨；也随着旅游产业的飞速发展，使平寨村以及其村民获利，经济急速发展，村民也越来越富裕，利用其浓郁的布依民俗文化，在村寨中央建造了大型民族文化广场，打造了巨大的布依铜鼓，并建有广场牌坊、社区服务大楼、村委会楼阁等。同时，平寨村不断完善村寨公共设施，涵盖了乡村电影院、村史馆、旅游接待室、图书室、微机室、留守儿童之家、服务大厅、多功能会议室等。

五是智慧大数据助畅游。近年来，贵安新区立足大数据产业发展先发优势，借助大数据的东风，积极布局，大数据不断被运用到贵安新区城市旅游业发展中，老百姓的生活方式也被大数据潜移默化地影响着。平寨村利用大数据平台，整合村寨旅游资源，接入APP，如今只需要手机下载"蝴蝶云"APP，就可查询平寨村客栈、农家乐具体信息，农户还可通过APP网上咨询种植难题，提供技术服务，而通过APP展示平台，可以看到平寨村的具体介绍信息，如村寨动态、村容村貌、农副产品、民族手工艺品等，只要下载APP，吃、住、行、游、娱、购一手资讯即可掌握。

总之，平寨村作为贵安新区农村产业革命的典型例子以及美丽乡村建设的成功典范，政府在其中扮演了主导角色。从新区规划的顶层设计，党员干部的以身作则，再到基层群众工作，每个方面都有深刻的影响。平寨村以"产业兴旺、生态宜居、乡风文明、治理有效、生活富裕"为总体要求，科学合理布局，利用村寨本身的自然、文化资源，围绕农旅结合的新型产业模式，改变过去村民只能依靠种植传统农作物获得经济利益的方式，带领村民打破常规，投身乡村振兴，利用全面建设美丽乡村的政策，走出了一条符合自身、因地制宜、农旅结合的精准扶贫脱贫新路子，让过去交通不便贫苦穷困的平寨村变成了如今的休闲旅游胜地。平寨村的成功案例为其他还处于发展阶段的地区提供了宝贵经验，也为城乡振兴提供了实践路径，美丽乡村建设是能惠及群众，带动产业发展，提高农民收入，战胜脱贫攻坚难题的。乡村振兴，则新型城镇化建设振兴；乡村振兴，则国家振兴。

四 贵安新区乡村振兴发展的启示

1. 产业兴旺是基础

产业是脱贫之根基、强区之根本、致富之根源。产业结构调整的成败决定了乡村振兴是否能实现，也决定了脱贫攻坚的任务能否完成。贵安新区从成立之初就把农村产业扶贫当作政治任务、第一要务来抓，科学合理地制定了产业结构调整的政策，以"三转三变"、农村土地"三权分置"为动力，坚定执行改革任务，多措施培育农业经营主体，重点发展优势产业，促进第一、第二、第三产业融合发展，使农村产业革命内涵得到凸显、外延得到扩展。新区要围绕"贵安山禾"重点打造品牌商标，大力发展农产品精深化加工，全面打造品牌化农业产业战略，并重点发展优势产业，突出"一乡一品""一村一特"。贵安新区在推进产业结构调整时，以"党组织+"带动群众发展，运用"政府主导引导、企业主体运作、贫困户参与收益"的扶贫模式助力脱贫攻坚；在制定产业政策和实践实行过程中，新区六举措是值得借鉴的：一是加强组织宣传确保政策深入人心；二是科学规划布局确保调整顺利推进；三是稳定农资市场确保物资供应到位；四是做好技术指导确保达到预期效果；五是加大招商引资搭建产销对接平台；六是积极培育品牌提升农业综合效益。

2. 生态宜居是保证

乡村振兴，关键点在于生态环境是否能保护好。良好的生态环境是这片土地留给我们最宝贵的财富，新区牢记习近平总书记"绿水青山就是金山银山"的可持续发展理念，坚守发展与绿色两条底线，坚持绿色发展、生态优先的方向，探索出了"全域美丽乡村、全面小康社会、乡愁田园城市"的建设方向。一方面大力推进农村人居环境治理，整体改善农村人居环境，实行"三改"（改厕、改厨、改圈），实行"八个小康计划"等政策；另一方面，抓紧"美丽乡村建设"，建成一批保持原生态，又有独特文化传统韵味和具有时代创新精神的自然生态村寨，加大农旅融合，让村民从中得到实惠，安排就近就业脱贫。

3. 乡风文明是灵魂

乡村振兴的关键在农村，农村的主体是村民，因此农村精神文明建设是乡村振兴的灵魂所在，所以乡风文明建设要从乡村实际情况出发，切忌盲目施策，要用好乡村传统文化资源，尊重农民的文化需求和文化创造，重塑新时代农民的精神面貌。首先，新区密切关注乡风文明建设，有一个稳定的外部环境。首先，打好乡村扫黑除恶专项斗争攻坚战，与此同时进行"扫黄打非"专项斗争和农村"滥办酒席整治"工作，有效地整治了近几年乡村的不良之风；其次，深入基层，收集各地惩恶扬善的事迹报道，宣传文明村规民约，突出展现新时代诚信友善、爱岗敬业、孝敬父母的优秀榜样，这些工作不仅提升了农民精神风貌，而且弘扬和践行了社会主义核心价值观，培养了文明乡风、良好家风和淳朴民风；再次，新区为营造乡风文明、村容改善、精神生活丰富的欣欣向荣的局面，不断加强文化基础设施建设，如综合文化站、农家文化园、篮球场、体育健身路径等，创新文化活动载体，举办文体活动，开展健身舞比赛活动，春节期间还举办了民族民间文化游演和群众文艺调演，这些活动都潜移默化地影响着村民精神面貌；最后，新区宣传科学，引导农民群众崇尚科学，破除封建

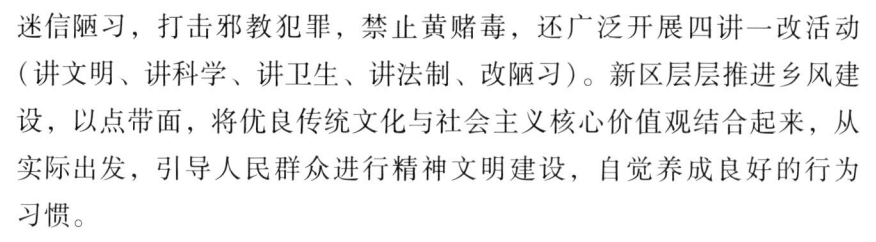

迷信陋习，打击邪教犯罪，禁止黄赌毒，还广泛开展四讲一改活动（讲文明、讲科学、讲卫生、讲法制、改陋习）。新区层层推进乡风建设，以点带面，将优良传统文化与社会主义核心价值观结合起来，从实际出发，引导人民群众进行精神文明建设，自觉养成良好的行为习惯。

4. 治理有效是核心

实施乡村振兴战略，治理有效是核心。乡村治理体系是国家现代化治理体系的重要组成部分，要实现乡村振兴，必须创新治理体系，把乡村自治、法治、德治有效结合起来，走一条符合贵安新区实际情况的法治为本、德治为先、自治为基的乡村善治之路。贵安新区的乡村治理体系紧紧围绕新区城镇化发展战略展开，首先加强乡村党组织基层建设，用"党组织＋社区"的模式在行政村改社区的过程中，积极派驻乡村社区干部，起到引领作用和协调作用，形成党组织领导、政府负责、社会协同、公众参与、法治保障的治理体系；其次健全"三治"治理体系，完善村民自治制度，建立乡村会议、村民代表制度、村务公开监督小组、村民民主理财小组等，提高群众参与积极性；完善农村法治制度，推行"一村一法律顾问"，培养村民的法律意识，保障人民权利；完善乡村德治制度，把社会主义核心价值观与乡村优秀传统文化结合起来，培育新时代新村民，提高人民素质；最后加强乡村"三农"（懂农业、爱农村、爱农民）人才队伍建设，打造一支农村专业人才队伍，一支本领素质过硬基层工作队伍、一支村干部后备队伍。

5. 生活富裕是目标

实现乡村振兴战略，生活富裕是落脚点。生活富裕以提高人民收入，提升生活品质为目的，以促进乡村全面发展为手段，以完成脱贫攻坚任务为总结，以实现全体人民共同富裕为必然要求。近年来，贵安新区实施产业结构调整政策，激活发展动力；实施城乡统筹发展，促进城乡融合；实施改善乡村环境过程，建设美丽乡村；实施农旅融合发展，提高收入，富裕群众。首先贵安新区培育农业经营主体，采取"企业＋基地＋农户""企业＋合作社＋农户""互联网＋农户"

"公司+集体经济+农户"等营运模式,让企业与农户形成利益相连互惠机制,持续提高农民收入,促进扶贫工作的开展,最终带动农民脱贫;其次开展农村基础设施建设,以改善农村居住环境、打通入村"最后一公里"为目标,启动了"村村通"道路建设工程,"八个小康计划工程"等;再次推动建设新型城镇化特色小镇示范工程,建立了高峰特色小镇,带动周边经济发展,还建成了20个美丽乡村,帮助贫困户就地就职;最后借助大数据发展东风,利用"云上农校"培训农民,让他们转变思维,成为职业农民。打赢脱贫攻坚战是乡村振兴的关键,只有消除了贫困,改善了广大农民的生活,才能标本兼治,实现全体人民的共同富裕,真正做到乡村振兴。

五 本节小结

近年来,贵安新区推进思想观念转变、产业发展方式转变、作风转变"三大革命",牢牢把握农村发展产业选择、培训农民、技术服务、资金筹措、组织方式、产销对接、利益联结和基层党建"八要素",全面推行政策设计、工作部署、干部培训、监督检查、追责问责"五步工作法",形成了一整套推进农村产业革命的系统方法,受到了广大干部群众的积极响应和广泛欢迎。马场镇平寨村的"三方联合"模式是贵安新区乡村振兴发展的一个缩影。贵安新区紧紧围绕"产业兴旺、生态宜居、治理有效、乡风文明、生活富裕"的乡村振兴20字方针,加快了农业产业结构调整,充分发挥了基层党组织"党建+"的引领协调作用,锻炼了一批吃苦耐劳干实事的党员干部,增强了社会治理的能力,为打赢脱贫攻坚战、决胜全面小康创造了条件,是新时代乡村振兴战略国家级新区实践的一个典型样板。

第十一节 本章小结

贵州省作为中国乡村振兴的西南大省之一,在"山高路不平""石多土地薄""树少草木稀"的自然环境条件限制下,贵州人民始终坚持以习近平新时代中国特色社会主义思想为指导,坚定不移地贯彻落实习近平总书记对贵州工作的重要指示批示精神，增强"四个意识"、坚定"四个自信"、做到"两个维护"，在中共贵州省委坚强领导下，在省人大、省政协监督和支持下，牢记嘱托、感恩奋进，奋力拼搏、顶压前行，在精准扶贫攻坚战和农村产业革命中，广大农村地区已经取得突出成绩。2020年，贵州农业增加值增长5.7%，增速位居全国前列。12个农业特色优势产业快速发展，坝区亩均产值增长30%以上，农村常住居民人均可支配收入增长9%左右，农业农村面貌发生着前所未有的深刻变化！从贵州省9个地市州和贵安新区乡村振兴的发展剖析到典型农村的发展经验，都深刻诠释着贵州省在乡村振兴战略道路上的不懈探索，让农村变成"富在农家，学在农家，乐在农家，美在农家"的人民生活向往之地。贵阳市乌当区偏坡村的"政府主导"、遵义市汇川区大坎村的"民企抱团"、安顺市平坝区塘约村的"塘约经验"、铜仁市江口县云舍村的"党建振兴"、毕节市普底乡永兴村的"村社一体"、六盘水市普古乡舍烹村的"三变改革"、黔东南州黎平县中平村的"自主意识"、黔西南州安龙县坝盘村的"古村保护"、黔南州荔波县水甫村的"协同推进"、贵安新区马场镇平寨村的"三方联合"等模式，无一不体现出贵州省不同民族地区、不同民族村寨因地制宜，在乡村振兴道路上"摸爬滚打"，走出了自己的一条振兴发展之路。

第七章

新时代乡村振兴战略贵州实践的系统路径

党的十九大报告中习近平同志提出实施乡村振兴战略,并发表了一系列有关乡村振兴战略、"三农"发展的重要论述,为如何实施乡村振兴战略做出了顶层设计和全面部署。贵州省坚持用习近平新时代中国特色社会主义思想指导实施乡村振兴战略,遵循党和国家对乡村振兴战略做出的大政方针和基本布局,结合贵州省农业农村发展变革的新形势以及省委对乡村振兴的相关部署和要求,紧紧围绕"三场革命""八要素""五步工作法",遵循农业产业发展规律,聚焦乡村振兴战略的重点任务,准确把握关键要素,积极探索创新和提升的现实路径,进一步提升贵州实施乡村振兴战略的成效,推动农业全面升级、农村全面进步、农民全面发展。

第一节 聚焦"三场革命"推动乡村振兴战略行稳致远

一 抓好观念革命打牢乡村振兴的思想基础

乡村振兴战略的有效实施,"转变思想观念"是首要的。我国社会主要矛盾已经转化为人民日益增长的美好生活需要和不平衡、不充分的发展之间的矛盾,相应的农业发展要让农民从过去的"吃饱饭"

转化为"吃好饭"。

一是从市场需求出发，农民要改变传统的"为吃而种"的观念，针对市场需求，种植适应市场需求的农产品。二是从消费者的角度出发，如今的市场消费者不仅需要的是充足的消费品，更需要的是多品种、优质量的农产品。因此，农民在种植农产品时不仅要遵循市场规律，而且要充分考虑消费者的消费倾向。让市场经济的春风，吹响农民发家致富的号角。

思想观念转变是乡村振兴的关键，能够为乡村振兴提供源源不断的内在动力，要把"转变思想观念"的思想从上到下深植于各级干部及基层民众中，将乡村振兴的文章写在农村大地上。通过转变思想观念，用新思想、新方法为农村开辟出美好的未来。

二 深化产业革命打牢乡村振兴的经济基础

农村产业革命作为乡村振兴的"贵州实践样本"，对全省农业农村工作具有巨大指导和实践意义，这一特殊性质决定了产业革命必须驰而不息、久久为公。

一是加强组织领导。完善组织建设、加强统筹协调、强化领导体制、明确责任人，通过省市县镇村五级党政一把手的努力，共同抓好农村产业革命。强化省委、省政府领导领衔推进农村产业革命工作，加强对全省农村产业革命的指导、协调、调度，统筹研究解决推进农村产业革命过程中的重要问题和重大建设项目，推进规划任务的组织落实、跟踪调度、检查评估。明确农业部门为农村产业革命责任部门，负责协同各部门抓好农村产业革命各项工作落实。

二是强化顶层设计。根据国家、省出台的乡村振兴战略规划要求，结合各地农业农村工作实际，制定完善农村产业发展总体规划、实施方案和配套政策，明确产业发展任务书、时间表、线路图、责任人。相关部门要落实责任，完善制度供给，以专项规划为契机，进一步落实目标任务。省、市、区、县、乡各级要协调统一、相互衔接，形成工作合力，切实保障规划方案和工程项目顺利实施，确保各项目标任务如期完成。

三 推动作风革命保障乡村振兴的纪律基础

面对复杂的国内外形势，作风建设是党和国家事业发展的关键环节。作风建设不是一时的，随着党和国家发展的每一个重要关头，利用强有力措施抓好作风建设，通过纪律教育、监督巡查等方式从源头上防范作风问题。

纪律教育必须实打实。纪律教育要先行，作风问题一般源自思想问题，各级干部要通过学习"八项规定"实施细则强化规矩意识，通过学习习近平总书记的系列重要讲话精神提高思想认识，要主动做到纪律、体会为一体，从而强化纪律教育。同时要把各级干部的行为"关进制度的笼子里"，通过《干部作风量化分类管理办法（试行）》强化制度建设，在制度上约束各级干部的作风。

节点监督必须实打实。完善上下联动的监督网络，每逢重大节假日，要因地制宜地提前发布"禁令"，同时通过监督举报、明察暗访等"自上至下"完善监督网络，使各级干部顶得住歪理、耐得住清贫、挡得住诱惑、管得住手脚，公权为民不谋私，严防"四风"反弹。

常规巡查必须实打实。纪委、监察委员会牵头，成立专项督察组、暗访组，抓牢抓实领导干部责任担当，严格落实责任，加快追责问责机制的建立。宣传部门要积极配合纪检部门，通过督察暗访、理论分析等形式，利用全媒体宣传工具做好政策宣传、典型案例报道、问题曝光等，切实做到以舆论促监督、以舆论促巡查。

问责惩处必须实打实。强化作风、落实责任，关键在于加强领导干部问责力度。对岗位责任落实不到位，造成了严重后果的个人和单位，要加大追责问责力度，优化追责问责机制，让追责问责成为对干部队伍的有效震慑，筑牢干部思想防线，同时要科学、精细化责任摊派，让问责的天秤经得起群众的眼光、历史的检验。

第二节 对标"八要素"推进乡村振兴战略全面发展

一 抓产业选择激发农产品的价值

产业选择要根据区域资源禀赋、地理环境等特点出发，因地制宜地定位产业。贵州是以山地为特色的省份，要充分发挥"贵"的优势，寻求特色产业，发展特色经济，要充分发挥市场的作用，同时在市场失灵时政府要积极采取措施，使特色产业与农业现代化相辅相成，共同发展。

一是产业选择需要精准定位。产业精准定位需要充分遵循产业发展规律，实事求是，根据地区人口、历史文化、气候特点、地理环境、资源禀赋、传统优势等因素进行产业定位，以山地特征为根本，充分发掘贵州特色产业，发挥区域优势、比较优势。贵州的山地特色使当地具有丰富的生物资源，靠山吃山，各类植物、菌类等异常丰富，这为区域产业定位提供优质的资源优势，十里不同天，全方位立体农业气候资源带来了特色产业优势，同时也必须意识到区域劣势，贵州的山地特色决定了交通不便，物流运输成本高，要充分通过规模效应降低单位成本，支持企业做大做强。二是产业选择需要特色引领。以特色为支撑点，要准确把握好特色资源、特色产业和特色经济之间的相互关系。由于区域资源禀赋的不同，许多县区都拥有独特的资源优势，面对种类繁多的特色资源品质，关键是如何有效利用将其转化为特色经济，就需要坚实的产业发展理论基础，从实际出发，精准定位选取特色资源品种，放大其独特优势，产生品牌效应，最终将其转化为经济优势。为了地区经济可持续健康发展，要以产业为支撑点，将特色资源转化为特色产业。三是产业选择需要发挥市场作用。产业选择不是盲目的选择，更不是只顾眼前利益忽视了长期发展的选择，首先要尊重市场规律，通过市场调研，发现市场规律，寻求利润最大化。其次要了解市场机制，促进资源要素在区域间合理流动，保障市场公平,实现供给与需求的有效衔接。最后体现在市场把握程度上,无论如何实现产业定位,都要以"经济人"思想去思考,要经得住市场的考验,最终成长为优势特色产业。

二 抓培训农民发挥农民主体作用

农民是乡村振兴的重要主体,乡村振兴为的是亿万农民,依靠的也依旧是亿万农民,我们必须要"就地培养更多爱农业、懂技术、善经营的新型职业农民"。贵州要以乡村振兴战略为契机,推动农民脱贫致富,通过培训农民,丰富农民生产技能,从而推进贵州乡村振兴战略的实施,开辟多彩贵州的新未来。

一是完善新型农民培训管理体制。体制建设是保障,建立一套科学合理,党委领导,多方参与的培训机制。首先要统筹规划,组织协调各有关部门。然后,根据各地区发展需要,确定培训的内容和目标。最后要积极引入社会各界力量,多方参与,最终建立起科学完备的农民培训管理体制。二是建立农民培训投入机制。完善机制建设,保障培训投入资金。要科学合理提前做好农民培训资金投入的预算,根据实际需要每年递增,保障培训资金充足,紧急特殊情况可以通过专项拨款,但要做到透明公开,专款专用。三是系统打造农民培训内容。培训内容要因地制宜,根据地区发展需要,从实际出发。新时代,新思想,要紧跟新时代潮流,在新时代习近平中国特色社会主义理论体系的指导思想下精准定位,把握农民所想、所需、所求、所愿,针对不同群体制定不同内容,把握农民实际需求。四是大力创新农民培训方法。新时代,新青年,年轻的农民充满朝气,综合素质水平相对较高,接受能力较强,可以采取"远程教育+现场考察+课堂培训+实地培育"的培训方法。同时要注重实践经验,让年轻农民心存考察实践,在实践中领悟。最后要积极推广各类优秀培训模式,创新农民培训方法。五是构建农民培训评价机制。建立长期、客观和动态的评价机制,构建完善的农民培训框架,评价原则不是一成不变的,而是要因地制宜随着发展不断调整完善,从农民培训技能熟练程度、市场接受度、产业带动能力等综合考虑,积极吸纳农民对于培训内容、方式等的建议,整合归纳整改,要始终坚持以人为中心的服务思想。

三 抓技术服务推动产业结构变革

推进农村农业现代化，要实现科技兴农、智慧兴农。科学技术是第一生产力，要推动产业结构深度变革，实现农技人员服务到村、到人。用技术支撑乡村产业发展，才能保障乡村经济的可持续健康发展。

实现技能培训与技术服务的有机衔接，基层干部与农技人员要主动安排到生产一线，为农民群众提供育种育苗、田间管理、疫病防治等科学养殖方法，同时对加工包装等中间环节进行指导，实现产业、合作社和农户全覆盖。要因地制宜根据区域特色，如茶叶、菌类、中药材等贵州省重点农村产业进行深入研究，延长产业价值链，提高产品附加值。

四 抓资金筹措引领资金流向农业

乡村振兴，资金筹措的保障至为关键。一是充分发挥公共财政的支撑功能。要从中央政策出发，根据公共政策引导性、支撑性的特点充分解读政策，争取财政支持。同时要警惕"大水漫灌"的思维方式，对涉农资金进行整合，保障公共财政资金的使用科学合理，为乡村振兴提供公共性和公益性支撑。二是充分发挥脱贫基金的带动作用。树立问题意识，当前在思想观念和服务等方面还存在不足之处，部分负责人对基金不了解，使用上比较被动；还有部分企业对财政资金无偿使用具有依赖性，需要将有偿使用基金的主动性调动起来；部分地方缺少具体项目，审批环节仍需简化等问题。要积极提升效率、简化流程和示范推动，进一步完善脱贫基金的使用。三是需要政策面的有力支持。政策方面促进资金能够流入乡村，流进农业产业，把资金用到实处。这不但需要制度的保障，还需要具体项目的实际支撑。以资金撬动产业，深入推进农村产业革命，建设美丽乡村。

五 抓组织方式创新生产经营方式

要根据乡村振兴的实践需要不断调整生产组织方式，农村产业革命的核心是结构调整，合作社、养殖场等市场主体是主要参与者，要积极创新生产经营方式，推动规模化、现代化生产，以龙头企业带动的思路,推行"龙头企业+合作社+农合"的模式,实现小生产大市场。

以强龙头、创品牌、带农户的方式,培育新型农业经营主体,将更多的农业生产主体引入市场中。要保障困难群众在农产品产业链中的位置,以人为本,保障农民的利益。进一步完善利益联结机制,以联股联业、联合帮扶等多种形式,实现乡村振兴中的贫困户有效参与。

六 抓产销对接促进农产品的销售

引导农民生产与市场需求相适应的农产品,畅通流通渠道,助力农产品高效、快捷流动,推进农业生产结构更趋合理、农业产业链优化升级、农产品质量不断提高,农产品供给效率快速提升,更好地满足消费者对农产品的基本需求,在此基础上进行差异化生产,发展高端农产品,提高农产品的品牌效应,拓宽销售思路、转变生产方式、增加销售途径,使农业产业更加兴旺,使农民的口袋子鼓起来、生活富裕起来,推动乡村振兴。

一是搭建互联互通平台,畅通产销对接渠道。首先,拓宽农产品对外销售渠道,借助农产品展销会、接洽会等大型活动拓展产销对接,利用网络平台开展农产品线上、线下产销对接;其次,加强农业部、商务部、供销部等政府部门间的相互协作,全方位、多渠道、更精准地进行农商产销对接,开展如农餐一体、农校合作、农企联合、农社对接、农超直通等多形式、多元化的产销对接;最后,建立"农头企业+合作社+农户"的生产信息大数据库,及时动态掌握农产品的产量,引导农民根据市场需求优化农业产业链、调整农产品结构、生产满足消费者要求的农产品数量与质量,建立产销渠道稳定、收益充分保障的产业链。二是完善骨干流通网络,夯实产销对接基础。一方面,落实"四好"农村路建设,完善农村基础道路建设,铺就乡村振兴之道;另一方面,促进农产品冷链物流基础设施建设,特别是生鲜农产品,如蔬菜、水果、蛋类、禽肉、水产等冷链流的完善,摆脱贵州偏远地区农产品"运输难、储存难、销售难"的困境,让更多的贵州生鲜农产品通过冷链物流链销往各个商超、农贸集市、批发市

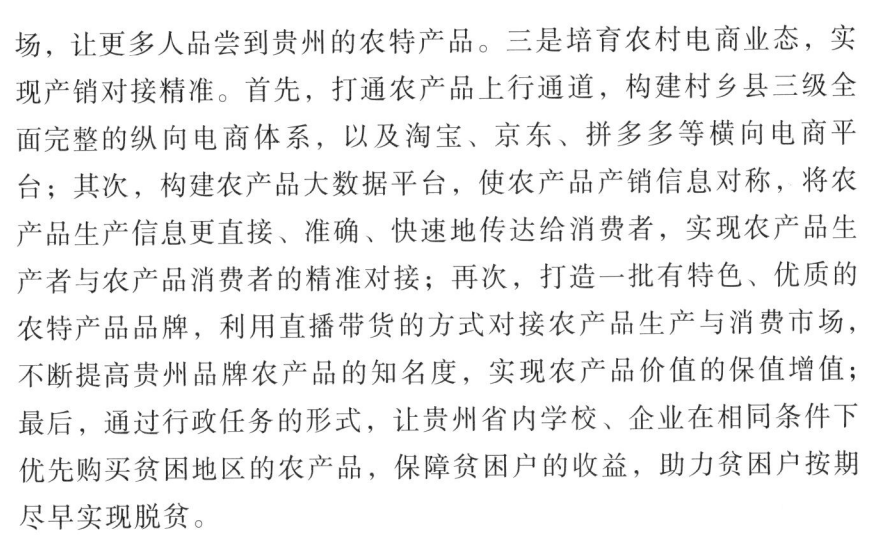

场，让更多人品尝到贵州的农特产品。三是培育农村电商业态，实现产销对接精准。首先，打通农产品上行通道，构建村乡县三级全面完整的纵向电商体系，以及淘宝、京东、拼多多等横向电商平台；其次，构建农产品大数据平台，使农产品产销信息对称，将农产品生产信息更直接、准确、快速地传达给消费者，实现农产品生产者与农产品消费者的精准对接；再次，打造一批有特色、优质的农特产品品牌，利用直播带货的方式对接农产品生产与消费市场，不断提高贵州品牌农产品的知名度，实现农产品价值的保值增值；最后，通过行政任务的形式，让贵州省内学校、企业在相同条件下优先购买贫困地区的农产品，保障贫困户的收益，助力贫困户按期尽早实现脱贫。

七 抓利益联结激活农村资源要素

实现乡村振兴战略，关键是实现农业高效化生产、完成农业现代化目标，通过农业产业化达到乡村振兴、脱贫攻坚的目的。作为农业基础薄弱的贵州省，发展农业产业的实践道路曲折、成果丰硕，积累了丰富的经验，一定程度上改变了人们"只有发达地区能够实现脱贫致富、乡村振兴"的固有观念，贵州主要是通过利益联结，充分利用现有资源，优势互补等方式，助力乡村振兴和脱贫攻坚。

一是引育相关主体，高效进行利益生产。大力推广"龙头企业+合作社+农户"的组织方式，将各个利益相关主体的利益相联结，整合生产要素，调动各方有限资源，进行农产品全产业链的高效生产，达到农产品规模化、市场化、品牌化的效应，实现农产品产业链利益最大化的目标，推动农业高质量发展。二是政府协调有力，合理进行利益分配。政府作为乡村振兴战略的领导者，应该制定完善的法律法规体系，严格审批农产品项目的申请，规范农产品产业扶贫基金和扶贫资金的使用范围，完善农产品生产前、生产过程中、生产后的各项服务体系，建立长期有效的利益协调机制，实现农产品产业链上各个利益相关主体的整体利益和个人利益，同时保障农民尤其是贫困农户的合法利益。三是进行风险防控，保障共同利益实现。农产品生产不仅具有易受天气影响、病虫害侵扰、农产品生产成果不稳定的特殊性，而且农产品具有生产周期长、投资大的生产风险、资金风险、组织风险、市场风险、环境风险、农产业链的系统风险等，不利于农产品产业链上各利益主体实现共同利益。农产品在生产过程中存在的各种风险"迫使"政府首先需要制定完善的农业保险制度，控制农产品存在的潜在风险，保障农民的收益；其次是要保持农业政策的稳定性、连续性，降低农业的组织风险；再次要鼓励和引导企业兜底农产品生产风险，降低农户的生产风险；最后政府应不断加强各利益主体间的合作，使各利益主体的收益不断保值增值。

八 抓基层党建唤醒乡村内生动力

习近平总书记指出，办好农村的事情，实现乡村振兴，基层党组织必须坚强，党员队伍必须过硬（郭建平，2019）。我国乡村振兴战略的有效实施，需要充分调动农民群众的积极性，农村基层党组织是与农民群众密切相连的基层服务组织，抓好基层党建，有利于拉动农村的内生动力。当前，在精准扶贫、精准脱贫的时代背景下，要建设好基层党建，发挥基层党组织对农业、农村、农民工作的领导作用，引导乡村振兴与脱贫攻坚工作的发展。

一是农村基层党建要以党中央关于乡村振兴战略的规划为指引，树立科学规划农村建设、统筹考虑农村发展的理念，有效发挥农村党建的带头示范作用。二是各地基层党组织要根据本地实际情况，科学合理、因地制宜地制定该地的农村产业发展规划，并按照规划制定的细则，有计划、有步骤，分类指导、分类实施，为最终打赢脱贫攻坚战和走好乡村振兴路做准备。三是基层党组织要认真贯彻"不忘初心，牢记使命"主题教育精神，通过农村基层党建，协调农民、农业合作社、龙头企业等各方的关系，充分调动各方力量集中解决农村生产生活中存在的核心问题，按问题的先后缓急逐一解决，同时要树立地方特色品牌，本着共商、共建、共享的原则，实现农业、农村、农民的共促、共兴、共荣。四是要建立完善的奖励机制，政策保障机制，规范"三农"资金的使用范围，将资金主要用于农村问题相关的环境整治、乡村建设、农业产业发展等方面，调动农村基层党员群众的创造性、积极性、主动性，培养一批致力于脱贫攻坚、乡村振兴的优秀农业专业人才，助力脱贫攻坚任务的完成，实现美丽新农村现代化建设。

第三节 用活"五步工作法"确保乡村振兴战略落地见效

一 抓好顶层设计绘制政策设计"一张图"

贵州纵深推进乡村振兴，首先是要做好顶层设计。制定政策应遵循上情、遵从实情、尊重民情，有效衔接并转化为符合中央决策和人民需要的"贵州行动方案"。以上情为"框"。各地制定促进乡村振兴的措施时，应把习近平新时代中国特色社会主义思想作为行动指南和根本遵循，紧扣中央农村工作会议、中央扶贫工作会议及中央对乡村振兴系列战略部署，落实习近平总书记对贵州的重要指示精神，不可脱离上情。以实情为"纲"。立足当地农村发展实际，把握新时期新农村发展规律，因地施策，制定符合农村发展实际的政策措施。特别是要做好"多规合一""多策合一"，要符合已经制定的和下发的政策措施或规划建议，不搞层层加码、不可"另起炉灶"。以民情为"基"。乡村振兴的立足点和出发点是提升群众幸福感、获得感，因此，制定政策措施要坚持以人民意愿为先，积极回应群众殷殷期盼，符合群众需要和意愿。

二 抓好工作部署制定贯彻落实"一道令"

乡村振兴战略是一个科学完整的结构体系。贵州纵深推进乡村振兴战略，重中之重是要做好工作部署，盯紧薄弱环节，目标是要系统化，任务是要具体化、项目化、清单化，时间是要科学化、合理化、可操作。强调缺什么补什么，各地应对照三场革命、八要素、"五步工作法"相关要求，针对选产、种养、流通、销售等各个环节存在的问题进行查漏补缺，找到薄弱环节，逐一破解，逐渐走向规模化、标准化、市场化、产业化道路。坚持产业结构合理，各地乡村振兴过程中的产业选择及生产经营规划，要结合资源禀赋、土地状况、气候条件以及市场需求等因素,坚持宜种则种、宜养则养,宜小则小、宜大则大,不同区域、不同季节选择不同品种,安排部署要合理,要形成良性竞争,推进产业集聚集群发展。构建三级工作体系,省级层面围绕重点产业发展,做好各地产业发展目标定位,建立农产品省级标准化体系,加快制定贵州农产品品质认定省级标准,完善相关行业标准;市级层面围绕重点产业选择和技术把关,推动各县、乡农产品发展协同错位,并提升地方农产品技术研发能力,细化农业功能区;县级层面围绕重点产品发展,以提升产品质量和效益为主,做好小农户与现代农业的有效衔接。

三 抓好干部培训善用干部农民"一群人"

人是产业革命的实施主体,干部培训是提升乡村振兴战略中农业专业化水平的关键一环。培养一支爱农村、懂农业的工作队伍,要以实施现代农业人才支撑计划为统领,扎实推进农业农村人才发展体制机制改革。全方位开展素质教育培训。加强基层干部的素质教育建设,特别是村干组干等"一线"干部,鼓励干部参加成人教育、继续教育、农村夜校等,抓好队伍素质建设。多层次加强业务水平培训。加强干部培训中的实操性训练,切勿"纸上谈兵",引导和加强培训下田间、入地头,逐渐让干部成为能指导、能下地的"多面手"。加强对实用型农村人才的培训力度,培训对象上倾向新型农业经营主体、职业农民,培训区域上进一步重点关注贫困地区,培训内容上进一步集中于农业科技、农业信息、农业金融等主题。多方面完善人才培养机制。推进新型职业农民资格认定机制进一步完善,农业相关职称制度改革进一步深化,农村实用人才认定管理进一步全面。完善"省级十佳农技推广标兵""省级十佳农民"等的评选机制,让人们更加重视关心农村、农业、农技人才。

四 抓好督促检查挥动督导检查"一把剑"

扎实推进农村产业革命,必须抓好抓严抓实督察工作。明确督察重点。围绕产业革命各项目标任务,聚焦重点、关注点,盯住关键少数,围绕人民群众和市场主体反映强烈的堵点、梗阻和瓶颈问题,抓好单位任务落实、人员责任落实两个重点,切实发挥督察督导这一

"利器"。确定督察主体。省委督察办、各地督察室（处）为督察工作主要实施主体，负责统筹督察工作，制定督察方案和实施细则；各地党委政府主要领导为督察第一责任主体，负责建立健全督促检查机构，完善组织网络，落实督办事项。完善督察制度。对乡村振兴过程中表现突出的单位或人员，进行表彰奖励。各方面工作要定期会商、及时通气，对上，要加强同省直相关部门的汇报、衔接，积极争取支持；对下，要抓好同各区（市、县）及其对口部门的工作联系和业务指导。改进督察方式。不断畅通群众及第三方举报渠道，做到全方位、全流程、多视角监督。强化日常督察力度，定期开展"回头看"工作，实现定期督察制度化、专项督察常态化。建立改革督察员制度，督察评估各地各领域工作进展情况，督促改革事项落地见效。

五 抓好追责问责行使绩效考核"一根棒"

严格责任追究是抓好乡村振兴战略的重要保障。探索建立专项工作责任清单，将推动贵州省乡村振兴战略的总体要求、战略重点和工作措施列为各级党委、政府及其部门的责任内容，根据各自职能分解工作任务，确保农村产业革命的各项工作措施事事有计划、件件有实效。建立和完善考核问责机制，各级党组和主要负责同志带头履行职责，对农村产业革命要建立明责、履责、问责的主体责任体系，着力解决产业革命抓不牢、抓不实等问题。严格兑现考核结果，重视考核结果的运用和落实，将推动乡村振兴作为部门单位年度工作绩效的目标考核内容和领导干部提拔任用的一个重要条件，有成绩有亮点的要及时总结和宣传，并建立专项奖励制度；发现问题要严查、出现问题要严惩，通过检查政策是否执行、执行过程是否符合规范等方面，进行奖惩。同时纪律监督检查部门要做好执纪问责工作，通过责任追究，以问责倒逼各级干部履责到位、工作落实。实施绩效管理制度，制定科学、客观、公正的指标分解体系，使考核指标与对应的工作责任相对应，确保各项考核指标能够落实到位。

第四节　本章小结

新时代贵州省农村振兴发展迎来了新契机。贵州省坚持以习近平新时代中国特色社会主义思想为指导，坚定不移贯彻落实习近平总书记对贵州工作重要指示精神，在中共贵州省委坚强领导下，在贵州省人大、贵州省政协监督和支持下，贵州省牢记嘱托、感恩奋进、奋力拼搏，在乡村振兴战略中实践出一条后发赶超的新路。"三场革命"从根本上保障农村振兴发展的主攻方向，产业革命的"八要素"系统总结出农村推进乡村振兴20字方针中"产业兴旺"的具体路径，以及农村干部的"五步工作法"确保乡村振兴战略落地见效。总之，在中国共产党的坚强领导下，2020年贵州省全面实现决胜脱贫攻坚战，摘掉长久以来"贫穷"的帽子，与全国同步迈入全面小康。

附录：调查问卷

尊敬的先生/女士：

您好！我们是贵州财经大学《新时代乡村振兴战略的贵州实践研究》项目的调查员。我们正在进行一项社会调查，目的是了解贵州当前乡村的发展状况，进而探寻新时代中国乡村振兴战略的贵州实践研究。问卷回答没有对错之分，您只要根据真实情况作答就行。对于您的回答，我们将按照《中华人民共和国统计法》的规定进行严格保密，并且只用于统计分析，请您不要有任何顾虑。请您在相关选项上打"√"，或在横线上填写相关信息。题目若无特殊说明，均为单选题。衷心感谢您的支持和协助！

A1. 请问您的性别？【单选】 A. 男　B. 女

A2. 请问您的年龄？【单选】 A. 小于18岁　B. 18—30岁 C. 31—40岁　D. 41—55岁　E. 大于55岁

A3. 请问您的学历？【单选】

A. 小学及以下　B. 初中学历　C. 高中学历　D. 专科　E. 大学及以上

A4. 请问您的职业？【单选】

A. 农业生产　B. 专业养殖　C. 城里务工　D. 技术工　E. 行政办事员　F. 商业服务人员　G. 无固定职业　H. 在读学生　I. 企业职工　J. 其他

A5. 请问您家庭生产主要从事的产业？【单选】

A. 农业　B. 林业　C. 畜牧业　D. 渔业　E. 其他

Q1.—Q32. 请您用1—7分为下表的问题进行打分（分值越高表

示认同程度越高），在相关选项上打"√"即可。

Q1. 现在支持农村发展的政策合理。	1	2	3	4	5	6	7
Q2. 现在村里的发展计划实施有效果。	1	2	3	4	5	6	7
Q3. 村里干部参加过提高能力的培训。	1	2	3	4	5	6	7
Q4. 上级有人来督察检查村里干部的工作。	1	2	3	4	5	6	7
Q5. 上级有对不履职尽责干部进行处理。	1	2	3	4	5	6	7
Q6. 我愿意接受新方法、新思想。	1	2	3	4	5	6	7
Q7. 基层干部带动农村产业创新发展。	1	2	3	4	5	6	7
Q8. 村里干部群众办事作风比较好。	1	2	3	4	5	6	7
Q9. 村里产业发展所需要的水、电、通信、道路硬化等基础设施完善。	1	2	3	4	5	6	7
Q10. 村里带头人能够较好地掌握产业知识。	1	2	3	4	5	6	7
Q11. 现在村里有有特色、有价值的产业。	1	2	3	4	5	6	7
Q12. 现在村里产业结构合理、科学。	1	2	3	4	5	6	7
Q13. 村民会积极参加村里组织的培训。	1	2	3	4	5	6	7
Q14. 村民在参加培训时的实际操作效果比较好。	1	2	3	4	5	6	7
Q15. 技能培训对生产活动有明显的促进效果。	1	2	3	4	5	6	7
Q16. 当地政府有完整的生产、科学研究、实践运用的联合协调机制。	1	2	3	4	5	6	7
Q17. 当地政府的技术服务能够到村到户到人到产业。	1	2	3	4	5	6	7
Q18. 农民与农技人员具有良好的沟通、联系。	1	2	3	4	5	6	7
Q19. 村里对产业发展有明确、合理的资金需求。	1	2	3	4	5	6	7
Q20. 现在村里已经有多种融资方式。	1	2	3	4	5	6	7
Q21. 农民对产业发展的资金情况有比较合理的应用。	1	2	3	4	5	6	7
Q22. 村里具有完整的"龙头企业+合作社+农户"等组织形式。	1	2	3	4	5	6	7
Q23. 农民积极参与农村产业振兴的组织制度建设。	1	2	3	4	5	6	7
Q24. 村里具有合理、有效的产销调度机制。	1	2	3	4	5	6	7
Q25. 村里具有完整的产品销售对接渠道。	1	2	3	4	5	6	7
Q26. 农村产品对接销售效果好。	1	2	3	4	5	6	7
Q27. 农民积极参与农村产业发展。	1	2	3	4	5	6	7

续表

Q28. 农民能够公平地参与到农村产业发展的利益分配中。	1	2	3	4	5	6	7
Q29. 村里有保障农民利益的政策、机制。	1	2	3	4	5	6	7
Q30. 农村发展中坚持党的领导、贯彻党的方针。	1	2	3	4	5	6	7
Q31. 村里积极进行党组织建设、党员发展，认真落实"三会一课"建设。	1	2	3	4	5	6	7
Q32. 村里党组织在农村产业发展中工作成效显著。	1	2	3	4	5	6	7

Q33. 请您给目前当地的乡村振兴战略发展现状打分（0—100）。_____分

Q34.—Q42. 您对下表中的描述同意程度如何？（用1—7分评价，1分表示非常不同意，7分表示非常同意）在相关选项上打"√"即可。

描述	同意程度						
Q34. 我一般不愿意主动承担社会责任	1	2	3	4	5	6	7
Q35. 我更愿意从事农业生产工作	1	2	3	4	5	6	7
Q36. 我不关注当地的产业发展政策	1	2	3	4	5	6	7
Q37. 我认为当地产业发展趋势很好	1	2	3	4	5	6	7
Q38. 乡村振兴战略实施主要靠政府	1	2	3	4	5	6	7
Q39. 我一般不愿意主动学习	1	2	3	4	5	6	7
Q40. 我认为当地村民生活富足	1	2	3	4	5	6	7
Q41. 我一般不愿意向村干部反映实际问题	1	2	3	4	5	6	7
Q42. 我不了解关于保护环境的法律	1	2	3	4	5	6	7

问卷编号：

调查地点：贵州省　　　　市（州）　　　　县（市）　　乡（镇）　　　　村

参考文献

《中共中央国务院关于实施乡村振兴战略的意见》,《人民日报》2018年2月5日第1版。

白世贞、王忠勋:《乡村振兴与精准扶贫背景下的乡村旅游发展探索——评〈旅游·扶贫与乡村振兴研究〉》,《中国食用菌》2020年第4期。

蔡文成:《基层党组织与乡村治理现代化:基于乡村振兴战略的分析》,《理论与改革》2018年第3期。

曹冉、母赛花、朱彩霞等:《乡村振兴战略背景下云南热区乡村产业发展实现路径分析》,《农村经济与科技》2018年第13期。

常庆欣:《坚持新发展理念引领乡村振兴》,《经济日报》2020年5月7日第11版。

陈亮:《优化发展路径促进乡村产业振兴》,《贵州日报》2019年12月18日第15版。

陈龙:《新时代中国特色乡村振兴战略探究》,《西北农林科技大学学报》(社会科学版)2018年第3期。

陈美球、廖彩荣、刘桃菊:《乡村振兴、集体经济组织与土地使用制度创新——基于江西黄溪村的实践分析》,《南京农业大学学报》(社会科学版)2018年第2期。

陈锡文:《实施乡村振兴战略,推进农业农村现代化》,《中国农业大学学报》(社会科学版)2018年第1期。

陈晓华:《推进龙头企业转型升级 促进农村一二三产业融合发展》,《农村经营管理》2015年第12期。

陈晓华、马远军、张小林、梁丹:《城市化进程中乡村建设的国外经验与中国走向》,《经济问题探索》2005年第12期。

陈晓华、张小林、梁丹:《国外城市化进程中乡村发展与建设实践及其启示》,《世界地理研究》2005年第3期。

陈秧分、王国刚、孙炜琳:《乡村振兴战略中的农业地位与农业发展》,《农业经济问题》2018年第1期。

程郁:《全面发力乡村产业振兴》,《中国经济时报》2019年7月12日第5版。

刁怀宏:《试论政府在农村产业结构调整中的职能》,《农业经济问题》2002年第1期。

范建华:《乡村振兴战略的时代意义》,《行政管理改革》2018年第2期。

房艳刚、刘继生:《基于多功能理论的中国乡村发展多元化探讨——超越"现代化"发展范式》,《地理学报》2015年第2期。

付伟:《城镇化进程中的乡村产业与家庭经营——以S市域调研为例》,《社会发展研究》2018年第1期。

戈大专、龙花楼:《论乡村空间治理与城乡融合发展》,《地理学报》2020年第6期。

郭丹、谷洪波、尹宏文:《基于农村产业结构调整的我国农村劳动力就业分析》,《中国软科学》2010年第1期。

郭鹏飞:《乡村振兴下的河南农村公共体育设施现状与发展对策》,《农业经济》2020年第3期。

郭翔宇:《实施乡村振兴战略加快推进农业农村现代化》,《农业经济与管理》2017年第5期。

郭晓东:《黄土丘陵区乡村聚落发展及其空间结构研究》,博士学位论文,兰州大学,2007年。

郭晓鸣:《乡村振兴战略的若干维度观察》,《改革》2018年第3期。

郭晓鸣、张克俊、虞洪等:《实施乡村振兴战略的系统认识与道路选择》,《农村经济》2018年第1期。

郭芸芸、杨久栋、曹斌:《新中国成立以来我国乡村产业结构演进历程、特点、问题与对策》,《农业经济问题》2019年第10期。

韩俊:《关于实施乡村振兴战略的八个关键性问题》,《中国党政干部论坛》2018年第4期。

何广文、何婧:《乡村产业振兴中的金融需求》,《中国金融》2019年第10期。

何宏庆:《数字金融助推乡村产业融合发展:优势、困境与进路》,《西北农林科技大学学报》(社会科学版)2020年第3期。

何仁伟:《城乡融合与乡村振兴:理论探讨、机理阐释与实现路径》,《地理研究》2018年第11期。

贺雪峰:《关于实施乡村振兴战略的几个问题》,《南京农业大学学报》(社会科学版)2018年第3期。

胡晓亮、李红波、张小林、袁源:《乡村概念再认知》,《地理学报》2020年第2期。

黄克亮、罗丽云:《统筹城乡发展视角下的广州现代化美丽乡村建设研究》,《探求》2012年第5期。

黄杉、武前波、潘聪林:《国外乡村发展经验与浙江省"美丽乡村"建设探析》,《华中建筑》2013年第5期。

黄颖:《近郊型新农村"城乡田园"规划模式研究》,硕士学位论文,重庆大学,2012年。

黄祖辉:《准确把握中国乡村振兴战略》,《中国农村经济》2018年第4期。

惠新华:《乡村旅游精准扶贫的发展现状及对策研究》,《农业经济》2020年第5期。

霍玉璨:《乡村振兴战略背景下农业经济的发展路径探析——以信阳市发展毛尖茶产业为例》,《农业经济》2020年第5期。

姜长云:《日本的"六次产业化"与我国推进农村一二三产业融合发展》,《农业经济与管理》2015年第3期。

姜长云:《实施乡村振兴战略需努力规避几种倾向》,《农业经济问题》2018年第1期。

姜德波、彭程:《城市化进程中的乡村衰落现象:成因及治理——"乡村振兴战略"实施视角的分析》,《南京审计大学学报》2018年第1期。

姜婷婷:《乡村振兴背景下农村金融机构的发展研究》,《农业经济》2020年第5期。

蒋和平:《实施乡村振兴战略及可借鉴发展模式》,《农业经济与管理》2017年第6期。

蒋辉、刘兆阳:《乡村产业振兴的理论逻辑与现实困境——以湖南千村调研为例》,《求索》2020年第2期。

蒋永穆:《基于社会主要矛盾变化的乡村振兴战略:内涵及路径》,《社会科学辑刊》2018年第2期。

旷宗仁、杨萍:《乡村精英与农村发展》,《中国农业大学学报》(社会科学版)2004年第1期。

兰雪纯:《产业兴旺:乡村振兴战略的基础工程》,《理论观察》2019年第12期。

雷德、唐学琼:《乡村产业发展及用地管理问题探讨》,《上海国土资源》2018年第2期。

雷德、唐学琼:《乡村产业发展及用地管理问题探讨》,《上海国土资源》2018年第2期。

李伯华、曾菊新、胡娟:《乡村人居环境研究进展与展望》,《地理与地理信息科学》2008年第5期。

李国祥:《农村一二三产业融合发展是破解"三农"难题的有效途径》,《中国合作经济》2016年第1期。

李国祥:《实现乡村产业兴旺必须正确认识和处理的若干重大关系》,《中州学刊》2018年第1期。

李国祥:《实现乡村产业兴旺必须正确认识和处理的若干重大关系》,《中州学刊》2018年第1期。

李竟涵:《夯实乡村振兴的产业基础》,《人民日报》2019年7月2日第1版。

李婷婷、龙花楼:《基于"人口—土地—产业"视角的乡村转型发展研究——以山东省为例》,《经济地理》2015年第10期。

李婷婷、龙花楼：《山东省乡村转型发展时空格局》，《地理研究》2014年第3期。

李铜山：《论乡村振兴战略的政策底蕴》，《中州学刊》2017年第12期。

李文政：《当前中国乡村治理的困境与策略探究》，《中国农学通报》2009年第16期。

李英、贾连奇、张秋玲、简保权等：《关于加快城乡融合发展推动乡村建设的思考》，《中国农学通报》2020年第2期。

李玉双、邓彬：《我国乡村产业发展面临的困境与对策》，《湖湘论坛》2018年第6期。

李裕瑞、刘彦随、龙花楼：《黄淮海地区乡村发展格局与类型》，《地理研究》2011年第9期。

李岳云、杨宁：《农民创业与乡村发展》，《现代经济探讨》2008年第4期。

李周：《乡村振兴战略的主要含义、实施策略和预期变化》，《求索》2018年第2期。

梁慧超、周璇：《新发展理念指导下乡村产业振兴对策研究》，《鲁东大学学报》（哲学社会科学版）2019年第6期。

廖彩荣、陈美球：《乡村振兴战略的理论逻辑、科学内涵与实现路径》，《农林经济管理学报》2017年第6期。

刘合光：《激活参与主体积极性，大力实施乡村振兴战略》，《农业经济问题》2018年第1期。

刘合光：《乡村振兴的战略关键点及其路径》，《中国国情国力》2017年第12期。

刘合光：《乡村振兴战略的关键点、发展路径与风险规避》，《新疆师范大学学报》（哲学社会科学版）2018年第3期。

刘栋子：《乡村振兴战略的全域旅游：一个分析框架》，《改革》2017年第12期。

刘伦武：《农村基础设施建设：农民增收的基础》，《农业经济》2002年第9期。

刘彦随：《中国新时代城乡融合与乡村振兴》，《地理学报》2018年第4期。

刘晔：《治理结构现代化：中国乡村发展的政治要求》，《复旦学报》（社会科学版）2001年第6期。

刘自强、李静、鲁奇：《乡村空间地域系统的功能多元化与新农村发展模式》，《农业现代化研究》2008年第5期。

龙花楼、胡智超、邹健：《英国乡村发展政策演变及启示》，《地理研究》2010年第8期。

龙花楼、李婷婷、邹健：《我国乡村转型发展动力机制与优化对策的典型分析》，《经济地理》2011年第12期。

龙花楼、刘彦随、张小林、乔家君：《农业地理与乡村发展研究新近进展》，《地理学报》2014年第8期。

龙花楼、屠爽爽：《论乡村重构》，《地理学报》2017年第4期。

龙花楼、屠爽爽：《土地利用转型与乡村振兴》，《中国土地科学》2018年第7期。

龙花楼、屠爽爽：《乡村重构的理论认知》，《地理科学进展》2018年第5期。

龙花楼、邹健：《我国快速城镇化进程中的乡村转型发展》，《苏州大学学报》（哲学社会科学版）2011年第4期。

龙花楼、邹健、李婷婷、刘彦随：《乡村转型发展特征评价及地域类型划分——以"苏南—陕北"样带为例》，《地理研究》2012年第3期。

陆益龙：《乡村社会治理创新：现实基础、主要问题与实现路径》，《中共中央党校学报》2015年第5期。

罗必良：《明确发展思路，实施乡村振兴战略》，《南方经济》2017年第10期。

孟根达来：《理解转型中国乡村社会的新视角——读懂〈后乡土中国〉》，《中国农业大学学报》（社会科学版）2020年第2期。

孟欢欢、李同昇、于正松、李飞：《安徽省乡村发展类型及乡村性空间分异研究》，《经济地理》2013年第4期。

农业部课题组、张红宇:《中国特色乡村产业发展的重点任务及实现路径》,《求索》2018年第2期。

潘华、王姗姗:《乡村养生度假型旅游发展的驱动机制与开发模式分析》,《农业经济》2020年第5期。

潘鲁生:《保护农村文化生态发展农村文化产业》,《山东社会科学》2006年第5期。

秦中春:《实施乡村振兴战略的意义与重点》,《新经济导刊》2017年第12期。

任迎伟、胡国平:《城乡统筹中产业互动研究》,《中国工业经济》2008年第8期。

石磊:《寻求"另类"发展的范式——韩国新村运动与中国乡村建设》,《社会学研究》2004年第4期。

苏毅清、游玉婷、王志刚:《农村一二三产业融合发展:理论探讨、现状分析与对策建议》,《中国软科学》2016年第8期。

孙昌盛、张春英:《可持续发展视角下的乡村文明变革与转型》,《农业经济》2020年第4期。

孙金荣:《山东省农村文化产业发展研究》,《山东社会科学》2005年第11期。

索晓霞:《乡村振兴战略下的乡土文化价值再认识》,《贵州社会科学》2018年第1期。

唐任伍:《新时代乡村振兴战略的实施路径及策略》,《人民论坛·学术前沿》2018年第3期。

完世伟:《新时代乡村产业振兴的若干思考》,《农村·农业·农民》(B版)2019年第8期。

王丹玉、王山、潘桂媚、奉公:《农村产业融合视域下美丽乡村建设困境分析》,《西北农林科技大学学报》(社会科学版)2017年第2期。

王国恩、杨康、毛志强:《展现乡村价值的社区营造——日本魅力乡村建设的经验》,《城市发展研究》2016年第1期。

王金荣:《中国农村社区新型管理模式研究》,博士学位论文,中国海洋大学，2012 年。

王景新：《乡村建设的历史类型、现实模式和未来发展》，《中国农村观察》2006 年第 3 期。

王景新、支晓娟：《中国乡村振兴及其地域空间重构——特色小镇与美丽乡村同建振兴乡村的案例、经验及未来》，《南京农业大学学报》（社会科学版）2018 年第 2 期。

王乐君、寇广增：《促进农村一二三产业融合发展的若干思考》，《农业经济问题》2017 年第 6 期。

王美玲：《乡村振兴必须尊重乡村固有的价值》，《人民论坛》2019 年第 1 期。

王腾：《时空压缩下城郊融合型乡村绿色发展的困境与对策》，《理论月刊》2020 年第 4 期。

王亚华、苏毅清：《乡村振兴——中国农村发展新战略》，《中央社会主义学院学报》2017 年第 6 期。

魏后凯：《如何走好新时代乡村振兴之路》，《人民论坛·学术前沿》2018 年第 3 期。

温铁军：《生态文明与比较视野下的乡村振兴战略》，《上海大学学报》（社会科学版）2018 年第 1 期。

温铁军、杨帅：《中国农村社会结构变化背景下的乡村治理与农村发展》，《理论探讨》2012 年第 6 期。

吴雷、雷振东：《基于产业发展的西部欠发达乡村规划设计研究——以青海省洪水泉村为例》，《华中建筑》2015 年第 5 期。

吴理财、解胜利：《文化治理视角下的乡村文化振兴：价值耦合与体系建构》，《华中农业大学学报》（社会科学版）2019 年第 1 期。

夏兰：《农业政策影响农村经济发展的机制与路径研究》，博士学位论文，武汉理工大学，2012 年。

谢琼：《乡村产业应是与农民利益联结紧密的产业》，《湖北日报》2019 年 6 月 26 日第 14 版。

熊小林：《聚焦乡村振兴战略探究农业农村现代化方略——"乡村振兴战略研讨会"会议综述》，《中国农村经济》2018 年第 1 期。

徐虹、王彩彩：《乡村振兴战略下对精准扶贫的再思考》，《农村经济》2018年第3期。

杨希：《日本乡村振兴中价值观层面的突破：以能登里山里海地区为例》，《国际城市规划》2016年第5期。

姚华松、邵小文：《中国乡村治理的新视域：基于现代性与认同互动的角度》，《地理科学》2020年第4期。

叶敬：《乡村振兴战略：历史沿循、总体布局与路径省思》，《华南师范大学学报》（社会科学版）2018年第2期。

叶兴庆：《新时代中国乡村振兴战略论纲》，《改革》2018年第1期。

尹成杰：《农业产业化经营与农业结构调整》，《中国农村经济》2001年第5期。

于浩：《产业兴旺，乡村才能振兴》，《中国人大》2019年第11期。

曾宪影、李钦：《农村合作经济组织是农业领域产业组织的新发展》，《农业经济问题》2000年第8期。

曾湘泉、陈力闻、杨玉梅：《城镇化、产业结构与农村劳动力转移吸纳效率》，《中国人民大学学报》2013年第4期。

张凤华、叶初升：《经济增长、产业结构与农村减贫——基于省际面板数据的实证分析》，《当代财经》2011年第12期。

张京祥、申明锐、赵晨：《乡村复兴：生产主义和后生产主义下的中国乡村转型》，《国际城市规划》2014年第5期。

张军：《乡村价值定位与乡村振兴》，《中国农村经济》2018年第1期。

张兰英：《金乡县乡村产业发展现状及振兴措施》，《农业科技通讯》2019年第3期。

张强、张怀超、刘占芳：《乡村振兴：从衰落走向复兴的战略选择》，《经济与管理》2018年第1期。

张森、郭占锋：《"内发型发展论"与中国乡村振兴——对〈农村振兴和小城镇问题〉的再思考》，《农业经济》2020年第4期。

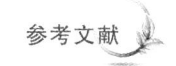

张首魁：《一二三产业融合发展推动农业供给侧结构性改革路径探讨》，《理论导刊》2016年第5期。

张文武：《农业人口转移、投入要素替代与乡村产业振兴》，《审计与经济研究》2019年第5期。

张曦：《乡村产业发展模式的实践机制——基于家庭与市场互动的视角》，《暨南学报》（哲学社会科学版）2019年第10期。

张晓山：《实施乡村振兴战略的几个抓手》，《人民论坛》2017年第33期。

张晓燕：《乡村振兴战略下农村一二三产业融合发展研究》，《安徽农业科学》2020年第7期。

张新文、张国磊：《社会主要矛盾转化、乡村治理转型与乡村振兴》，《西北农林科技大学学报》（社会科学版）2018年第3期。

张志增：《实施乡村振兴战略与改革发展农村职业教育》，《中国职业技术教育》2017年第34期。

赵朋、胡宜挺：《新型城镇化对乡村经济发展的影响研究——以新疆为例》，《农业现代化研究》2020年第3期。

郑风田、程郁：《创业家与我国农村产业集群的形成与演进机理——基于云南斗南花卉个案的实证分析》，《中国软科学》2006年第1期。

周立、李彦岩、王彩虹、方平：《乡村振兴战略中的产业融合和六次产业发展》，《新疆师范大学学报》（哲学社会科学版）2018年第3期。

周玉玉、马晓冬、赵彤：《徐州市镇域乡村发展类型及其乡村性评价》，《农业现代化研究》2013年第6期。

朱海波、聂凤英：《深度贫困地区脱贫攻坚与乡村振兴有效衔接的逻辑与路径——产业发展的视角》，《南京农业大学学报》（社会科学版）2020年第3期。

朱梦蓉：《农村土地流转过程中农民社会保障问题探析》，《天府新论》2009年第1期。

朱启臻：《当前乡村振兴的障碍因素及对策分析》，《人民论坛·

学术前沿》2018年第3期。

朱世蓉：《以"全域乡村旅游"理念整合农村产业结构的构想》，《农业经济》2015年第6期。

朱世蓉：《以"全域乡村旅游"理念整合农村产业结构的构想》，《农业经济》2015年第6期。

朱泽：《大力实施乡村振兴战略》，《中国党政干部论坛》2017年第12期。

朱智毅：《论乡村振兴立法的功能定位与基本原则》，《中国农业大学学报》（社会科学版）2020年第2期。

Alex F., McCalla, Wendy S., Ayres, *Rural Development: From Vision to Action*, *Rural Development: From Vision to Action*, World Bank, 1997.

Anderson J. R., *Risk in Rural Development: Challenges for Managers and Policy Makers*, Agricultural Systems, 2003, 75 (2), pp. 161 – 197.

Anderson, David. G., *Approaches to Participation in Rural Development*, Journal of Rural Studies, 1986, 2 (3), pp. 255 – 256.

Ashley C., Maxwell S., *Rethinking Rural Development*, Forests Trees & Livelihoods, 2002, 12 (3), pp. 155 – 161.

Atchorena D., Gasparini L., *Education for Rural Development: Towards New Policy Responses. A Joint Study Conducted by FAO and UNESCO*, International Institute for Educational Planning Unesco, 2003, 25 (2), pp. 180 – 181.

Bajracharya B. N., *Promoting Small Towns for Rural Development: A View from Nepal*, Asia Pacific Population Journal, 1995, 10 (2), p. 27.

Banks J., Marsden T., *Integrating Agrinvironment Policy, Farming Systems and Rural Development: Tir Cymen in Wales*, Sociologia Ruralis, 2000, 40 (4), pp. 466 – 480.

Bardhan P., *Analytics of the Institutions of Informal Cooperation in Rural Development*, World Development, 1993, 21 (6588), pp. 255 – 257.

Barrios E. B., *Infrastructure and Rural Development: Household Percep-*

tions on Rural Development, Progress in Planning, 2008, 70 (1), pp. 1 – 44.

Bayes A., *Infrastructure and Rural Development: Insights from a Grameen Bank Village Phone Initiative in Bangladesh*, Agricultural Economics, 2015, 25 (2), pp. 261 – 272.

Bebbington A., Dharmawan L., Fahmi E., et al., *Local Capacity, Village Governance, and the Political Economy of Rural Development in Indonesia*, world development, 2006, 34 (11), pp. 1958 – 1976.

Bodmer R. E., Lozano E P., *Rural Development and Sustainable Wildlife Use in Peru*, Conservation Biology, 2001, 15 (4).

Bosworth G., Atterton J., *Entrepreneurial in-migration and Neoendogenous Rural Development*, Rural Sociology, 2012, 77 (2).

Bramwell B., Lane B., *Rural Tourism and Sustainable Rural Development. Proceedings of the Second International School in Rural Development, 28 June – 9 July 1993, University College, Galway, Ireland, Rural Tourism & Sustainable Rural Development Second International School on Rural Development, 28 June – 9 July, University College Galway*, Ireland, 1994.

Byrne J., Shen B., Wallace W., *The Economics of Sustainable Energy for Rural Development: A Study of Renewable Energy in Rural China*, Energy Policy, 1998, 26 (1), pp. 45 – 54.

Cabraal R., Barnes D., Agarwal S., *Productive Uses of Energy for Rural Development*, Annual review of environment and resources, 2005, 30, pp. 117 – 144.

Cernea M. M., *Putting People First: Sociological Variables in Rural Development*, Contemporary Sociology, 1985, 3 (3), pp. 376 – 384.

Chambers R., Challenging the Professions (Frontiers for Rural Development), *Managing Rural Development: Procedures*, Principles and Choices, 1993, 4, pp. 15 – 26.

Chambers R., Challenging the Professions: Frontiers for Rural Development, Public Administration & Development, 1993, 14 (4), pp.

414 - 414.

Chen, Xiwen, *Review of China's Agricultural and Rural Development: Policy Changes and Current Issues*, China Agricultural Economic Review, 2009, 1 (2), pp. 121 - 135.

Child B., *Book Review: Rights, Resources and Rural Development: Community - Based Natural Resource Management in Southern Africa*, Journal of Environment & Development, 2006, 15 (4), pp. 448 - 450.

Cohen J. M., Uphoff N. T., *Participation's Place in Rural Development: Seeking Clarity Through Specificity*, World Development, 1980, 8 (3), pp. 213 - 235.

Coleman, Gilroy, *Logical framework approach to the monitoring and evaluation of agricultural and rural development projects*, Project Appraisal, 1987, 2 (4), pp. 251 - 259.

Coosemans M., Mouchet J., *Consequences of Rural Development on Vectors and Their Control*, Annales De La Société Belge De Médecine Tropicale, 1990, 70 (1), pp. 5 - 23.

Cordes S. M., *The Changing Rural Environment and the Relationship between Health Services and Rural Development*, Health Services Research, 1989, 23 (6), pp. 757 - 784.

Darnhofer I., *Organic Farming and Rural Development: Some Evidence from Austria*, Sociologia Ruralis, 2005, 45 (4), pp. 308 - 323.

David Atchoarena, Lavinia Gasperini, *Education for Rural Development: Towards New Policy Responses Working Papers*, 2003, 25 (2), pp. 180 - 181.

David D. Gow, *Beyond the Rhetoric of Rural Development Participation: How Can It be Done?* World Development, 1983, 11 (5), pp. 427 - 446.

Desarrollo Económico, Mcnicollg, Cain m (eds.), *Rural Development and Population: Institutions and Policy*, Journal of the American Chemical Society, 1972, 94 (21), pp. 7244 - 7253.

参考文献

Devereux S., *Livelihood Insecurity and Social Protection: A Re-Emerging Issue in Rural Development*, Development Policy Review, 2001, 19 (4), pp. 507-519.

Douglas D. J. A., *The Restructuring of Local Government in Rural Regions: A Rural Development Perspective*, Journal of Rural Studies, 2005, 21 (2), pp. 0-246.

Duncombe R., *Mobile Phones for Agricultural and Rural Development: A Literature Review and Suggestions for Future Research*, European Journal of Development Research, 2016, 28 (2), pp. 213-235.

D. J. Snelder, R. D. Lasco, D. J. Snelde, *Smallholder Tree Growing for Rural Development and Environmental Services Springer Netherlands*, 2008.

Elena G., Irwin, Andrew M., Isserman, Maureen Kilkenny and Mark D., Partridge, *A Century of Research on Rural Development and Regional Issues*, American Journal of Agricultural Economics, 2010, 92 (2), pp. 522-553.

Ellis F., Biggs S., *Evolving Themes in Rural Development 1950s-2000s*, 2001, 19 (4), pp. 437-448.

Ellis F., Biggs S., *Evolving Themes in Rural Development 1950s-2000s*, Development Policy Review, 2001, 19.

Esman M. J., Uphoff N. T., *Local Organizations: Intermediaries in Rural development*, American Journal of Agricultural Economics, 1984, 67 (67), p. 699.

Fabricius C., *Rights, Resources and Rural Development: Community-based Natural Resource Management in Southern Africa*, Earthscan, 2004.

Fang Y., Liu J., *Diversified Agriculture and Rural Development in China Based on Multifunction Theory: Beyond Modernization Paradigm*, Acta Geographica Sinica, 2015, 70 (2), pp. 257-270.

FAO, Rome, *The Contribution of Poplars and Willows to Sustainable Forestry and Rural Development. Publications (and Websites) Listed in*

Country Progress Reports, International Journal of Gynecology & Obstetrics, 2005, 56 (221), pp. 3 -9.

Firebaugh G., Singh K., *Rural Development: Principles, Policies, and Management*, Contemporary Sociology, 1987, 16 (6), p. 792.

Flora J. L., Green G. P., Gale E. A. et al., *Self - Development: A Viable Rural Development Option?* Policy Studies Journal, 1992, 20 (2), pp. 276 - 288.

Fox J. A., *Democratic Rural Development: Leadership Accountability in Regional Peasant Organizations, Development and Change, Center for Global, International and Regional Studies, Working Paper Series*, 1992, 23 (2), pp. 1 - 36.

Glasmeier A., Howland M., *Service - Led Rural Development: Definitions, Theories, and Empirical Evidence*, International Regional Science Review, 1993, 16 (1 -2), pp. 197 - 229.

Glover, David, Kusterer, Kenneth C. *Small Farmers, Big Business: Contract Farming and Rural Development*, St. Martin's Press, 1990.

Goldsmith A., *The Private Sector and Rural Development: Can Agribusiness Help the Small Farmer?* World Development, 1985, 13 (10 - 11), pp. 1125 - 1138.

Goussault Yves, Revue Tiers Monde, Armand Colin, *Norman Long, An Introduction to the Sociology of Rural Development*, Revue Tiers Monde, 1977 (72), pp. 891 - 893.

Gérald Domon, *Landscape as Resource: Consequences, Challenges and Opportunities for Rural Development*, Landscape & Urban Planning, 2011, 100 (4), pp. 0 - 340.

Henry M. S., Galston W. A., Baehler K J., *Rural Development in the United States: Connecting Theory, Practice, and Possibilities*, American Journal of Agricultural Economics, 1995, 77 (4), p. 1072.

Herbert - Cheshire L, Higgins V., *From Risky to Responsible: Expert Knowledge and the Governing of Community - led Rural Development*, Journal of Rural Studies, 2004, 20 (3), pp. 1 – 302.

Hernandez – Maestro R. M., Gonzalez – Benito O., *Rural Lodging Establishments as Drivers of Rural Development*, Journal of travel research, 2014, 53 (1), pp. 83 – 95.

Herzfeld, Thomas, Jia, Lili, Wolz, Axel, *Rural Areas in Transition: Different Policy Approaches to Rural Development*, Biochemical Journal, 2013, 200 (1), pp. 1 – 10.

Hua – Lou L., Zhi – Chao H U, Jian Z., *The Evolution of Rural Policy in Britain and Its Policy Implications for Rural Development in China*, Geographical Research, 2010, 29 (8), pp. 1369 – 1378.

Huylenbroeck G. V., *Multifunctional Agriculture: A New Paradigm for European Agriculture and Rural Development*, 2003.

Ilaco B. V, of Arnhem, *Agricultural Compendium for Rural Development in the Tropics and Subtropics*, Elsevier, 1985.

I. M., Kotelyanskii, A. D, Mashtakov, P. B, Mozhaev, *Agricultural Knowledge and Information Systems for Rural Development (AKIS/RD), Strategic Vision and Guiding Principles*, Technical Physics Letters, 2000, 21 (21), pp. 837 – 838.

Jafry T., O'Neill D. H., *The Application of Ergonomics in Rural Development: A Review*, Applied Ergonomics, 2000, 31 (3), pp. 263 – 268.

Janvry A D, Elisabeth Sadoulet, *Achieving Success in Rural Development: Toward Implementation of an Integral Approach*, Agricultural Economics, 2005, 32, pp. 75 – 89.

Johnson C., *Local Democracy, Democratic Decentralisation and Rural Development: Theories, Challenges and Options for Policy*, Development Policy Review, 2002, 19 (4), pp. 521 – 532.

Johnston, B. F. Clark, W. C., Johnston, B. F. Kilby, P., *Redesigning Rural Development: A Strategic Perspective*, American Journal of Agricultural Economics, 1982, 66 (2), pp. 110 – 111.

Kariuki G., Place F., *Initiatives for Rural Development through Collec-*

tive Action: The Case of Household Participation in Group Activities in the Highlands of Central Kenya, CAPRi Working Papers, 2005, 168 (1 – 2), pp. 87 – 100.

Kassioumis K. , Papageorgiou K. , Christodoulou A. et al. , *Rural Development by Afforestation in Predominantly Agricultural Areas: Issues and Challenges from two Areas in Greece*, Forest Policy & Economics, 2004, 6 (5), pp. 1 – 496.

Kay C. , *Development Strategies and Rural Development: Exploring Synergies, Eradicating Poverty*, Journal of Peasant Studies, 2009, 36 (1), pp. 103 – 137.

Kennedy J. J. , Thomas J. W. , Glueck P. , *Evolving Forestry and Rural Development Beliefs at Midpoint and Close of the* 20*th Century*, Forest Policy and Economics, 2001, 3 (1), pp. 81 – 95.

Kilkenny M. , *Transport Costs and Rural Development*, Staff General Research Papers Archive, 1998, 38 (2), pp. 293 – 312.

Kilkenny M. , *Urban/Regional Economics and Rural Development*, Journal of Regional Ence, 2010, 50 (1), pp. 449 – 470.

Kim K. K. , Marcouiller D. W. , Deller S. C. , *Natural Amenities and Rural Development: Understanding Spatial and Distributional Attributes*, Growth & Change, 2005, 36 (2), pp. 273 – 297.

Kitchen L. , Marsden T. , *Creating Sustainable Rural Development through Stimulating the Eco – economy: Beyond the Eco – economic Paradox?* Sociologia Ruralis, 2009, 49 (3), pp. 273 – 294.

Kohl, Richard, *Scaling up in Agriculture, Rural Development, and Nutrition: Addressing Institutional Challenges to Large – scale Implementation*, Pain, 2012, 116 (1 – 2), pp. 4 – 7.

Korten D. C. , *Rural Development Programming: The Learning Process Approach*, Rural development Participation Review, 1981.

Kostov P. , Lingard J. , *Risk Management: A General Framework for Rural Development*, Journal of Rural Studies, 2003, 19 (4), pp. 463 –

476.

Kurkalova L. A. , *Multifunctional Agriculture: A New Paradigm for European Agriculture and Rural Development*, Agricultural Economics, 2005, 32 (2), pp. 387 – 387.

Larson D. F. , Otsuka K. , Matsumoto T. et al. , *Should African rural development strategies Depend on smallholder farms? An Exploration of the Inverse – productivity Hypothesis*, Agricultural Economics, 2014, 45 (3), pp. 355 – 367.

Lee J. , Arnarúrnason, Nightingale A. et al. , *Networking: Social Capital and Identities in European Rural Development*, Sociologia Ruralis, 2005, 45 (4), pp. 269 – 283.

Li Y. , Long H. , Liu Y. , *Spatio – temporal Pattern of China's Rural Development: A Rurality Index Perspective*, Journal of Rural Studies, 2015, 38, pp. 12 – 26.

Long N. , *An Introduction to the Sociology of Rural Development*, An Introduction to the Sociology of Rural Development, Tavistock, 1977.

Lowe P. , Murdoch J. , Ward N. , *Networks in Rural Development: Beyond Exogenous and Endogenous Models*, Agricultura y Sociedad (Espana), 1997, 33, pp. 23 – 24.

Lowe P. , Ray C. , Ward N. , *Participation in Rural Development: A Review of European Experience*, Participation in Rural Development: A Review of European Experience, Centre for Rural Economy, Department of Agricultural Economics and Food Marketing, University of Newcastle upon Tyne, 1998.

Magnani N. , Struffi L. , *Translation Sociology and Social Capital in Rural Development Initiatives. A Case Study from the Italian Alps*, Journal of Rural Studies, 2009, 25 (2), pp. 0 – 238.

Maja Farstad, Johan Fredrik Rye, *Second Home Owners, Locals and Their Perspectives on Rural Development*, Journal of Rural Studies, 2013, 30 (4), pp. 41 – 51.

Malcolm J. , Moseley, *Local Partnerships for Rural Development: The European Experience*, Local Partnerships for Rural Development the European Experience, 2003, 30 (1), pp. 116 – 118.

Marsden T. , Banks J. , Bristow G. , *The Social Management of Rural Nature: Understanding Agrarian – based Rural Development*, Environment & Planning A, 2002, 34 (5), pp. 809 – 825.

Marsden, Terry, Banks, *The Social Management of Rural Nature: Understanding Agrarian – based Rural Development*, Environment & Planning A, 2002.

Martinelli L. A. , Garrett R. , Ferraz S. et al. , *Sugar and Ethanol Production as a Rural Development Strategy in Brazil: Evidence from the state of S? o Paulo*, Agricultural Systems, 2011, 104 (5), pp. 0 – 428.

Mcareavey R. , *Getting Close to the Action: The Micro cc olitics of Rural Development*, Sociologia Ruralis, 2006, 46 (2), pp. 85 – 103.

McCalla, Alex F. , Ayres, Wendy S. , World Bank Group, *Rural Development: From Vision to Action*, esd Studies & Monographs, 2002, 25 suppl 4 (12), pp. S16 – S19.

Mchenry D. E. , Chambers R. , *Managing Rural Development, Ideas and Experience from East Africa*, Asa Review of Books, 1976, 2 (3), p. 96.

Meinzen – Dick R. , Digregorio M. , Mccarthy N. , *Methods for Studying Collective Action in Rural Development*, Agricultural Systems, 2004, 82 (3), pp. 0 – 214.

Merten Sievers, *Rural Development Tools – Value – Chain Development for Decent Work*, Journal of Personality, 2011, 37 (2).

Michael Böcher, *Regional Governance and Rural Development in Germany: The Implementation of LEADER +*, Sociologia Ruralis, 2008, 48 (4), p. 17.

Mikulcak F. , Newig J. , Milcu A. I. , et al. , *Integrating Rural Development and Biodiversity Conservation in Central Romania*, Environmental

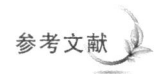

Conservation, 2013, 40 (2), pp. 129 – 137.

Montagnini F. , Finney C. , *Payments for Environmental Services in Latin America as a Tool for Restoration and Rural Development*, AMBIO: A Journal of the Human Environment, 2011, 40 (3), pp. 285 – 297.

Mukherjee A. N. , Kuroda Y. , *Convergence in rural development: evidence from India*, Journal of Asian Economics, 2002, 13 (3), pp. 385 – 398.

Murdoch J. , *Networks – A New Paradigm of Rural Development?* Journal of Rural Studies, 2000, 16 (4), pp. 407 – 419.

Murray M. , Dunn L. , *Capacity Building for Rural Development in the United States*, Journal of Rural Studies, 1995, 11 (1), pp. 89 – 97.

Neumeier S. , *Why do Social Innovations in Rural Development Matter and Should They be Considered More Seriously in Rural Development Research? – Proposal for a Stronger Focus on Social Innovations in Rural Development Research*, Sociologia Ruralis, 2012, 52 (1), pp. 48 – 69.

Norman Uphoff, *Grassroots Organizations and NGOs in Rural Development: Opportunities with Diminishing States and Expanding Markets*, State, Market and Civil Organizations, Palgrave Macmillan UK, 1995.

Norman Uphoff, Milton J. , Esman, and Anirudh Krishna, *Reasons for Success: Learning from Instructive Experiences in Rural Development*, Reasons for Success: Learning from Instructive Experiences in Rural Development, Kumarian Press, 1998.

Olfert M. R. , Partridge M. D. , *Best Practices in Twenty – First – Century Rural Development and Policy*, Growth & Change, 2010, 41 (2), pp. 147 – 164.

PaAkarnis G. , Morley D. , Malien V. , *Rural Development and Challenges Establishing Sustainable Land Use in Eastern European countries*, Land Use Policy, 2013, 30 (1) .

Papadopoulou E. , Hasanagas N. , Harvey D. , *Analysis of Rural Development Policy Networks in Greece: Is Leader Really Different?* Land Use Policy, 2011, 28 (4), pp. 0 – 673.

Parker E. B. , Hudson H. E. , *Electronic Byways: State Policies for Rural Development Through Telecommunications, Electronic Byways: State Policies for Rural Development Through Telecommunications*, Westview Press, Aspen Institute, 1992.

Parker, Andrew N. , *Decentralization: The Way Forward for Rural Development*? Social Science Electronic Publishing, 2010, 95 (1), pp. 30 – 41.

Paul Oliver, *Rural development: Theories of peasant economy and agrarian change: John Harriss (Editor), Hutchinson University Library* 1982, 409 pp. £ 6.50 pb, habitat international, 1982, 9 (1), pp. 113 – 113.

Perez J. E. , *The Leader Programme and the Rise of Rural Development in Spain*, Sociologia Ruralis, 2000, 40 (2), pp. 200 – 207.

Perkins D. , Yusuf S. , *Rural Development in China*, Baltimore Maryland Johns Hopkins University Press, 1984, 34 (4), pp. 57 – 66.

Peter Oakley, David Marsden, *Approaches to Participation in Rural Development*, Annals of the Entomological Society of America, 1984, 88 (88), pp. 234 – 239.

Pettman B. , Brown C. G. , Waldron S. A. et al. , *Rural Development in China*, International Journal of Social Economics, 2005, 32 (1/2), pp. 17 – 33.

Ploeg J. D. , van der, Marsden, T. , Ploeg, J. D. , van der, *Unfolding Webs: The Dynamics of Regional Rural Development*, 2008.

Ploeg Jdvd, Renting H. , Brunori G. et al. , *Rural Development: From Practices and Policies Towards Theory*, Sociologia Ruralis, 2000, 40 (4), pp. 391 – 408.

Ploeg Jdvd, Renting H. , *Impact and Potential: A Comparative Review of European Rural Development Practices*, Sociologia Ruralis, 2000, 40 (4), pp. 529 – 543.

Ploeg Jdvd, Roep D. , *Multifunctionality and Rural Development: The*

Actual Situation in Europe, *Multifunctional Agriculture*: *A New Paradigm for European Agriculture and Rural Development*, 2003.

Ploeg, J. D. van der, Dijk, G. van, *Beyond Modernization*: *The Impact of Endogenous Rural Development*, Van Gorcum Assen 1995, 12 (1995), pp. 3887 – 3892.

Pranab Bardhan, *Analytics of the Institution of Informal Cooperation in Rural Development*, *State*, *Market and Civil Organizations*, Palgrave Macmillan UK, 1995.

Pugliese P., *Organic Farming and Sustainable Rural Development*: *A Multifaceted and Promising Convergence*, Sociologia Ruralis, 2002, 41 (1), pp. 112 – 130.

P. Oakley, D. Marsden, *Approaches to Participation in Rural Development*, *Approaches to Participation in Rural Development*, Published on behalf of the ACC Task Force on Rural Development [by the] International Labour Office, 1987.

Ravallion, Martin, *Externalities in Rural Development – evidence for China*, Policy Research Working Paper, 2002, pp. 137 – 161.

Ray C., *Culture*, *Intellectual Property and Territorial Rural Development*, Sociologia Ruralis, 2002, 38 (1), pp. 3 – 20.

Ray C., Editorial, *The eu leader Programme*: *Rural Development Laboratory*, Sociologia Ruralis, 2000, 40 (2), p. 9.

Rhoda R., *Rural Development and Urban Migration*: *Can We Keep Them down on the Farm?* International Migration Review, 1983, 17 (1), pp. 34 – 64.

Richards P., *Community Environmental Knowledge in African Rural Development*, IDS Bulletin, 2009, 10 (2), pp. 28 – 36.

Rizov M., *Rural Development and Welfare Implications of CAP Reforms*, Journal of Policy Modeling, 2004, 26 (2), pp. 209 – 222.

Robert Chapman, Tom Slaymaker, *ICTs and Rural Development*: *Review of the Literature*, *Current Interventions and Opportunities for Action*,

Multi – objective Machine Learning, 2002.

Roetter R. P., Van K. H., Kuiper M. et al., *Science for Agriculture and Rural Development in Low – income Countries*, Springer Netherlands, 2007.

Ruth Meinzendick, Monica Di Gregorio, Nancy Mccarthy, *Capri Working Paper No. 33 Methods For Studying Collective Action in Rural Development*, General Information, 2004, 82 (3), pp. 197 – 214.

Saraceno, Elena, *Recent Trends in Rural Development and Their Conceptualization*, Journal of Rural Studies, 1994, 10 (4), pp. 321 – 330.

Shen J., *Rural Development and Rural to Urban Migration in China 1978 – 1990*, Geoforum, 1995, 26 (4), pp. 395 – 409.

Shortall S., *Are Rural Development Programmes Socially Inclusive? Social Inclusion, Civic Engagement, Participation, and Social Capital: Exploring the Differences*, Journal of Rural Studies, 2008, 24 (4), pp. 1 – 457.

Shortall S., *Rural Development in Practice: Issues Arising in Scotland and Northern Ireland*, Community Development Journal, 2001, 36 (2), pp. 122 – 133.

Shucksmith M., Chapman P., *Rural Development and Social Exclusion*, Sociologia Ruralis, 1998, 38 (2).

Shucksmith M., *Disintegrated Rural Development? Neo – endogenous Rural Development, Planning and Place – Shaping in Diffused Power Contexts*, Sociologia Ruralis, 2010, 50 (1), pp. 1 – 14.

Siciliano G., *Urbanization Strategies, Rural Development and Land Use Changes in China: A Multiple – level Integrated Assessment*, Land Use Policy, 2012, 29 (1), pp. 1 – 178.

Singh, K., *Rural Development: Principles, Policies and Management*, Rural Development: Principles, Policies and Management. Sage, 1999.

Stark O., *On the Role of Urban – to – rural Remittances in Rural Development*, Journal of Development Studies, 1980, 16 (3), pp. 369 – 374.

Stewart, Philip J. , *Rural Development: Putting the Last First*, Land Use Policy, 1985, 2 (3), pp. 257 - 258.

Sui L. Y. , Jun W. C. , Qi L. U. , *Orientation and Tactics for 21st Century Sustainable Agriculture and Rural Development in China*, Scientia Geographica Sinica, 2002, 22 (4), pp. 385 - 389.

Susan E. , *Place. Nature Tourism and Rural Development in Tortuguero*, Annals of Tourism Research, 1991, 18 (2), pp. 186 - 201.

Taele B. M. , Gopinathan K. K. , L. Mokhuts'Oane, *The Potential of Renewable Energy Technologies for Rural Development in Lesotho*, Renewable Energy, 2007, 32 (4), pp. 609 - 622.

The World Bank, *Reaching the Rural Poor: A Renewed Strategy for Rural Development*, World Bank Publications, 2003, 19 (4), pp. 563 - 573.

Tregear A. , *From Stilton to Vimto: Using Food History to Re - think Typical Products in Rural Development*, Sociologia Ruralis, 2003, 43 (2), pp. 91 - 107.

Valentinov, Vladislav, *Third Sector Organizations in Rural Development: A Transaction Cost Perspective*, Agricultural & Food Science, 2009, 18 (1), pp. 3 - 15.

Waithaka M. , *Agricultural Extension and Rural Development: Breaking out of Traditions*, Agricultural Systems, 2001, 68 (2), pp. 175 - 176.

Ward, Neil, Lowe P. , Murdoch J. , *Beyond Endogenous and Exogenous Models: Networks in Rural Development*, Agricultura Y Sociedad, 1995, 33, pp. 23 - 24.

Wiggins S. , Proctor S. , *How Special Are Rural Areas? The Economic Implications of Location for Rural Development*, Development Policy Review, 2002, 19 (4), pp. 427 - 436.

Winters P. , Essam T. , Zezza A. et al. , *Patterns of Rural Development: A Cross - Country Comparison using Microeconomic Data*, Journal of Agricultural Economics, 2010, 61 (3), pp. 628 - 651.

Wolde – Ghiorgis W. , *Renewable Energy for Rural Development in Ethiopia*: *The Case for New Energy Policies and Institutional Reform*, Energy Policy, 2002, 30 (11 – 12), pp. 1095 – 1105.

World Bank, *The Design of Rural Development* , Published for the World Bank by Johns Hopkins University Press, 1975.

Yusuf, Shahid, Rural Development in China.

Zeller M. , Lapenu C. , Minten B. et al. , *Pathways of Rural Development In Madagascar*: *An Empirical Investigation of The Critical Triangle of Environmental Sustainability*, *Economic Growth*, *and Poverty Alleviation*, *Quarterly*, Journal of International Agriculture, 2001, 38 (2), pp. 105 – 122.

Zuvekas C. , *Agriculture and Rural Development*, *Economic Development*, Macmillan Education UK, 1979.

后　记

乡村振兴战略是党的十九大提出的一项重大战略。在2017年12月的中央农村工作会议上，习近平总书记指出："实施乡村振兴战略是关系全面建设社会主义现代化国家的全局性、历史性任务。"习近平总书记的重要讲话，站位高远、思想深邃、内涵丰富、饱含为民情怀，为贵州省做好2020年脱贫攻坚和"三农"工作，夺取脱贫攻坚、同步小康的全面胜利提供了根本遵循和行动指南。在近几年的乡村振兴发展过程中，贵州省以"美丽乡村，四在农家"为目标，以农村产业革命为推动力量，用"五步工作法"全面指导乡村基层干部科学履职，担当责任，逐步实现贫困乡村脱贫达到小康生活水平，朝着新时代乡村振兴发展"产业兴旺、生态宜居、乡风文明、治理有效、生活富裕"的伟大目标不断奋进。

本书能够顺利完成得到许多同志的帮助。一是感谢贵州省社科联授予的贵州省社会科学第一批"学术先锋号"绿色发展与反贫困研究基地和贵州财经大学绿色发展与反贫困人文社科示范基地两个研究平台的支持。一个好的研究平台，可以聚集研究人员合力形成一个有能量的研究团队。二是感谢贵州财经大学刘雷、杨勇、朱克乾等领导同志，对课题研究的开展提供了帮助和平台。三是感谢贵州财经大学大数据应用与经济学院雷灵芝、盖敏燕、李秋梅、徐新航、张梦雨、金章鹏、杨宇、肖世杰、马豪、汪一、柳祎明等同学对相关基础资料收集和案例分析工作的支持。这群十分勤奋努力的孩子，态度认真、学习努力、做事踏实，展现出良好的综合素质。另外，特别感谢贵州省现代农业发展研究所郭靖同志，为本书初稿撰写文字超3万字。四是感谢徐梅、杨杨、张再杰、姚旻、刘明显、廉梦鹤、詹诗、毛雨寒等一起共事的同事，你们的无私支持保障了本书的顺利完成。五是感谢能够出版本书的中国社会科学出版社刘晓红等编辑同志。出版工作是一项十分严肃和谨慎的工作，字里行间都要体现出精益求精的务实精神。

  总之，新时代乡村振兴战略的贵州实践，已经走出了一条值得总结并向全国介绍的贵州经验和贵州模式。相信在中国共产党的坚强领导下，在贵州人民的勤奋努力下，贵州省乡村振兴发展指日可待。终有一天，美丽的生态、繁荣的产业、文明的乡风、欢乐的村民、稳定的社会、富足的生活等新时代社会主义农村新面貌，将在世界的东方展现出奕奕光芒。

赵普

2020 年 7 月

于贵州财经大学花溪校区立德楼